后期的旅游发展中去。同时，高度关注遗址区老弱病残人群的社会保障问题，关注年轻人的就业创业扶持问题，加强职业培训或提供就业岗位，通过各种方式提高当地居民收入，真正实现遗址区与城市发展的和谐，为居民的长期可持续发展提供保障。

（5）尊重历史，构建遗址保护与都市圈和谐共生的空间共融机制。在充分尊重历史传统的前提下，将大遗址保护融入经济、社会、人与自然和谐发展的框架内，通过制定大遗址保护规划，合理确定绝对保护区、控制建设区和环境协调区，促进大遗址保护与城市建设的融合。绝对保护区禁止建设、原始保护、修旧如旧，控制建设区应控制建筑的性质、体量、高度、色彩及形式，环境协调区要保护自然地形地貌。大遗址区居民应当作为大遗址的重要组成部分，进行同步适度保护，绝不能为了方便，简单地将村民搬迁了之，使大遗址成为一个"荒野"。对于历史街区，还要坚持保护历史环境，合理利用、永续利用的原则。历史文化街区的更新要根据当地具体社会经济状况，充分听取公众特别是当地居民的意见，采取循序渐进、注重差异化和分散化的更新模式。

（6）多元协同，构建遗址保护与城市再造的融资保障机制。资金短缺，土地性质不明，是目前大遗址保护中面临的突出问题。大遗址作为全人类的文化遗产，大遗址本身不是产品，但经过开发，成为供人们观赏或消费的展览品、人文景观和文化信息时，它完全可以作为一种商品。希望政府进一步加大资金投入，或成立专门机构对外筹集大遗址保护资金，拓宽大遗址保护的资金渠道，吸引社会各方面资金参与大遗址保护与开发。在解决资金短缺问题方面，在坚持政府主导的前提下，逐步由政府主导型向社会主导型转变。不断提高大遗址资源合理配置和利用效率，促进大遗址产业化发展，促进大遗址文化产品的商业化和市场化。使大遗址文化资源、管理经营人才、资金向高效益行业集中，打造一批有竞争力的行业，真正把大遗址产业变成竞争力强、关联性高、效益好的现代文化产业，为大遗址保护提供可持续的资金保障。

目　录

第一章 导论

第一节 研究背景及意义

一 研究背景

1. 文化大繁荣与文化强国战略的提出

改革开放 30 多年来，我国经济实现了快速发展，国际地位不断提升，但文化迷失与价值观、道德滑坡日益引起关注，如何实现由经济强国向文化强国的转型，需要加大对我国传统文化中优秀部分的吸收和传承。大遗址承载着我国历史文化的精华，需要在实现科学保护的前提下，在重塑国人价值观和文化修养方面发挥作用。2011 年党的十七届六中全会通过了《中共中央关于深化文化体制改革 推动社会主义文化大发展大繁荣若干重大问题的决定》，提出了"建设社会主义文化强国"的战略目标，提出了将文化产业培育为国民经济的支柱产业的新要求。加强文化基础设施建设，推动文化产业跨越式发展，加快推进文化体制改革，发挥市场在文化资源配置中的积极作用，培养高度的文化自觉和文化自信，提高全民族文明素质，增强国家文化软实力，弘扬中华文化，努力建设社会主义文化强国。大遗址是文化遗产中规模特大、文物价值突出的大型文化遗址、遗存和古墓葬，它承载着中华民族深厚的历史文化底蕴，是最具有中国特色的文化资源。随着我国经济社会发展进入新阶段，文化价值的作用日益凸显。保护大遗址、挖掘和弘扬大遗址的历史文化价值，是实现文化大发展大繁荣的重要内容，也是推动文化复兴、提升中国文化国际竞争力的重要之举，推动文化产业成为国民经济支柱产业的重要支撑，也是我国构建社会主义核心价值观的重要依托。

2. 推动文化产业成为国民经济新支柱

在世界经济史的视野中，人类的经济活动是沿着农业到工业再到服务业、信息业这样的轨迹演进的，体现了产业"软化"的发展趋势。从国际产业发展规律和格局来看，文化产业凭借独特的产业价值链、快速的成长方式，以及广泛的渗透力、影响力和辐射力，成为全球经济和现代产业发展的新亮点，成为衡量一个国家和城市核心竞争力的重要标志。文化产业具有附加值高、潜力无限的独特优势和特点。因此，从国家发展战略层面看，大力发展文化产业，推动文化产业快速发展，提高文化产业规模化、集约化、专业化水平，是当前我国经济结构战略性调整的重要支点和转变经济发展方式的重要着力点，也是打造中国经济升级版的重要内容。大遗址是文化遗产中规模特大、文物价值突出的大型文化遗址、遗存和古墓葬，它承载着中华民族深厚的历史文化底蕴，是最具有中国特色的文化资源。在推进新型城市化背景下，保护大遗址，挖掘和弘扬大遗址的历史文化价值，促进遗址文化资源转化为城市产业升级中的重要资源支撑力量，实现城市文化产业大发展大繁荣，推动文化产业成为国民经济支柱新的支柱产业，已经成为新时期城市化发展的新要求。

3. 城市圈域化发展对遗址保护的挑战

美国经济学家、诺贝尔奖获得者斯蒂格利茨说过："21世纪初期，影响世界最大的两件事，一是新技术革命，二是中国的城市化。"改革开放以来，尤其是20世纪90年代的开发区建设以来，我国城市化发展进入快速发展期，区域中心城市的都市圈化发展不断提速。由于大城市在生产成本、市场需求、设施配套等方面的绝对优势，导致大范围的区域人口、经济等要素不断向大城市聚集，导致我国的城市化发展不仅表现为城市数量的快速增长，而且城市的规模也越来越大，城市由点状逐渐向网络式都市圈结构发展，尤其是伴随着高速铁路和高速公路的网络化，都市圈之间的空间联系更加紧密。在经济全球化、区域一体化的强烈冲击下，都市圈逐渐取代单个城市成为新的竞争主体，甚至已经成为衡量区域经济发展水平的新标志。目前，我国已经形成了12个有规模的都市圈或城市群。我国历史文化悠久，遗址资源富集。伴随着城市化的快速推进，都市圈规模的扩大，地处城市远郊的大遗址越来越多地进入都市圈范围之内。同时，在市场利益的驱动下，在土地财政的压力下，城市空间的野蛮生长对土地空间的掠夺式侵占，越来越多的遗址空间受到严重影响，遗址保护与城市争夺发展空间的矛盾日趋激烈，大遗址保护面临着更加严峻的挑战。如何实现遗址保护与都市圈和谐共生，已经成为新时期我国新型城市化发展中迫切需要解决的问题。

4. 城乡一体化是遗址区发展的新要求

随着我国城市化进程的快速推进，我国遗址保护与都市圈之间的矛盾日趋突出。随着都市圈扩张加速，越来越多的遗址区进入都市圈范围内。如西安都市圈内的汉长安城遗址、丰京遗址、镐京遗址、大明宫遗址、汉代帝陵群等都已经进入城市建成区范围。由于遗址保护的需要，这些遗址空间大部分处于"荒芜"状态，地处大遗址区域的城中村居民，由于长期受制于遗址保护的需要，土地不能开发，房屋不能建设，生产活动仅限于有限的农业种植，收入来源少，生活水平低，加之基础设施老旧，经济社会发展水平严重滞后于城市其他区域，甚至成为繁华都市中的"孤岛"，这些居民无法共享城市繁荣，同时，遗址区域的"破败"形象也严重影响着城市的整体环境和形象。从全面实现小康目标出发，推动城市一体化发展，实现遗址区居民与城市整体的和谐共生，从关注遗址到关注整体区域人口的全面发展，已经成为新时期我国新型城市化发展的新要求。

5. 城市发展转型对遗址保护的新动力

伴随着城市化的快速推进，城市的规模扩张面临着日益严峻的土地与空间制约，城市问题越来越多。除了环境污染、交通拥挤外，越来越多的城市呈现同质化状态，城市间的差异正在缩小，城市的个性正在消失，城市面貌千篇一律，致使一些独具特色的历史性城市和历史文化被单调的新建筑群湮没，如同同一条流水线上生产出来的样板工程，所有城市看起来、听上去都似曾相识，实质上，城市的个性内涵早已失魂落魄。挖掘和传承城市特色成为城市发展的第一要务，对城市发展模式也不断提出新的要求，城市发展开始从规模扩张向品质提升转型，由摊大饼式发展向紧凑型发展转变，对城市文化与生态环境的要求日益迫切。文化与生态日益成为城市竞争力的重要指标。大遗址作为城市占位面积较大的特殊空间，如何利用其文化价值，进行空间再造和城市价值提升，已经成为目前城市转型升级中越来越重视的问题。

6. 遗址保护区实施全面规划的新机遇

目前，我国的遗址保护逐步从遗址本体到大遗址—大遗址片区，保护区域不断扩大，保护内容逐步从文物本身到区域环境，乃至区域居民，从文化到经济，从静态到动态，逐步向多元化、立体化方向发展，保护机制正在从政府主导向多元模式转型。其中，"央（局）地（省）共建大遗址"是我国文化遗产保护的新模式。"十二五"期间，国家文物局已将四川成都片区、陕西西安片区、河南洛阳片区、湖北荆州片区、山东曲阜片区纳入"央地共建大遗址保护"项目库；并提出在"十二五"期间，将建立以六片（西安、洛阳、荆州、成都、曲阜、郑州）、四线（长城、丝绸之路、大运河、茶马古道）、一圈（陆疆、海疆）为重点，以150处重要大遗址为支撑的大遗址保护新格局。目前，遗址保护片区的总体规划已经为遗址密集地区的大遗址保护提供了具体的实施目标，并将大遗址保护纳入文化强国的发展战略之中。在此背景下，大遗址保护也迎来了全面发展的机遇期。如何抓住新机遇，结合新型城市化的新特点，积极探索大遗址保护的模式，重建大遗址保护的新机制，需要从更高层次、更广的视角进行系统性研究。

二　研究目的及意义

（一）研究目的

首先，探索都市圈背景下，大遗址密集片区，都市圈范围内区域一体化发展过程中不同类型大遗址适宜的保护模式，为城市化发展中如何利用大遗址这一特殊空间提供理论支撑和实践指导。

其次，探索城市转型升级背景下，如何利用遗址文化资源，提升城市价值，发展文化产业，构建遗址保护与都市圈和谐共生的长效机制，为我国新型城市化发展与城市的转型发展提供理论支撑和实践借鉴。

（二）研究意义

1. 理论意义

都市圈空间结构是空间现象，更是经济现象。随着城市化的快速发展，区域空间重组与重构不断加速。大遗址作为都市圈的特殊空间，占位较大，聚集人口较多，其区域发展、环境状况、保护模式等，与都市圈快速的城市化发展无法实现同步，一方面城市土地资源日益紧缺，另一方面遗址区发展水平低所导致的社会矛盾日益凸显，环境状况对城市形象也形成了严重损害。如何实现遗址区域与城市的同步发展，如何利用现代高科技手段实现遗址保护模式的创新，迫切需要构建相关理论的支撑。本书从现实问题出发，从文化繁荣战略高度，审视大遗址保护理论与实践创新工作，研究城市发展转型、都市圈空间特色塑造、产业结构升级、生态环境建设、城乡统筹等问题，探索遗址保护与都市圈和谐共生机制，拓宽了都市圈理论研究的维度，丰富了城市经济学的理论内涵。

2. 实践意义

大遗址是文化遗产中规模特大、文物价值突出、最具有中国特色的文化资源。保护大遗址、挖掘和弘扬大遗址的历史文化价值，是推动文化产业成为国民经济支柱产业的重要资源，是实现文化大发展大繁荣的重要内容，是提升中国文化国际竞争力的重要举措。我国大遗址众多，西安是我国遗址密集区，西安国际化大都市建设过程中如何构建遗址保护与都市圈和谐共生机制，是当前面临的现实问题。本书的研究对于我国目前正在推进的新型城市化与西安的国际化大都市建设具有重大的现实意义。

第二节　相关概念释义及范围界定

一　相关概念释义

1. 文化繁荣

联合国教科文组织提出："发展最终应以文化概念来定义，文化的繁荣是发展的最高目标。"文化繁荣的内涵主要体现为：要明显提高全民族文化素质；社会主义和谐价值体系深入人心，良好思想道德风尚进一步弘扬；覆盖全社会的公共文化服务体系基本建立，文化产业占国民经济比例明显提高，国际竞争力显著增强，适应人们需求的文化产品更加丰富。党的十七大报告在"推动社会主义文化大发展大繁荣"部分强调，要坚持社会主义先进文化前进方向，兴起社会主义文化建设新高潮，激发全民族文化创造活力，提高国家文化软实力，使人民基本文化权益得到更好保障，使社会文化生活更加丰富多彩，使人民精神风貌更加昂扬向上。党的十七届六中全会审议通过的《中共中央关于深化文化体制改革　推动社会主义文化大发展大繁荣若干重大问题的决定》

中提到推动文化繁荣需要落实的要点：推进社会主义核心价值体系建设；为人民提供更好更多的精神食粮；大力发展公益性文化事业，保障人民基本文化权益；加快发展文化产业，推动文化产业成为国民经济支柱性产业。

2. 遗址及大遗址

关于遗址的定义，较为权威的是联合国教科文组织于 1972 年通过的《保护世界文化和自然遗产公约遗址》中的定义，将文化遗产分为三类，遗址是其中之一，是指从历史、美学、人种学或人类学角度看，具有突出的普遍价值的人类工程，或自然与人类的联合工程以及考古遗址地带。此外，有学者从不同角度对其进行了阐述。Jonathan Wager 认为遗址是人类历史上的杰作，在建设发展、艺术和景观等方面产生巨大影响的遗迹。[①] Peter Howard 认为遗址是指在一定的区域内，建筑等物质形体几乎破坏殆尽且具有较高文化内涵的遗迹。[②] 喻学才认为遗址是前人留下的具有社会经济和文化价值的建筑物等人类活动遗迹，是历史的化石，文明的碎片，文化的载体和旅游的对象。[③]

大遗址的概念是我国独有的，反映了现代中国保存的历史文化遗产的基底性特色。1997 年 3 月国务院在《关于加强和改善文物工作的通知》中第一次明确提出"大遗址"这一说法，并强调了应将该类遗址的保护工作纳入当地城乡建设和土地利用规划。大遗址是指大型古文化遗址，也包括一部分古墓葬、其他设施遗迹及其群体。从国务院历次公布全国重点文物保护单位分类的角度出发，又可定义为大型古遗址、古墓葬，或可引申为以遗址为主体的大型文物保护单位及其体系或组群。即考古学文化和我国历史上在政治、经济、文化方面有重要地位的聚落、城市（包括都城、历史文化名城）、手工业、军事、交通、水利设施、宗教、丧葬等设施遗迹和相关环境。根据我国"十一五"期间大遗址保护总体规划中提到的，"大遗址"主要包括反映中国古代历史各

① Wager, J., "Environmental Planning for a World Heritage Site: Case Study of Angkor, Cambodia", *Journal of Environmental Planning & Management*, 1995, 38 (3): 419 - 434.

② Peter Howard, D. P., "Cultural Heritage and Sustainability in the Coastal Zone: Experiences in Southwest England", *Journal of Cultural Heritage*, 2003, (4): 57 - 68.

③ 喻学才：《遗址论》，《东南大学学报》（哲学社会科学版）2001 年第 2 期，第 45—49 页。

个阶段涉及政治、宗教、军事、科技、工业、农业、建筑、交通、水利等方面的历史文化信息，具有规模宏大、价值重大、影响深远的大型聚落、城址、宫室、陵墓、墓葬等遗址、遗址群等。

3. 都市圈

都市圈又称城市带、城市圈，指在城市群中出现的以大城市为核心，周边城市共同参与分工、合作，一体化的圈域经济现象。都市圈概念的直接起源是日本，1951 年，日本学者木内信藏提出了近似的城市地域分异三地带学说，其思想进而被发展为"都市圈"理念。[①] 20 世纪 50 年代，日本行政管理厅将都市圈定义为：以一日为周期，可以接受城市某一方面功能服务的地域范围，中心城市的人口规模须在 10 万人以上。目前，不同的学者根据自己的研究领域从不同的角度对都市圈进行了描述和概括。崔功豪等认为，城市圈是城镇体系空间总体框架"点—圈—区（带）—线"系统中的重要内容；指中心城市圈和经济水平较高的副中心城市圈；大城市圈由连片聚居 50 万以上人口的中心城市为核心，包括周围与之有密切联系的一批郊区城镇组成，一般以市中心或副中心向外约 1 小时的通勤交通距离为大城市圈的外缘边界；大都市圈可以认为是大城市郊区比较适宜的范围；我国百万人口以上的特大城市都有明显的都市圈。今后，随着科技进步和经济水平的提高，规划为 50 万人口以上的大城市也会有一个城市圈。[②] 张京祥等认为，都市圈指由一个或多个核心城镇，以及与这个核心具有密切社会、经济联系的，具有一定一体化倾向的邻近城镇与地区组成的圈层式结构。[③] 杨涛等认为，都市圈是由强大的中心城市及其周边邻近城镇和地域共同组成的高强度密切联系的一体化区域。[④]

4. 和谐共生

"和谐共生"一词源于中国文化。在传统儒家文化里，万事万物都是相互联系、相互依存的。"和谐共生"的关系，意味着和睦相处，谐

① 张从果、杨永春：《都市圈概念辨析》，《城市规划》2007 年第 4 期，第 31—36 页。

② 崔功豪、魏清泉：《区域分析与规划》，高等教育出版社 2000 年版。

③ 张京祥、邹军、吴启焰等：《论都市圈地域空间的组织》，《城市规划》2001 年第 5 期，第 19—23 页。

④ 杨涛、杨绍峰：《强化南京的交通中心地位，促进南京都市圈生长发育》，《现代城市研究》2002 年第 1 期，第 28—33 页。

平共生以及"协调"、"统一"、"共处"。从共时态看，和谐共生是相互依存、彼此协调；从历时态看，和谐共生是相互促进、共同发展。

5. 遗址文化资源

前文从考古角度对遗址进行了定义。从经济学角度分析，遗址实际可以被看作是一种文化资源。遗址文化资源是人们从事遗址相关文化生活和生产所必需的前提准备。广义上，遗址文化资源泛指人们从事一切与遗址文化活动有关的生产和生活内容的总称，它以精神状态为主要存在形式；狭义上，遗址文化资源是指对人们能够产生直接和间接经济利益的遗址精神文化内容。遗址文化资源的丰富程度和质量高低直接对当地遗址文化经济的发展产生多重作用。遗址保护的实质是对遗址文化资源进行有效保护；遗址的合理开发利用实质是对遗址文化资源进行市场化开发，以实现经济利用价值的最大化。

6. 文化产业

联合国教科文组织认为，"文化产业是按照工业标准，生产、再生产、储存以及分配文化产品和服务的一系列活动"。国家统计局对"文化及相关产业"的界定是：为社会公众提供文化娱乐产品和服务的活动，以及与这些活动有关联的活动的集合。中国文化部对文化产业的界定为："从事文化产品生产和提供文化服务的经营性行业。文化产业是与文化事业相对应的概念。"从不同角度，文化产业具有不同的内涵和意义。但文化产品的精神性、娱乐性等基本特征不变，因此，本书的文化产业是指具有精神性、娱乐性的文化产品的生产、流通、消费活动。

7. 遗址关联产业

遗址关联产业是指围绕遗址及其遗址文化而形成的关联性产业，其涉及面比较宽泛，包括与遗址关联的第一产业、第二产业、第三产业，其中比较核心的是遗址文化产业、遗址关联性房地产业、遗址休闲农业、遗址旅游产业。

8. 遗址文化产业

遗址文化产业是指以遗址文化为核心，衍生的文化关联性产业，主要包括与遗址文化紧密相关的文化休闲娱乐服务（含旅游文化和娱乐文化服务）、新闻出版、文化艺术、网络文化及相关文化用品、设备及相关文化产品的生产、销售、软件服务，工业设计，建筑装饰设计等。

二 研究范围界定

我国历史文化悠久,各地散布遗址众多,同时由于遗址所包含的内容广泛,类型多样,层次较多。为了突出研究重点,突出问题导向,本书主要聚焦于都市圈中的"大遗址"空间范围,研究内容锁定于"遗址保护与都市圈"之间和谐共生关系的长效机制建设方面。

第三节 研究方法及思路

一 研究方法

(1) 理论与实证相结合。通过对国内外大遗址保护及城市规划、文化产业发展相关理论与文献的研究,升华理论;通过对典型案例分析,提炼实践经验;通过实地调研与专家座谈走访,增强感性认识。

(2) 定性与定量相结合。采用空间分析法、问卷调查法、层次分析法等对典型地区进行定量分析;通过座谈会、专家咨询及焦点小组等形式进行定性研究。

(3) 宏观与微观相结合。从文化大发展大繁荣宏观环境分析入手,结合西安国际化大都市圈建设与大遗址保护的现实问题,从社会、经济、生态等多维视角,探索遗址保护与都市圈和谐共生的内在机制与规律。

二 研究思路及框架

(一) 研究思路

本书遵循以下研究思路:首先,明确研究范围,释义相关概念;其次,从遗址保护与都市圈面临的问题入手,梳理理论与总结经验;最后,以西安为典型案例深度解剖,提出和谐共生机制及政策建议。

(二) 研究框架

本书的研究框架如图 1-1 所示。

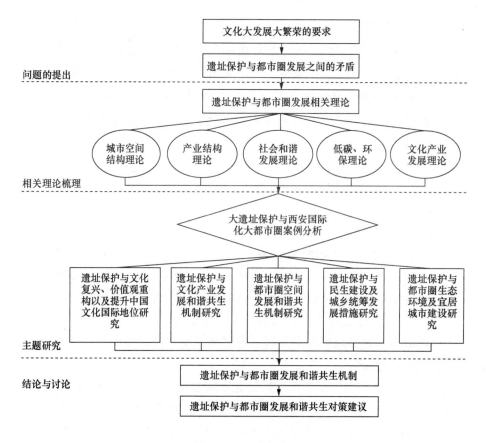

图1-1 研究框架

第四节 研究内容及创新点

一 研究内容

本书主要从以下四个方面进行研究：

（1）遗址保护与文化产业发展和谐共生机制研究。从大遗址保护模式分析入手，研究不同保护模式对文化产业发展、文化事业繁荣所产生的作用与价值，探讨遗址保护模式与历史文化传承、文化资源价值挖掘、文化产业发展之间的关系，提出大遗址保护与文化产业发展和谐共生机制及政策建议。

（2）遗址保护与都市圈空间发展和谐共生机制研究。通过分析遗址保护与都市圈空间结构的关联性，总结国内外都市圈发展过程中遗址保护与空间布局和谐共生实践经验，对我国遗址密集区都市圈空间发展与遗址保护绩效进行评估，提出大遗址保护与都市圈空间发展和谐共生机制及政策建议。

（3）遗址保护与民生建设及城乡统筹发展机制研究。从遗址区现实问题出发，探索遗址区内外经济社会发展差距缩小的有效路径，构筑大遗址保护与城乡统筹发展的和谐共生机制，提出遗址区城乡统筹的路径。

（4）遗址保护与都市圈生态环境及宜居城市建设机制研究。通过对国内外遗址区生态保护经验与宜居城市建设的成功案例解剖，提出我国遗址保护与生态环境及宜居城市建设的和谐共生机制与发展模式、实施路径及对策建议。

二　研究重点与难点

（1）构建遗址保护与文化复兴、产业发展的和谐共生机制。通过文化大发展大繁荣，促进文化产业发展，带动城市发展转型，是现阶段我国城市发展的重要策略。遗址作为承载重要历史文化信息的载体，如何构建遗址保护与文化复兴、产业发展的和谐共生机制，是本书的重点内容之一。

（2）大遗址保护模式与都市圈空间布局和谐共生机制研究。在土地资源日益紧缺背景下，大遗址保护与都市圈空间博弈日趋激烈。大遗址保护模式选择既关系都市圈空间资源有效利用，也关系城市空间布局结构优化与产业结构调整。大遗址保护与都市圈空间布局和谐共生机制研究是本书的重点之一。

（3）构建大遗址保护与当地居民可持续发展的和谐共生长效发展机制。我国大遗址区目前经济社会发展比较落后，随着都市圈扩张加速，越来越多的大遗址进入都市区。从实现遗址区复活与富民目标，构建大遗址保护与当地居民可持续发展的和谐共生长效机制，是研究重点内容之一。

（4）大遗址保护模式对城市空间结构优化效果的绩效评估。遗址区位、规模、等级不同，对城市空间影响作用不同。用定量方法分析遗址保护模式对城市空间结构优化效果绩效，数据采集与方法选择是研究难点。

（5）历史文化资源对城市发展转型与城市竞争力提升的绩效评估。用定量方法评估历史文化资源价值，评估预测大遗址对产业结构优化升级、城市发展转型、城市竞争力提升的绩效，是研究难点之一。

三 研究的创新与突破

（1）研究视角创新。本书从文化大繁荣出发，将遗址保护与都市圈空间结构、产业发展、生态环境、和谐社会与城乡统筹等问题相结合，跨学科研究，提升了研究高度，拓宽了研究维度，突破了研究局限。

（2）研究内容创新。将遗产保护纳入文化大发展大繁荣、都市圈空间布局、文化产业发展、城市发展转型、生态环境优化、城乡统筹视角，研究其和谐共生机制构建问题，具有创新性。

（3）研究方法创新。将质性社会学研究方法和定量分析方法，分别引入都市圈空间结构分析与遗址保护研究，增强了研究的科学性，拓宽了研究视野。

第二章　相关理论与实践述评

第一节　相关理论基础

一　协调发展理论

协调，即正确处理系统内外各种关系，为系统正常运转创造良好的条件和环境，促进系统目标的实现。因此关于多个子系统的协调发展具有系统学的一般规律。这些抽象的一般系统的要素有机结合理论是我们探讨和认识城市要素有机结合、协调发展的思考方式和基础理论。

（一）协调发展的协作性

以一般系统为背景的协同学发展，在截然不同的各类复杂系统中，要素及其关系之间通过联合协作，产生出整个系统的整体宏观模式，同样，以协调发展为目标的不同子系统之间也具有这种协同现象。协同论为大遗址系统与城市空间系统从无序到有序的自组织转变建立了理论模型。

（二）协调发展的秩序性

以物理学为背景的组合系统理论，以社会学为背景的社会系统理论，以及以一般系统为背景的自组织理论、结构主义等，都揭示出"要素按照某种秩序或者规则相互结合"的基本原则，即协调发展是有规则可循的。组合系统理论认为在最基本层次上的这种同质性和简单性只能是组合作用的结果。组合不仅仅是（规模）聚集，组合物的组分之间存在相互作用，形成复杂结构，并且在表现组分特征的同时，还传递着作为整体而产生的特点。引申到大遗址保护与城市空间协调发展理论中，即为在遵循一定的规则前提下，大遗址群通过某种保护与发展手段实现与城市空间的协调，并最终将实现整个城市或者都市圈在某些方面整体质量的提升。

（三）协调发展的主导性

系统进化理论中的自组织、他组织原理指出，系统通过组织化完成自身发展进化，协调发展是一个动态的发展过程，没有一个系统能够在与外界无关的情况下进行自组织。同时，协同学的役使原理指出，当系统要经过不稳定点，进入另一个有序状态时，在不稳定点附近，通常有一对或少数几对主导有序参量，来决定或主宰系统变化，系统中其他变量的行为则由这些主导变量决定。也就是说，系统从无序到有序的进化过程，取决于主导变量与其他变量的协同。主导变量则取决于变量之间的竞争、具体初始条件和基本趋势等。那么，对于遗址保护与城市空间协调发展而言，两个子系统的较量结果取决于二者在协调过程中的主导因素，这个主导因素或者为遗址区的发展目标，或者是整个都市圈在大环境中的定位。

（四）有机结合发展的层次递阶性

美国经济学家、计算机学家西蒙（H. A. Simom）和生物学家罗森（R. Rosen）用数学模型证明得出，一个经由相对独立的稳定的子系统（或分系统）组成的系统，比起直接由元素组成的同样的系统，更能经得住环境的干扰和破坏，因为在变化的环境中更容易生存下去。因而，在系统演化过程中，产生过层次结构物质系统的概率要比产生无层次结构物质的概率大得多。对于大遗址群与城市空间而言，二者协调发展结果不是唯一性的，而将是由多个层级的子系统组成的可能整体。①

二　和谐共生理论

"共生"最初是生物学上的概念，1879 年生物学家德贝里（Anton de Bary）首先提出"共生"一词，将其定义为不同种属生物生活在一起②，后经布克纳、范明特发展完善。"共生"指共生单元之间在一定的共生环境中，通过直接的营养物质的交流，相互依赖、相互依存、相互获利。③ 随着共生理论研究的逐渐深入及社会科学的发展，"共生"

---

① 范文莉：《当代城市空间发展的前瞻性理论与设计》，东南大学出版社 2011 年版，第 64—70 页。

② Ahmadjian, V., *Symbiosis: An Introduction to Biological Associations*, University Press of New England, 1986.

③ 李博：《生态学》，高等教育出版社 2000 年版。

的思想和概念逐步引入人类学、生态学、社会学、经济学、管理学甚至政治学等领域中。

共生不仅是自然界，也是经济、政治、社会领域的普遍现象。共生理论深刻揭示了自然界中，生物体之间共同生存、协同进化的共生关系，对经济、社会、政治等领域的各类主体间关系也具有强大的解释力。

运用共生理论对文化保护与关联产业关系进行分析，本书认为，文化遗址保护与遗址关联产业共生是指政府、企业、中介组织、消费者等经济主体在同一共生环境中，通过政府引导、企业主导、中介促进、公众参与的交互式作用有序参与文化遗址保护与关联产业开发，实现文化遗产有效保护和相关产业相互依存、互辅共进的可持续发展状态。借鉴共生理论，文化保护与关联产业共生理论主要包括三个要素：共生单元、共生模式和共生环境。

（一）共生单元

共生单元是指构成共生体或共生关系的基本能量生产和交换单位，是形成生物共生的基本物质条件。文化遗址保护与关联产业和谐发展体系共生单元指各种不同性质的经济主体，既包括政府、厂商（包括参与文物保护与产业开发的各类企业、商人）、中介组织、消费者等，也包括进入中国文化产业领域的外资企业等。随着文化体制改革的深化和对外开放程度的深化，共生单元将更加多元化、复杂化和国际化。

（二）共生模式

共生模式是指共生单元相互作用的方式或相互结合的形式，它既反映共生单元间的物质信息交流方式，也反映作用的强度。从行为方式看，共生模式可以分为寄生关系、偏利共生关系和互惠共生关系。文化遗址保护与关联产业共生模式就是指各经济主体之间相互作用的方式或相互结合的形式，通过共生模式，各经济主体之间相互协作、优势互补，产生共生效益。

（三）共生环境

共生单元以外的所有因素的总和构成共生环境。文化遗址保护与关联产业共生环境主要包括经济主体在文化遗址保护与产业发展过程中赖以生存和发展的各种外部政治、法律、文化、国际环境等因素在相互联系和动态演化中形成的有机整体。

（四）三要素之间的关系

共生体中三要素的关系如图 2 - 1 所示，其中，U_1、U_2 表示机构共生单元，M 表示之间的共生模式，共生单元周围的环境为文化遗址保护与关联产业发展的共生环境。

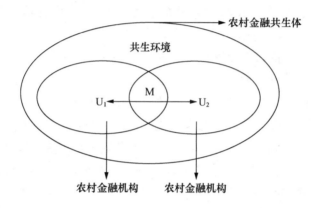

图 2 - 1　共生体中三要素的关系

三　可持续发展理论

"可持续发展"（sustainable development）概念是 20 世纪 80 年代提出的一个新概念。最先是在 1972 年斯德哥尔摩联合国人类环境研讨会上提出来的。生态学者认为可持续发展是不超越自然环境再生能力的发展；经济学者认为可持续发展的核心是经济发展，但不能降低环境质量和不破坏世界自然资源基础；科技学者认为可持续发展是用更加清洁、有效的技术，接近"零排放"或"密闭式"工艺方法，以此减少能源和其他能源的消耗；社会学者认为可持续发展是在生存不超出维持生态系统承载能力的情况下，改善人类的生活品质。1987 年，以挪威前首相布伦特夫人为主席的联合国世界与环境委员会发表了报告《我们共同的未来》，报告系统阐述了可持续发展的思想，将可持续发展定义为"既能满足当代人的需要，又不对后代人满足其需要的能力构成危害的发展"。这一概念在最一般的意义上取得了广泛的接受和认可，并在 1992 年联合国环境与发展大会上得到共识。

从这些不同的定义中，能够看出可持续发展主要有三方面内涵：一是强调公平，即当代人的公平生存和公平发展，和代际间的公平，也就是当代人不能因为自己的发展需要而对后代人的生存发展有损害；二是强调持续发展，即对资源和环境的保护，不能过度耗费资源和损害环境，要保持经济社会与资源、环境协调发展；三是强调共同发展，即可持续发展是所有地球人应该共同选择并执行的。发展是可持续发展的前提，人是可持续发展的中心体，可持续长久发展是根本。

　　在本书中，将可持续发展理论应用到遗址区保护与城乡统筹和谐共生的实践中，用可持续生计分析框架来测度遗址区居民的生存与发展。现阶段国际上运用较多的可持续分析框架包括：联合国开发计划署（UNDP）的可持续生计分析框架、关怀国际（CARE）的可持续生计分析框架和DFID①的可持续生计分析框架。其中，建立于2000年的SL框架——DFID模型（见图2-2）被我国学者用于分析城中村失地农民的可持续生计问题。② DFID模型最有特色的地方是其分析框架以贫困农户为中心，将维持其生计可运用的五类资本，即人力资本（H）、自然资本（N）、社会资本（S）、物质资本（P）、金融资本（F）组合构成一个"生计五边形"。

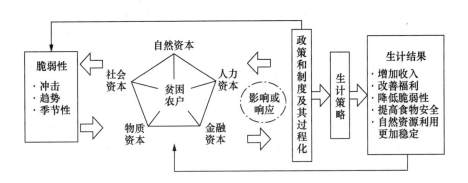

图2-2　DFID可持续生计分析框架

　　以农户家庭为研究单位，如图2-2所示的可持续生计分析框架围绕生计资产划分，将五个相关联的问题纳入一个统一的分析框架，不仅强调了脆弱性对生计资产的影响，生计策略形成过程中政策和制度的作用，还关注宏观政策与微观农户个体的互动，将生计策略形成、影响及

---

①　英国国际发展机构，英文全称为the UK's Department for International Development。
②　成得礼：《对中国城中村发展问题的再思考——基于失地农民可持续生计的角度》，《城市发展研究》2008年第3期，第256—265页。

其后果的理论研究与降低风险冲击及消除贫困的实践相结合。因此，该框架不仅是对与农户生计，特别是贫困问题有关的复杂因素进行整理、分析的一种方法，而且被实践证明是研究和改善农户生计一个理论联系实践的可行方法。

四 生态宜居理论

关于生态城市，不论是理论内涵还是实践经验，国内外都有许多学者做了大量研究。生态城市经历了从 16 世纪托马斯·摩尔的理想城市"乌托邦"到 17 世纪康柏内拉的"太阳城"，再到 19 世纪霍华德的"田园城市"，而后 1971 年联合国教科文组织的"人与生物圈"（MAB）计划中将"生态城市"的概念正式提出，直至 2010 年，联合国教科文组织（UNESCO）、中国科学院和国际科联环境问题科学委员会（SCOPE）联合主办的"城市未来与人类和生态系统的福祉"国际研讨会上，提出重新启动"联合国教科文组织——人与生物圈"计划（MAB）构建城市生态系统的任务。[1][2][3] MAB 计划中，提出了生态城市的规划基本原则：生态保护战略、生态基础设施、居民的生活标准、文化历史的保护、将自然融入城市。

国内外对生态城市的理解虽然不同，但总体上都关注于经济社会发展与生活环境质量的协调以及人工建筑与自然生态的融合。[4][5]

国外的相关研究多集中于规划设计理念与现代技术运用的实用与可操作性，尤其在西方"人本主义"思想的影响下，针对城市建设、发展遇到的现实问题，更强调诸如城市生态环境的改善、土地开发利用、公共服务设施构建、社区组织管理等方面的研究与实践。国内的相关研究则主要基于中国传统文化"天人合一"的思想，注重城市规划、建

① 成得礼：《对中国城中村发展问题的再思考——基于失地农民可持续生计的角度》，《城市发展研究》2008 年第 3 期，第 68—79 页。

② 黄肇义、杨东援：《国内外生态城市理论研究综述》，《城市规划》2001 年第 1 期，第 59—66 页。

③ 黄光宇：《生态城市研究回顾与展望》，《城市发展研究》2004 年第 6 期，第 41—48 页。

④ 赵清、张珞平、陈宗团等：《生态城市理论研究述评》，《生态经济》2007 年第 5 期，第 155—159 页。

⑤ 杨伟、宗跃光：《生态城市理论研究述评》，《生态经济》2008 年第 5 期，第 137—140 页。

设的整体性，近年来也借鉴了国外的研究方法，通过构建生态城市的测度指标，进而以此对生态城市的建设与效能进行评估与指导。

国内外对生态城市的研究理念与方法各有所长并不断相互吸收，结合国内外相关研究认为，现代生态城市是汇聚了人、生态、经济、文化等要素的高度集成、动态平衡，并通过物质、能量、信息、价值不断流动的复杂大系统。生态城市的建设不是传统城市经济建设发展与生态环境保护的简单"叠加"，而是遵循生态学、经济学、社会学、系统科学等基本规律和生态经济的基本原理，强调发挥构成生态城市的各"功能模块"之间协同与共生。

第二节 国内外相关研究综述

一 关于遗址区域保护的宏观研究

关于遗址保护的研究，始于 19 世纪以来工业化与城市化快速发展所导致的历史文物保护与城市空间扩张的紧张关系。20 世纪中后期，城市问题的集中爆发与能源危机的加剧，使得城市发展理念开始回归"人本主义"，遗址保护的重要性及都市圈经济社会发展和谐问题引起关注。Bray，P. M. [1]（1994）和 Eugster，J. G. [2]（2003）通过对美国遗产保护研究，认为对历史文化资源综合保护，是实现遗产保护、经济发展、重建区域身份、提供游憩机会等多重目标的有效措施。Jelier A. J. Vervloet 和 Jan – Hein Ni jman 等（2005）为了使荷兰 17 世纪军事防线遗址复原工程不受城市建设阻碍，提出了在遗址区实施景观规划的设想，以美化城市边缘区环境。[3] 总体上看，20 世纪 90 年代以来，在英国从"以地产开发为导向的城市复兴策略"逐步转变为"以文化为导向的城市复兴策略"的背景下，英国实施了一系列著名的"以历史

[1] Bray，P. M.，"The Heritage Area Phenomenon：Here It is Coming From?"，*Cultural Resources Management Information*，1994，17（8）：3 – 4.

[2] Eugster，J. G.，"Evolution of the Heritage Areas Movement"，*The George Wright Forum*，2003，20（2）：50 – 59.

[3] Jelier A. J. Vervloet，Jan – Hein Ni jman，Arjan J. Somsen，"Planning for the Future：Towards a Sustainable Design and Land use of an Ancient Flooded Military Defence Line"，*Landscape and Urban Planning*，2005，70：153 – 163.

遗产为导向的城市复兴"项目。总体上看，关于遗产保护与区域振兴、生态环境、城市再生、社区营造等方面的研究与实践日益活跃。

关于大遗址保护及其研究工作发轫于 20 世纪 90 年代末期。随着城市化的快速发展和都市圈的迅速扩张，我国的历史遗产尤其是那些处于人类经济活动密集区域的遗址保护面临严峻挑战。学者们开始对遗址保护与区域发展的关系进行关注，并在借鉴国外经验和分析我国历史遗址现状基础上，将遗址保护结合区域社会经济背景重新进行了考量与探索。目前，如何实现遗址保护与都市圈扩张的和谐共生是一项日益迫切的课题。这就需要国家制定具有长期指导作用的大遗址保护展示体系和重点园区的建设规划，并纳入国民经济和社会发展计划。[1] 遗址作为传承城市文脉的珍贵遗产，应当通过规划建设寻求其保护与利用的"双赢"，使其成为改善人们生活中环境价值最大的地方。[2] 樊海强等（2008）认为，为实现大遗址保护与利用的相互促进、协调发展，可采取"遗址保护＋建设控制区＋文化产业园区"为特征的保护与利用新模式。[3] 张祖群（2005）提出环境保护是大遗址保护可持续发展的基点，应以人为本，寻求保护措施的可操作性和有效性，不断探索与完善文化遗产保护的有效方法和理论。[4]

随着城市化进程的加快，大遗址的保护与其所在区域的社会经济发展之间产生明显博弈。陈稳亮等（2012）以汉长安城遗址保护总体规划为例，从规划编制的视角对大遗址保护与区域发展的协调性规划进行了有益的探索。[5] 近年来，弹性理念已广泛根植于我国城市规划的编制思想中，陈稳亮（2010）针对大遗址区域内出现的遗址分布不清、范围不定、结构不详等一系列不确定性难题，基于弹性规划思路，对雍城

① 李博：《生态学》，高等教育出版社 2000 年版。

② 孟宪民：《梦想辉煌：建设我们的大遗址保护展示体系和园区——关于我国大遗址保护思路的探讨》，《东南文化》2001 年第 1 期，第 6—15 页。

③ 樊海强、袁寒：《大遗址保护与利用互动发展新模式——汉长安城保护与利用总体规划》，《规划师》2008 年第 2 期，第 19—22 页。

④ 张祖群：《环境保护——大遗址保护的可持续发展基点》，《天津城市建设学院学报》2005 年第 3 期，第 156—160 页。

⑤ 陈稳亮等：《基于特性分析的大遗址保护规划策略研究》，《城市问题》2012 年第 6 期，第 41—46 页。

遗址的不确定性问题进行现状分析并提出策略建议。① 赵荣（2009）提出大遗址保护与区域社会经济发展"四个结合"模式，即大遗址保护与当地经济社会发展相结合，大遗址保护与当地群众生活水平提高相结合，大遗址保护与当地城乡基本建设相结合，大遗址保护与当地生态环境改善相结合。② 曲凌雁等（2007）、周俊玲（2007）、刘军民（2006）、陈稳亮（2010）从理论层面对大遗址保护与区域发展协同进行了深入剖析。③④⑤ 然而，城乡建设发展对大遗址保护产生了巨大威胁。

陆建松（2005）从中国大遗址保护的现状入手，分析了大遗址保护及其规划面临的主要问题和矛盾，进而提出政策建议，将大遗址保护与区域经济发展、生态环境建设相结合，促进社会效益、经济效益与生态效益相协调。⑥ 李海燕（2011）在总结国外遗址保护与利用方式的基础上，阐述其对我国遗址保护的启示。⑦ 汪丽君等（2011）通过对美国建筑历史遗产保护中的重要事件和项目的梳理，归纳美国建筑历史遗产保护运动充满矛盾冲突与多样性的发展轨迹以及保护的主要原则⑧，其逐步确立的"整体保护"与"动态保护"的保护观对我国的历史遗产保护也具有借鉴意义。

随着城市化进程的加快，大遗址的保护与其所在区域的社会经济发展之间产生明显博弈。徐琴（2004）在总结国外一些城市保护历史文化资源经验的基础上，认为中国有效保护城市历史文化资源的根本途径

① 陈稳亮：《环境营造——大遗址保护与发展的重要抓手》，《现代城市研究》2010 年第 12 期，第 43—49 页。

② 赵荣：《有效保护 科学展示 传承文化 服务社会——陕西省大遗址保护新理念的探索与实践》，《中国文化遗产》2009 年第 4 期，第 22—25 页。

③ 曲凌雁、宋韬：《大遗址保护的困境与出路》，《复旦学报》（社会科学版）2007 年第 5 期，第 114—119 页。

④ 俞来雷：《世界遗产城市地区空间变迁探析》，《中国人口·资源与环境》2010 年第 7 期，第 147—153 页。

⑤ 樊海强、袁寒：《大遗址保护与利用互动发展新模式——汉长安城保护与利用总体规划》，《规划师》2008 年第 2 期，第 19—22 页。

⑥ 陆建松：《中国大遗址保护的现状、问题及政策思考》，《复旦学报》（社会科学版）2005 年第 6 期，第 130—136 页。

⑦ 李海燕：《国外遗址保护与利用的启示》，《资源开发与市场》2011 年第 9 期，第 835—837 页。

⑧ 汪丽君、舒平、侯薇：《冲突、多样性与公众参与——美国建筑历史遗产保护历程研究》，《建筑学报》2011 年第 5 期，第 43—47 页。

在于：①动态保护，合理利用，保持历史文化资源的生命力。②整体规划，分类保护，分期实施。③开发新区，保护旧城，以开发促保护，为历史文化资源的保护置换空间。④设立专门的机构，健全相应的法规。① 曲凌雁等（2007）分析了我国大遗址保护思想理念与保护制度存在的问题，并从战略角度提出理念、方法、制度等对策建议。② 俞来雷（2010）从土地利用的视角探讨世界遗产城市地区的空间变迁，得出主导的土地覆盖类型大都转变为农业或半农业的结论③，这也充分显示出对遗产城市保护的倾向。樊海强等（2008）认为传统模式下的大遗址保护存在问题的根源在于保护与利用的不可互动性，探索以"遗址保护区＋建设控制区＋文化产业园区"为特征的保护与利用新模式。④

二 关于遗址保护与城市发展关系研究

城市空间发展与大遗址保护之间的矛盾在世界各国广泛存在，关于城市空间与大遗址保护协调发展，国外学者进行了大量研究。Eric de Noronha Vaz 等通过空间脆弱性评估，研究城市遗址将面临的危机，以期帮助在保护遗址的同时确保可持续的和现代的城市发展。⑤ Grete Swensen 和 Gro B. Jerpåsen 以挪威南部的 Madla 和 Nannestad 地区为例，提出在城市郊区景观规划中通过文物保护部门与城市规划部门的充分沟通，实现基础设施建设、农业发展与历史遗产的相互融合。⑥ 埃及的历史文化遗址曾遭受了破坏，由于政治阶层的变更和各政府机构之间缺乏遗产保护和有关规划的协调，导致遗址恢复的孤立而没有融入城市的规划和发展计划中。Elsorady，D. A. 通过 20 世纪 90 年代末在开罗伊斯兰

① 徐琴：《高速城市化时期城市历史文化资源的保护与利用》，《南京工业大学学报》（社会科学版）2004 年第 3 期，第 39—43、50 页。

② 曲凌雁、宋韬：《大遗址保护的困境与出路》，《复旦学报》（社会科学版）2007 年第 5 期，第 114—119 页。

③ 俞来雷：《世界遗产城市地区空间变迁探析》，《中国人口·资源与环境》2010 年第 7 期，第 147—153 页。

④ 樊海强、袁寒：《大遗址保护与利用互动发展新模式——汉长安城保护与利用总体规划》，《规划师》2008 年第 2 期，第 19—22 页。

⑤ Eric de Noronha Vaz, E. , P. Cabral, M. Caetano, et al. , "Urban Heritage Endangerment at the Interface of Future Cities and Past Heritage: A Spatial Vulnerability Assessment", *Habitat International*, 2012, 36 (2): 287 – 294.

⑥ Swensen, G. , G. B. Jerpåsen, "Cultural Heritage in Suburban Landscape Planning: A Case Study in Southern Norway", *Landscape and Urban Planning*, 2008, 87 (4): 289 – 300.

老城实行的两个保护计划论述了国民政府自上而下的方法与社区居民参与式的自下而上的方法之间存在的差异，认为社区参与促进了历史民居和历史建筑的相互融合，对于城市改造和遗产资源保护的可持续性是必要的。①

城市的快速发展给许多历史城市的保护带来了难题，正如特拉维夫，快速发展和城市改造的需要显然与保护特拉维夫的历史价值和独特气质的需要相冲突。由此，Amit - Cohen, I. 论证了建筑遗址保护和城市发展可以共存和相互协同支持，历史价值具有经济潜力，这可能有助于经济发展。② Sim Loo Lee 展示了新加坡面对快速扩张的经济和快速的城市发展，在保留其历史街区方面的城市保护政策所取得的成功，该政策允许市场力量的运作使历史悠久的老店的保存和恢复得以实现。③ 在对空间的需求日益增长的情况下，保护文化遗产的视角是重要的。仅仅保存或修复不是一种确保遗址未来生命活力的方法。新西兰将文化遗产整合到实际规划和新功能区开发中，通过发展来进行保护是一种具有巨大潜力的方法，这种方法对文化遗产的保护提供更多支持，也不会阻碍社会发展。④ Steinberg, F. 在许多案例的参考下，讨论发展中国家城市旧的内城区和历史古迹的恢复和保护，总结了区域恢复和振兴的关键方面，既保持历史区域和当地社区生活的典型城市脉络和基本品质，也能适应现今需求的物质结构和活动。⑤

中国学者在国外研究的基础上，从城市规划、建筑学以及文物保护等不同的学科角度探讨城市与遗址之间的协调发展问题。刘天利提出通过城市发展与遗址保护相和谐的城市规划，转变城市发展模式和思路，

---

① Elsorady, D. A. , "Heritage Conservation in Rosetta (Rashid): A Tool for Community Improvement and Development", *Cities*, 2012, 29 (6): 379 – 388.

② Amit - Cohen, I. , "Synergy Between Urban Planning, Conservation of the Cultural Built Heritage and Functional Changes in the Old Urban Center—the Case of Tel Aviv", *Land Use Policy*, 2005, 22 (4): 291 – 300.

③ Lee, S. L. , "Urban Conservation Policy and the Preservation of Historical and Cultural Heritage: The case of Singapore", *Cities*, 1996, 13 (6): 399 – 409.

④ Vervloet, J. A. J. , J. - H. Nijman, A. J. , "Somsen. Planning for the Future; Towards a Sustainable Design and Land Use of an Ancient Flooded Military Defence Line", *Landscape and Urban Planning*, 2005, 70 (1 - 2): 153 – 163.

⑤ Steinberg, F. , "Conservation and Rehabilitation of Urban Heritage in Developing Countries", *Habitat International*, 1996, 20 (3): 463 – 475.

从而减少对历史文化遗址的破坏。① 冒艳楠（2011）认为，在城市化快速发展的背景下，城市记忆逐渐丧失，应当充分利用历史文化资源，挖掘多元文化的优势，塑造城市特色。② 马曙晓等（2008）通过阐述城市空间特色与自然环境、人文环境以及建筑的密切关系，提出应当从城市设计和提高城市社会人的文化素养两方面来构建城市空间特色。③ 蒋健等（2009）以径山寺风景区为例，探讨山地型风景遗产保护中空间布局的特点以及外部空间保护利用的措施，以期使村落的营建在空间格局体系和功能体系上与风景遗产达到和谐。④ 关于古城遗址的保护研究，对实现古老文明与现代文明的融合具有重大意义。刘文军等（2011）以辽阳"东京城"遗址为例，对比论证了该遗址保护与利用的思路，并探讨了古城遗址与城市的协调以及自身的发展定位，为古城遗址的保护与开发提供规划思路。⑤ 车霞（2011）分析了黔阳古城的历史发展和现状，进而对古城的空间特色及形成机制进行深入剖析，为我国古城保护和旅游开发提供参考。⑥ 龙彬等（2009）以贵州永兴古镇为例，试图解读如何在城镇化发展的同时保护延续城市文脉，营造城市特色和生活空间。⑦

　　城市建成区的大遗址保护与城市建设之间的矛盾日趋激烈，曹楠（2010）通过总结金沙遗址、大明宫遗址、鸿山遗址等成功保护案例的经验，提出大辛庄遗址保护利用与城市发展相协调的对策建议。⑧ 西安具有丰富的历史文化遗存，席保军等（2010）从塑造西安城市空间特

---

① 刘天利：《城市发展与遗址保护和谐中的城市规划》，《商场现代化》2010 年第 12 期，第 72—73 页。

② 冒艳楠：《城市特色空间塑造——以常熟市为例》，《江苏城市规划》2011 年第 3 期，第 23—27 页。

③ 马曙晓、刘立钧：《地域空间特征趋同下的城市空间特色问题》，《河北学刊》2008 年第 4 期，第 248—250 页。

④ 蒋健、王欣：《杭州风景遗产保护中的空间布局研究——以径山寺风景区为例》，《安徽农业科学》2009 年第 35 期，第 17754—17755、17758 页。

⑤ 刘文军、刘成海、童娣：《城市中的古城遗址保护与利用研究——以辽阳"东京城"遗址为例》，《城市发展研究》2011 年第 9 期，第 62—66 页。

⑥ 车霞：《黔阳古城空间特色研究》，硕士学位论文，中南大学，2011 年。

⑦ 龙彬、陈渊：《永兴古镇传统空间特色解析及保护规划》，《南方建筑》2009 年第 4 期，第 55—57 页。

⑧ 曹楠：《城市建成区内大遗址保护与城市建设之间的关系》，硕士学位论文，东北大学，2010 年。

色的角度，提出保护老城、重塑新城的总体策略。① 新中国成立以来，西安的历次城市规划都妥善处理了城市建设与历史文化遗产保护的关系。张锦秋（2011）论述了西安城市总体规划的不断修订中体现出的历史名城保护，并提出实现和谐共生的三点期望：尊重山水环境、把握历史脉络和彰显多元特色。② 王太亮（2011）也通过西安遗址保护与利用的成功案例研究，探索遗址保护开发与城市发展合作策略。③ 衣学慧等（2011）通过分析各遗址公园的建造特色，总结出遗址保护与城市建设相结合的新模式。④

三　关于遗址保护与文化产业发展研究

针对大遗址保护与利用的科学合理的模式，许多学者探寻把传统的大遗址文化遗产资源优势转化为现实的经济产业优势。城市遗址旅游被看作支撑城市经济和推动市区重建的一种方式。⑤ McKercher, B. 等通过半结构化访谈和开放式问卷调查探讨了中国香港城市建设中旅游产业和文化遗产管理之间的关系。⑥ Nuryanti, W. 考察了遗址尤其是位于文化旅游中心地带的建筑遗址在后现代旅游中的作用。⑦ Ismail, S. 等通过历史城市乔治市的案例，阐述了构建和维护政府、私营部门和居民之间的协同作用对于遗址旅游产业的可持续发展是必不可少的。⑧ 然而，遗产保护与旅游开发之间存在冲突，在发展中国家尤为明显。Mimi Li

---

① 席保军、董娟：《西安城市空间特色的保护与发展》，《建筑科学与工程学报》2010 年第 2 期，第 121—126 页。

② 张锦秋：《和谐共生的探索——西安城市文化复兴中的规划设计》，《城市规划》2011 年第 11 期，第 19—22 页。

③ 王太亮：《城市经营视角下的西安市遗址保护与开发研究》，硕士学位论文，西安建筑科技大学，2011 年。

④ 衣学慧、熊星、李朋飞：《西安遗址保护与城市建设相结合的模式研究》，《安徽农业科学》2011 年第 25 期，第 15443—15445 页。

⑤ Chang, T. C. , S. Milne, D. Fallon, et al. , "Urban Heritage Tourism: The Global - local Nexus", *Annals of Tourism Research*, 1996, 23（2）: 284 – 305.

⑥ McKercher, B. , P. S. Y. Ho, H. du Cros, "Relationship Between Tourism and Cultural Heritage Management: Evidence from Hong Kong", *Tourism Management*, 2005, 26（4）: 539 – 548.

⑦ Nuryanti, W. , "Heritage and Postmodern Tourism", *Annals of Tourism Research*, 1996, 23（2）: 249 – 260.

⑧ Ismail, S. , N. A. Mohd - Ali, "The Imaging of Heritage Conservation in Historic City of George Town for City Marketing", *Procedia Engineering*, 2011, 20: 339 – 345.

等采用地理工具进行研究，在遗址的地理分布以及它们和旅游客源城市的空间关系的考察中，得出三个可能危及遗址保护的主要威胁来源是人口压力、地方经济发展政策和缺乏对于遗址的财政支持。[①] 针对韩国仁川的工业遗址，Cho，M. 和 S. Shin 也抛出了疑问：保护还是经济化？作者认为工业遗址保护不仅涉及活化再利用，也有对废弃空间的文化价值创造，实现文化的发扬光大和废弃空间的经济效益之间的平衡。如果旨在以重建和财政收入为目的打造文化价值，可能无法在保护中发挥其最佳作用。[②] Christina Aas 等探讨了老挝遗址保护和旅游发展之间关系的协作方式，旨在促进二者之间的合作。[③] Al – hagla，K. S. 以黎巴嫩赛达的文化遗址及城市建设项目为案例，分析在整合保护、重建、艺术表现及微观经济投资的过程中所达到的开发与保护并重、旅游质量与当地人民生活水平一同提高的成功经验。[④]

中国学者对遗址产业化道路进行了探索，并指出可能存在的问题。樊海强等（2005）对大遗址产业化道路进行了初步探索，分析了大遗址产业化的重要作用和现实基础，提出了大遗址产业化的基本策略。[⑤] 朱海霞等（2007）提出通过发展大遗址文化产业集群实现大遗址保护与区域经济和谐发展，并对发展大遗址文化产业集群的基本前提条件、集群的目标、集群模式选择的约束条件、主导型文化产业的确定、集群中各类组织的确定及功能定位，以及集群的基本结构模型进行了理论分析。[⑥] 周冰（2005）对西安曲江新区文化产业集群的内生机制进行了研究，得出以下结论：首先，必须依靠政府主导的产业投资模式，通过政

---

① Li，M.，B. Wu，L. Cai，"Tourism Development of World Heritage Sites in China: A Geographic Perspective"，*Tourism Management*，2008，29（2）：308 – 319.

② Cho，M.，S. Shin，"Conservation or Economization? Industrial Heritage Conservation in Incheon, Korea，"*Habitat International*，2014，41：69 – 76.

③ Aas，C.，A. Ladkin，J. Fletcher，"Stakeholder Collaboration and Heritage Management"，*Annals of Tourism Research*，2005，32（1）：28 – 48.

④ Al – hagla，K. S.，"Sustainable urban Development in Historical Areas Using the Tourist Trail approach: A Case Study of the Cultural Heritage and Urban Development（CHUD）project in Saida, Lebanon"，*Cities*，2010，27：234 – 248.

⑤ 樊海强、权东计、李海燕：《大遗址产业化经营的初步研究》，《西北工业大学学报》（社会科学版）2005 年第 3 期，第 40—42、82 页。

⑥ 朱海霞、权东计：《大遗址保护与区域经济和谐发展的途径：建立大遗址文化产业集群》，《经济地理》2007 年第 5 期，第 747—752 页。

府产业投资的引导，依靠实施"重大项目带动战略"，实现文化企业的空间聚集化发展；其次，实施区域品牌共享战略，实现消费群体的聚集发展；再次，实施规模化发展战略，实现产业链的对接和延伸；最后，实施区域联动发展战略，实现文化产业集聚的可持续发展。① 由于遗址管理的过程中常常存在保护需求与商业经济发展机会之间的紧张关系，Yi Wang 等以中国杭州西湖为例，探讨了影响遗址保护和旅游业相关的经济增长之间关系的遗址管理，在旅游业发展和推广日益重视的背景下，遗址保护被忽视要承担潜在的风险。②

四　关于遗址保护与城乡统筹发展研究

遗址区居民的生存和发展问题是城乡统筹的基础，同时，遗址区居民对于遗址保护的态度和公众参与度对于遗址保护也起到了积极作用。Nicholas, L. N., B. Thapa, Y. J. Ko 等从当地居民社区的角度探讨影响他们支持皮通山保护区作为世界文化遗产进行保护和对于发展可持续旅游业的因素，以社区依存、环境态度和参与度作为独立变量，通过结构方程模拟分析 319 个居民样本，结果显示社区依存正向影响他们的支持行为。作者认为这项研究有助于影响地方参与规划和管理，这是成功保护遗址的根本。③ Elsorady, D. A. 调查了罗塞塔城市规划、发展和遗产保护之间的整合，认为遗产保护有助于社区改善、发展和振兴。④ Sarvarzadeh, S. K., S. Z. Abidin 等运用 SWOT 分析，研究公民参与城市文化遗址保护中存在的问题。⑤ Jimura, T. 研究了扇町作为世界文化遗产对当地社区的影响，人们对于文化环境和世界文化遗产保护态度的改

---

① 周冰：《西安曲江新区文化产业集群的内生机制研究》，《理论导刊》2005 年第 5 期，第 57—59 页。

② Yi Wang, B. B., "Heritage Protection and Tourism Development Priorities in Hangzhou, China: A Political Economy and Governance Perspective", *Tourism Management*, 2012, 33: 988 - 998.

③ Nicholas, L. N., B. Thapa, Y. J. Ko, "Residents' Perspectives of a World Heritage Site: The Pitons Management Area, St. Lucia", *Annals of Tourism Research*, 2009, 36 (3): 390 - 412.

④ Elsorady, D. A., "Heritage Conservation in Rosetta (Rashid): A Tool for Community Improvement and Development", *Cities*, 2012, 29 (6): 379 - 388.

⑤ Sarvarzadeh, S. K., S. Z. Abidin., "Problematic Issues of Citizens' Participation on Urban Heritage Conservation in the Historic Cities of Iran", *Procedia - Social and Behavioral Sciences*, 2012, 50: 214 - 225.

变。① Esther H. K. Yung 等认为公众意识对于遗址开发与保护有很大的作用，一方面可以解决建筑规划与公众需求之间的矛盾；另一方面，公众的需求可以创造更大的经济效益，并且形成地域认同感。②

伴随着城市化的快速发展，城市遗址的可持续发展受到冲击。Al - kheder, S. N. 等以约旦伊尔比德城市遗址为例，运用 GIS 空间分析和 3D 建模，评估了现代城市化进程对于城市遗址的退化和消失产生的影响，通过研究现代景观和遗址景观相互作用的结果，从而解决可持续发展的问题。③ 该研究强调当前迫切需要解决的遗址景观附近的城镇体系建设的相关问题，以实现全市范围内遗址景观和现代景观之间的均衡互动。伴随新的文化经济，保留历史悠久的城镇赋予了新的重要性。Nyseth, T. , J. Sognnaes 等考察了挪威在城市复兴计划下的文物建筑保护，从三个镇的研究中发现相对成功的保护方式是灵活地结合本地实践管理工具构成保护计划，以顾及现代生活的改变。④ 过去十年国际遗产法的快速扩展，具有催化和补充国家和地方法律法规的作用。Techera, E. J. 认为应当寻求发展法律和政策来保护一定范围内的遗址，斐济具有丰富的历史和文化遗产，现在也面临和许多其他国家一样的当代挑战。作者通过斐济群岛的案例来探讨针对遗址保护的法律、政策和方案。⑤

同样，中国的世界文化遗产的资源管理也面临很多挑战。Su, M. 和 B. Li 在回顾中国世界文化遗产管理的学术文献并探索世界遗产的资源管理问题的基础上，提出管理结构和当地社区参与度是解决中国世界遗产的资源管理的关键问题。⑥ 广大人民群众对于大遗址保护的态度，

① Jimura, T. , "The Impact of World Heritage Site Designation on Local Communities: A Case study of Ogimachi, Shirakawa - mura, Japan", *Tourism Management*, 2011, 32 (2): 288 - 296.

② Yung, E. H. K. , E. H. W. Chan, "Implementation Challenges to the Adaptive Reuse of Heritage Buildings: Towards the Goals of Sustainable, Low Carbon cities," *Habitat International*, 2012, 36 (3): 352 - 361.

③ Al - kheder, S. , N. Haddad, L. Fakhoury, et al. , "A GIS Analysis of the Impact of Modern Practices and Polices on the Urban Heritage of Lrbid, Jordan", *Cities*, 2009, 26 (2): 81 - 92.

④ Nyseth, T. , J. Sognnaes. , "Preservation of Old Towns in Norway: Heritage Discourses, Community Processes and the New Cultural Economy", *Cities*, 2013, 31: 69 - 75.

⑤ Techera, E. J. , "Safeguarding Cultural Heritage: Law and Policy in Fiji," *Journal of Cultural Heritage*, 2011, 12 (3): 329 - 334.

⑥ Su, M. , B. Li. , "Resource Management at World Heritage Sites in China," *Procedia Environmental Sciences*, 2012, 12, Part A (0): 293 - 297.

是决定大遗址保护成败的重要因素，因而必须让群众切实享受到大遗址保护带来的实惠。① 陈稳亮等（2007）通过问卷调查，发现汉长安城遗址保护区居民的生活满意度与区外存在明显差距，应从保障大遗址规划的科学性、可操作性与公正性等方面着手提高居民生活质量。② 赵荣（2009）对大遗址保护的新理念进行探索，提出"四个结合"模式：大遗址保护与当地经济社会发展相结合，大遗址保护与当地群众生活水平提高相结合，大遗址保护与当地城乡基本设施相结合，大遗址保护与当地环境改善相结合。③

五　关于遗址保护与生态环境建设研究

遗址作为城市空间载体的一部分，其自身的环境改善对整体区域环境质量的提升能够产生良好的效应，而对于遗址环境改善的模式以及如何使其与周边环境相融合从而营造良好的城市环境成为许多学者关注的焦点。Teller, J. 和 Bond, A. 回顾了当前欧洲涉及文化遗产的环境政策和法规，环境影响评价和战略环境评估的决策都需要考虑文化遗产。④ Kader, B. A. 通过历史悠久的小城市阿尔及利亚舍尔沙勒展示了可持续发展战略在建筑和城市遗址恢复中发挥着决定性作用，以寻求更好的环境质量。⑤ 众所周知，大气原因、污染和各种压力是导致文化遗址退化的主要原因。Rosella Cataldo 等运用 GIS 环境系统在城市环境中文化资源数据的整合，分析意大利文化遗址奥特朗托大教堂的消退，从而对遗址的保护做出更有效的决策。⑥ Kozlowski, J. 等从规划者的角度关注遗址保护中的环境问题，揭示了文化遗址保护在免受周围环境威胁的实践

---

① 李韵：《找寻大遗址保护与利用的平衡点》，《光明日报》2009 年 6 月 15 日第 5 版。

② 陈稳亮、杨新军、赵荣：《城郊大型遗址区农村居民生活质量研究——以汉长安城遗址保护区为例》，《规划师》2007 年第 2 期，第 84—88 页。

③ 赵荣：《有效保护　科学展示　传承文化　服务社会——陕西省大遗址保护新理念的探索与实践》，《中国文化遗产》2009 年第 4 期，第 22—25 页。

④ Teller, J., A. Bond, "Review of Present European Environmental Policies and Legislation Involving Cultural Heritage," *Environmental Impact Assessment Review*, 2002, 22 (6): 611 –632.

⑤ Kader, B. A., "Heritage Rehabilitation in Sustainable Development Policy for a Better Environment Quality in Small Historical Coastal Cities: the Case of Cherchell in Algeria", *Procedia Engineering*, 2011, 21: 753 –759.

⑥ Cataldo, R., A. De Donno, G. De Nunzio, et al., "Integrated Methods for Analysis of Deterioration of Cultural Heritage: the Crypt of 'Cattedrale di Otranto'," *Journal of Cultural Heritage*, 2005, 6 (1): 29 –38.

中可能存在的不足，建议在自然遗产保护中应用国家公园来缓冲外在的来源于保护区域的法律界限以外的威胁，这项技术也叫作缓冲区规划（BZP）技术。① Wager, J. 阐述了作为世界文化遗产的吴哥窟实现了遗址保护与旅游业和城乡建设的规划发展达到平衡，得益于联合国教科文组织在该区域开展的分区和环境管理规划（ZEMP）项目，该计划旨在保护考古遗产，促进适当的旅游并鼓励农业、林业和城市活动的生态可持续发展。ZEMP 项目确定了 10 条该区域可持续发展原则：（1）发展不应当降低它所依赖的资源基础；（2）应当达到文化、生态和经济的多样性最大化；（3）考古和环境保护可以作为刺激经济发展的工具；（4）发展活动必须依照当地的价值体系；（5）短期利益不应当以长期成本为前提；（6）经济利益必须公平分配；（7）开发商必须支付负面影响的所有成本；（8）发展必须执行法律监管框架；（9）分区是一种实现资源协调的工具；（10）可持续发展是一个过程，因此在战略框架和愿景下计划进行。吴哥窟的分区规划明确了旅游与文化遗址保护和当地社区利益相结合的重要性。②

　　张祖群（2005）从二维环境（生态环境、社会文化环境）的视角，分析汉长安城大遗址环境保护的方法，并从技术层面和社会管理层面上寻求大遗址保护的环境突破，提出环境保护是大遗址保护可持续发展的基点，应以人为本，寻求保护措施的可操作性和有效性，不断探索与完善文化遗产保护的有效方法和理论。③ 陈稳亮（2010）认为环境营造是大遗址保护与利用的重要抓手，将遗址环境与其本体间的和谐及历史、生态、社会各环境要素间的和谐确立为大遗址环境营造的终极目标。④绿化对于大遗址环境保护起到了重要作用，具有生态功能、美化功能和经济功能。⑤ 俞孔坚等（2008）以福建武夷山为例，运用遗产保护和景

---

① Kozlowski, J., N. Vass – Bowen. , "Buffering External Threats to Heritage Conservation Areas: A Planner's Perspective," *Landscape and Urban Planning*, 1997, 37 (3 – 4): 245 –267.

② Wager, J., "Developing a Strategy for the Angkor World Heritage Site", *Tourism Management*, 1995, 16 (7): 515 –523.

③ 张祖群：《环境保护——大遗址保护的可持续发展基点》，《天津城市建设学院学报》2005 年第 3 期，第 156—160 页。

④ 陈稳亮：《环境营造——大遗址保护与发展的重要抓手》，《现代城市研究》2010 年第 12 期，第 43—49 页。

⑤ 王璐艳、王浩：《浅析绿化在大遗址环境保护中的作用》，《安徽农业科学》2008 年第 2 期，第 683—750 页。

观生态学理论来探讨我国遗产区域的整体保护途径，通过建立生态基础设施，构建相应的景观安全格局，从而协调多种利益关系，保障区域遗产和生态安全。[①]

第三节　遗址保护的实践历程

人类历史发展至今，留下了历史前进的足印、辉煌灿烂的文化和人类智慧的结晶，而文化遗产作为人类文明的标志，其价值受到了人们的共同关注，且采取了一系列的保护措施。在人类城市化历史上，对文化遗产保护，经历了由点到面、由地上到地下、由单体文物保护到整体遗址综合保护的逐步扩展。在探索文化遗产保护途径的过程中，人们最先注意的是一些有重大意义与价值的历史建筑的保护。20 世纪 60 年代以后，发达国家逐渐认识到历史街区乃至城市历史面貌的价值，开始形成大面积文化遗产保护的思想与理论体系，逐步制定历史街区保护的法规与政策。从 1931 年的《雅典宪章》到 2007 年的《北京文件》，国际上针对古迹遗址保护的规定日臻成熟。综观各国遗址保护的成功案例和实践经验，以人为本、因地制宜、加强环境整治、改善城乡生态、创造美好的人居环境、提高城市生活品质、让全社会共享保护成果，已经成为大遗址保护的出发点和根本落脚点。

一　国外典型地区的保护实践

随着 19 世纪以来工业化与城市化快速发展所导致的历史文物保护与城市空间扩张的紧张关系，尤其是战后西方各国进入经济恢复发展阶段后，对文化遗产的保护也随着城市规划的调整与城市空间的拓展而不断得到社会各界的重视，在遗址保护方面已取得了很大的成就，形成了各具特色的遗产保护方式方法。其中，有的国家的文化遗产保护工作已有 100 多年的历史。各国在保护利用上不仅有共同模式，也有其特色模式。虽然这些国家所采取的保护举措各有千秋，而且也未必完全符合我国的具体国情，但从他们的各种保护举措来看，这些成功的历史经验给

①　俞孔坚、李博、李迪华：《自然与文化遗产区域保护的生态基础设施途径——以福建武夷山为例》，《城市规划》2008 年第 10 期，第 88—91、96 页。

我国的遗产保护工作带来很多深层次的启示。

西方国家对历史古迹的保护始于 20 世纪 60 年代，美国、意大利、法国、德国、韩国、日本等国家借助雄厚的经济基础开始对历史街区的保护和更新做了探索与尝试。法国对古城的保护有专门的法律，提出对有一定特色的城镇加以保护。拥有大量古希腊、古罗马、文艺复兴时期的宏伟建筑的意大利，历史遗产保护机构完善，资金充裕，维修队伍和科研力量均较雄厚，在古建筑、古城保护方面意大利积累了很多成熟的经验。俄罗斯在古城保护方面特别注意使古城在现代城市中继续保有生命力，成为现代城市的有机组成部分。

总体来看，国外古城保护方面有以下趋势：从单体建筑的保护逐步扩大到古城环境的保护；重视新城区与古城区协调并存的研究和设计；认为古城具有生命力的表现是获得直接经济效益，将古城镇保护开发同经济效益联系起来；在保护开发古城的同时，采用各种方式增加城市的文化活动内容。

（一）希腊

古代希腊是欧洲文化的发源地，留下了许多珍贵的世界文化遗产。希腊现有国家记录在册的遗址及建筑 40 万处，世界文化遗产 16 处，较为著名的有雅典卫城、帕特农神庙、德尔斐考古遗址、奥林匹克考古遗址等。从希腊现存文物古迹的保护中，可以感触到他们对文化遗产尊重、严谨、展示和活态方面的一些理性和规律，从中得到启示。

1. 遗址保护的法律法规

希腊历来重视文物保护立法，出台了一系列相关法律条文和文件。1821 年独立之后，国王曾邀请德国人前来成立古迹保护机构，编制古迹保护法律。1899 年，希腊制定文物古迹所有权法律，确认希腊所管辖的土地、水下挖掘所发现的古物，百分之百属于国家，不属于个人。1933 年 8 月，在希腊雅典会议上制定的近现代第一份关于城市规划的纲领性文件《雅典宪章》中，第一次单列"有历史价值的建筑和地区"章节，明确"有历史价值的古建筑均应妥为保存，不可加以破坏"。第二次世界大战之后，尤其是 1970 年之后，希腊政府依据国际三大宪章一个公约和本国的文物保护法律，不遗余力地保护历史城市、历史地段和历史建筑，取得了显著成效。希腊官方组织了由多位专家组成的古迹保护审核会，凡属古迹保护、古物鉴定的重大项目与事项，均需要由该审核会审议并通过。1975 年，立法通过《建筑文化遗产保护法》，规定在重要古迹附近的建筑物，虽然名义上是私人的，但实质上属于社会，可用不能卖。严禁私下买卖，只能卖给国家。翻修方案须经文化遗产管理机构批准。2002 年，希腊颁布《文物法律 38 条》，这是一个全面规范希腊公民和相关部门文物保护行为的法律，希腊现行的文物保护管理，均以此法律为准绳。其中以 1838 年为界限，之前的所有古迹、雕塑、陶器、青铜器以及手稿、图片、古籍、技艺等均属于国家财产。1838 年之后的文物及资料，除与重大历史事件、重要历史人物相关之外，如作家、画家、音乐家的手稿等，法律则允许私人拥有和收藏，并允许在经文化遗产管理核准的古董店流通。希腊《文物法律 38 条》对文物修复也作了严格规定，提出了防止修复性破坏的深刻理念：一是对古迹和雕塑要保护，不能再受损害；二是如何找到最早的资料；三是要最精确恢复到原状，不能由于工作人员的修复把原来的东西破坏掉，如果修补者将文物修补歪曲了原状，修补者负有刑事责任并负责赔偿。由此，通过遗产保护相关法律的约束，希腊古物工作者对古物的修复极为严谨审慎。希腊社会和公民法律意识很强，严肃主动执法氛围良好。

2. 政策支持

希腊政府积极采取遗产保护的政策措施，对文化遗产保护实行"一扩三优先"的政策。"一扩"是指将文化遗产的概念扩大到包括所有存于希腊的物品，包括不可移动的古迹和遗址、可移动文物、非物质遗产（口头传统、神话、音乐、舞蹈、技巧和实践）；将保护的概念扩大到包括物质保存和保护、鉴定、研究、存档和文化遗产的社会学、美学研究和教育方面。"三优先"的政策，对我国现阶段文化遗产保护具有重要的借鉴意义。

（1）希腊政府文化遗产管理部门对古迹、考古和历史建筑保护管理职能优先，具有干预的特权。外交部、建筑部、发展部、内政部、宗教事务部、都市设计部、教育部、新闻和大众媒体部等各司其职，共同配合。文化遗产管理机构实行垂直设置，最高设在文化部，每个城市直至县、镇，都有相关单设机构或科室，还有国家文化遗产管理部门派出的专员。对在建设工程中发现古迹的处置，必须先听取文化遗产管理机构的意见。2001 年，雅典在修建穿越市中心的地铁时发现古迹，经专家论证确认其重要性。之后改变机械施工为人工挖掘，结果投资剧增，工程也因此推迟到 2004 年雅典奥运会之前才竣工通行。希腊的港湾和古镇，如雅典爱琴海从市区至海神庙的连绵几十公里的沙滩，比雷埃夫斯港湾、罗德岛古城港口、德尔菲古镇、古奥林匹克小镇、悬城迈泰奥拉等，均保持着大自然大文化大遗产的大原状和大风貌，这与希腊长期以来实行文化遗产保护管理职能优先是分不开的。

（2）文化遗产保护经费一向在财政预算中处于优先。政府着力保护、保存希腊历史上有形或无形的文化遗产，以及所有在希腊境内曾经或正在蓬勃发展的文化团体和传统。财政部每年预算安排一大笔专款，用于文化遗产管理部门支付古迹保护和重大项目涉及的民居拆迁赔偿。希腊法律规定保护古迹涉及拆迁民居的，要以市场价与政府价之间的评估价的 3 倍赔偿，或以公寓置换。新卫城博物馆、国家考古博物馆、贝纳基博物馆、马其顿当代艺术中心等公共博物馆和艺术馆保护古物及运行经费，除中央政府拨款保证之外，还以一些非营利基金会作为补充。

（3）大力促进国际文化交流，尤其重视欧盟其他成员国、邻近国家等在国际事务中发挥举足轻重作用国家的文化交流。其中，希腊文化月和在国际著名博物馆举办的考古展览优先。希腊政府多年来致力于追讨流失劫往国外的古希腊文物的执着，也予世人深刻警示。新卫城博物馆最顶层是四面玻璃的透明天井式展厅。匠心在于将此层旋转 23 度角与帕特农神庙平行，在展出的神庙中楣、间壁设计和各神及战马的雕塑中，刻意留出了一幅幅空缺。1801 年，英国埃尔金勋爵曾野蛮砍下一些帕特农神庙众神雕塑，盗运至伦敦，现收藏于大英博物馆。已故希腊文化部部长梅利那·迈尔库里，曾于 1982 年在联合国教科文组织全体会议上公开要求英国归还。现任总理于 2008 年 3 月 29 日再次催促英国归还。现在希腊政府和民间正在继续执着追讨，体现出全民对遗产的尊重和重视。

3. 典型案例

希腊对文化遗产严格保护，倡导一种民族和市民的自觉，不仅仅是对物质层面的旧城、街区、建筑和文物的守护，而且是对原生态的传承和复原，对原生活方式的传承和继续。这样使希腊多元多样的文化在现代化节奏中得以保存。以下列举一些典型案例。

距今 2800 多年历史，建于海拔 156.2 米高的石灰岩绝壁之上的雅典卫城，以其最高点的世界文化遗产帕特农神庙而著称于世。首先，至今雅典卫城仍然保持了它至高无上的建筑地位，令人仰望。这得益于雅典在城市建设中一以贯之的建筑高度控制，当然初衷是更多地考虑其防震功能，但同时客观上起到了突出卫城文化遗产的最好效果。其次，卫城四周街巷基本保持了原有拥向卫城梯度渐高的地势，从而达到了簇拥卫城的地理形态。最后，卫城四周建筑在风格、色彩、体量上，均保持了雅典本地特色。贴近卫城的街道采用步行方式，禁止一般车辆通行，供游客游览使用的仅有一种无轨电动小火车，充满了童趣。从雅典卫城可以看到希腊政府包括雅典市政府对于城市周边的保护措施是行之有效的，为了保留原始的风貌，对城市的限高，城市的密度，城市的色彩都做了严格的限制，当然这与公众的参与也是密不可分的。通过理性的规划，雅典市处于有控制、有节奏和有节制的一种发展状态，新城、老城和遗址交相辉映，遗址保护与城市发展达到了完美的契合。

德尔斐作为希腊所有圣地中最重要的神殿，对阿波罗神殿公元前490年巨大雕像的修复在修与不修的取舍中极为严谨，主要是对基础部分进行镶补，以确保多立克柱耸立起来，而对多立克柱身和柱头的历史沧桑保持了一种残缺美。对基础部分大理石台阶，尽量使用原件，不得不修补部分做工极为精细，用材十分考究，但新老大理石色泽分辨一目了然。

埃皮达鲁斯遗址曾经是古希腊的一个非常活跃的城邦，对欧洲文化和现代文明的发展具有重要的历史意义。目前这处遗址仍然发挥着城镇的功能，不仅使遗址原貌得到了保留，而且也使文化习惯和古老医学延续下来。这里有供信徒治疗疾病使用的庙宇与柱廊建筑，还有供从事医生职务的僧侣用房、病人医院、慢性病疗养院，以及供健康人居住与活动的旅馆和娱乐场所。

（二）美国

美国拥有多层面的历史遗产保护机构和法律法规，鼓励通过对地方历史文化、自然和游憩资源的综合保护与利用，实现遗产保护、经济发展、重建区域身份、提供游憩机会等多重目标。

经过近百年的演化，美国逐渐建立并形成了与自身政治、经济体制相适应的历史文化遗产保护体系和保护机制。遗产保护内涵不断延展，保护的主体从最初的民间和私人为主，之后政府给予关注，到如今已经建立起由联邦政府、州政府、地方政府、民间团体和私人共同参与并紧密联结的保护体制。在这个体制下，联邦、州和地方政府扮演着不同的角色，州和地方在保护策略制定和保护机制建立方面具有较大的主动性和灵活性。美国灵活的历史文化保护体系和政策激励机制为我们提供了宝贵的经验借鉴。

1. 保护机制

由于美国是联邦制国家，州与地方政府拥有高度自治权，实行自由市场经济，个人对私有物产拥有高度自主权，因此美国历史文化保护运动的发展轨迹及形成的保护体系具有鲜明的个性。美国历史文化保护制度的形成和美国历史文化保护运动在 19 世纪初出现萌芽，美国早期的保护活动几乎都是由私人发起或资助，保护多缘于爱国主义的情结，保护的对象主要是与国家重要的历史人物或事件有着密切关联的标志性建筑，通常的保护方法是将这些建筑用作博物馆或相似的用途。在此过程中，保护运动参与的主体、保护理念和保护内容都发生了深刻的变化。联邦政府直到 19 世纪末期才开始参与保护活动，1872 年建立第一个国家公园——黄石国家公园（Yellowstone National Park），1889 年拨付第一笔历史文化保护资金 2000 美元用于亚利桑那州"大房子"遗址（Casa Grande）保护。1906 年美国颁布了《联邦文物法》，到 20 世纪 60 年代建立起相对完整的保护体系。

2. 保护方式

美国有众多的基金会、民间组织和个人积极参与城市和自然遗产的保护，民间力量在遗产保护中发挥着突出作用，主要表现在两个方面。一方面，由于美国是联邦制国家，其历史文化遗产保护运动具有明显的自下而上特点，民间组织始终处在保护运动的前沿，引领保护运动的发展方向。在美国，对很多重要的文化遗产的保护是由民间组织发起和引导的，联邦和地方一些重要的文化遗产保护法律、法规基本是在民间社团组织的推动下出台的。由于实行听证制度，在现实的文化遗产保护活动中，社区民众和一些民间组织对保护活动的进程往往也起着决定性的作用。另一方面，在遗产保护的资金保障方面，美国政府的保护资金投入相对较少，且主要用于政府拥有的遗产保护当中，民间资金发挥着突出的作用。对于大部分文化遗产，保护资金主要通过政府税收优惠政策（如所得税减免、物业税减免等）、经济优惠措施和财政投入带动社会投资等方式，吸引民间资金投入保护当中，并且收效明显。此外，美国慈善事业发达，个人和企业捐助也成为保护资金的重要来源。

（三）意大利

意大利历史遗产多样，保护经验丰富。1967 年《城市规划法》制定了古城保护的条款，文物保护的概念在深度和广度上都有很大的拓展。文物保护的对象从博物馆文物和纪念碑等扩大到历史性建筑物和历史地段，保护也逐渐演变为从建筑本身到周围的历史文化环境，从一个单体到一组群体，从只限于材料的保护扩大到"文化资源"的概念。

由于意大利政府高度重视对文化遗产的保护和开发，因此意大利的文化遗产保护不仅没有成为经济社会发展的障碍，反而成了推动社会发展的动力，在开发的同时也得到了有效的保护。在文物保护方面探索出了"意大利模式"，保护古迹不仅包括单个建筑，还包括它的历史环境和文化氛围；不仅包括建筑精品，也包括具有历史文化意义的普通建筑。因此，对旧城区文物古迹的保护通常不是个体保护，而是成片保护，即实行"整体保护原则"。归纳起来就是建立起一套完整的制度和规范，发动全社会投入到文化遗产的保护中来。

1. 法律规范

在法律上，意大利在立法、执法方面都十分有特色。《意大利宪法》第 9 条规定，"意大利共和国负责对国家的艺术、历史遗产和景点进行保护。"实际上，早在意大利统一之前，就已经存在不少有关保护文物的规定。意大利统一后，陆续出台了一系列有关文物保护的条例。例如，1967 年《城市规划法》制定了古城保护的条款，文物保护的概念在深度和广度上都有很大的拓展。1996 年，国家通过法律形式规定，将彩票收入的 8‰作为文物保护的资金。在文物保护方面，意大利的法律规定严格而详尽。如规定对于需要整体保护的历史遗迹，法律规定必须保持古城原有的格局和风貌，不准以任何名义进行任何形式的破坏。法律的严密规定确保了文化遗产不会被人为干扰和破坏。

2. 政策扶持

在政策上，意大利政府坚持向文化遗产保护方面倾斜。1975 年，意大利政府正式组建文化遗产部，负责意大利的文物保护工作。意大利政府实行中央政府垂直管理的文物行政体制，全国各地的重要遗址、考古区、文物建筑、文物和博物馆藏品等，统一由文化遗产部直接管理，并且政策具有很强的灵活性。例如为了更好管理年接待游客达 200 万人次的庞贝古城，意大利政府专设了一个直属意大利遗产与文化活动部的庞贝文物中心局，负责庞贝遗址、郝库兰尼姆遗址和那不勒斯国家考古博物馆的保护和管理。

3. 资金支持

在财政上，由于意大利文化遗产繁多，每年需要巨额资金注入以维持日常保护工作。为此，意大利政府每年都要编列约 20 亿欧元的财政预算作为文物保护的经费开支。这些资金对于意大利众多的文物遗址来说，还存在巨大的资金缺口。为了弥补资金不足，意大利政府采用多种渠道筹措资金。2000 年颁布的《资助文化产业优惠法》，规定企业投入文化资源产业的资金一律不计入企业应缴税款的收入基数，也就是说企业可以不为那部分资金纳税。2002 年 10 月又开设了"文化遗产和可持续旅游交易所"。这些经济上的优惠吸引了意大利国内外许多企业投资赞助，弥补了政府经费的不足。同时，政府还鼓励私人性质的基金会接管文物古迹，这些基金会采用各种方式筹集了大量的资金，同时也对文物古迹进行了保护和开发，使文化产业步入良性循环，大大减轻了文物保护所面临的经济和社会压力。

4. 保护思想

在保护思想上，意大利秉承了古希腊罗马时期和文艺复兴时期意大利一贯的哲学思想，对其自身的环境进行改造，直到今天这种思想对意大利的文化遗产保护工作仍然具有不可替代的极为深刻的影响。位于罗马古城中心的祖国祭坛，是一座建于 20 世纪 20 年代的宏伟建筑，是意大利国家统一的象征。当时修建这一建筑时，挖掘到了一段古罗马时的残墙，于是在祭坛白色大理石基座的左侧，这段古罗马的遗迹被完整保留下来。为了保护古代遗迹，不惜破坏国家标志建筑的完整，意大利对文物保护的思想在此可见一斑。同样，对于文物的修复，要从科学、哲学、美学、历史学的角度去考虑，而不是草率地"整旧如新"，一切古迹只加固，不修理，更不会去翻新，一切遗迹都保留着最原始的风貌。

（四）法国

为了遏制战后重建过程中对特色景观的破坏，1962 年，颁布了关于保护历史街区的法令——《马尔罗法》，立法要求对历史街区进行保护，对有价值的历史地段划定为历史保护区，将保护的范围从对单体建筑的保护扩展至对历史环境的保护，在城市规划领域提供一种城市更新的新的方向。

1. 保护条例与法规

法国是遗产大国，从中央政府到地方政府都设立了专管部门，负责文化遗产的保护和管理工作，并且制定了许多保护性的条例与法规。法国第一部文化遗产保护法梅里美《历史性建筑法案》颁布于 1840 年，这也是世界上最早的一部关于文物保护方面的法案。此后，1887 年又颁布了历史文物建筑保护法，即《纪念物保护法》。这部法律明确重申了作为法国文化遗产的传统建筑的保护范围与标准，并组建了一个由建筑师组成的古建管理委员会，负责法国文化遗产的选定及保护工作。1906 年，通过了第一部《历史文物建筑及具有艺术价值的自然景区保护法》，除建筑外，树木、瀑布、悬崖峭壁等极具艺术价值的自然景观，也被纳入了法律保护范围之内。而现行文化遗产保护制度所遵循的法律规则，基本是 1913 年颁布的《历史古迹法》和 1930 年颁布的《景观保护法》。此外，1962 年通过的《马尔罗法》即《历史街区保护法》和在这一法规基础上制定出来的 1973 年颁布的《城市规划法》，一同构成了法国文化遗产保护工作中最主要的法律防线。这些法律法规在后来尽管经历过无数次修改，但其影响力一直辐射至今。通过相关法律确定了政府这一主体对于历史文化遗产的绝对保护权，准许国家直接对已经列入遗产名录的古建文物进行修缮。且为了保证保护区的地位，对历史文化遗产进行分级别的列入保护名录，针对不同级别的文化遗产，在保护、改造和再利用等方面的政策也各不相同。如巴黎的第一个保护区马雷街区，在对建筑进行登录时，就分为文物级（monuments class）和历史名录级（monuments inscrits），而对于较高级别的文物级，政府要求业主与其之间遵守特定的协议，且在维护补贴、税收等方面也与历史名录级享受不同优惠政策。

2. 保护范围

法国对于文化遗产保护的内容主要有两个方面：一是对建筑立面的严格保护，此外，在不对整个建筑结构进行改变的情形下，建筑内部都是可以进行改造的；二是景观段的保护，对象由单体建筑到区域环境的保护，即对重要的历史街区和重要的建筑周围的环境进行保护，这与我国的历史街区、历史文化名镇保护相类似。

3. 保护理念

法国的文化遗产保护理念主要有：第一，不再局限于对那些特殊的历史建筑遗产的修复，而是致力于对历史地段内的居民生活环境的改善以及对于遗址更好地利用。通过对其进行功能置换，使文化遗产得到振兴，保持历史文化遗产的活力并使其价值在新的时代得到提升，不但延续和弘扬法国传统文化，而且也为旅游业的发展奠定了物质基础。如巴黎的奥赛博物馆，就是在废弃的火车站基础上改造而成，在保持原来建筑的整个框架、结构、空间不变的情况下进行改造，如今已经成为与卢浮宫、蓬皮杜中心并列的巴黎三大艺术博物馆之一。第二，坚持对传统文化遗产的保护，但并不拒绝现代创新。虽然法国从中央到地方，从政府到民间拥有很多的保护法规与条例，但这并不影响其创新。在文化遗产基础上，常常融现代于古典之中。且在对文化遗产加以利用时，根据需要可对历史建筑进行加建和改建。著名的如卢浮宫外的三个玻璃体金字塔，大的金字塔为博物馆的地下入口，其他两个作为地下展厅。由此，形成地上地下博物馆的组合。三个金字塔在功能上，使观众的参观线路变得更为合理；在艺术上，也实现了古与今的对话。因此，贝聿铭对卢浮宫的改造不仅仅是地面上矗立着的玻璃体金字塔，还包括了卢浮宫庞大的地下博物馆，这使卢浮宫的文化遗产价值得到了更完美的发挥。第三，重视民间保护力量的参与。在对文化遗产地区进行旅游规划和开发管理时，常常有各种民间保护力量的参与，如民间保护组织、投资者、学者、当地社区居民、手工业者等。这些来自社会不同阶层的人往往在前期规划与后期的实施中发挥着重要的作用，其共同形成的组织也可以站在多个利益群体的角度对历史文化遗产进行综合保护和开发，最大限度地减少各方利益冲突。另外，法国的建筑与规划师制度，同样在文化遗产保护上发挥重要作用。建筑师与规划师具有很高的权威性，可以充分行使专家的权利，对遗产建筑和周边环境行使保护管理权，且在一定范围内，在用地和建设上也拥有独立审查权，甚至对政府的决策也具有重要的影响力。

（五）日本

日本对文化遗产的保护始于19世纪的明治初年。从总体发展趋势来看，保护内容由物质遗产向非物质遗产扩充；保护理念由物至人，乃至环境，逐渐深化；分类日益细密化，保护由国家主导到多方利益人共同负责转变。在灵活的保护机制和良好的公众参与下，保护与经济发展尤其与特色旅游产业规划相衔接。强调对地方特征的认同，提高了居民自豪感。

1. 保护法律

日本的传统文化遗产直到江户幕府时代，几乎保护得完整无缺。明治维新以后，资本主义的发展使日本传统文化受到了剧烈冲击，但是日本在发展经济的同时，没有忘记对传统文化的保护工作。1871 年（明治四年）5 月，日本政府颁布了保护工艺美术品的《古器物保存法》，这是日本政府第一次以政府令的形式颁布的文化遗产保护法。后来又陆续颁布了《古社寺保护法》（1897 年）、《古迹名胜天然纪念物保护法》（1919 年）、《国宝保存法》（1929 年）和《重要美术片保存法》（1933 年）等文化遗产保护法规。第二次世界大战，日本从侵略者到战败国，使日本文化财产遭到惨重破坏。1945 年后，日本在废墟上重建国家，复兴民族的最初阶段，政府广泛采纳了社会开明人士和学术界的强烈呼吁，实施了复兴日本民族文化的战略方针。

2. 保护措施

日本对于文化遗产采取的保护措施包括：①拆除已经遭到破坏的旧建筑，按照原样重新翻建，达到保护和延续文物价值的目的。这种做法成为惯例，极为普遍。日本古代的建筑物是以木结构为主的，易腐朽的木材很难长时间保留，加上有地震等自然灾害方面的因素，因此大地震之后的重建是普通的做法。如现在的二条城及其周嗣的建筑，就是在原有废墟上按照历史原貌重建的。周围的建筑也以当时的历史风格为基调建造，这些仿古建筑都取得了较好的效果。②日本对大遗址采取保护与利用协调共进的方式，既保护了大遗址，又发掘了新的旅游资源，为旅游业的飞速发展提供了持久的动力。从 20 世纪 70 年代起，日本对大遗址投入较大力量进行史迹公园建设，许多遗址在考古发掘工作完成以后，都进行了保护利用的建设，现已建成一大批环境风貌协调、各具特色的史迹公园。日本历史公园的建设方法主要有露天保护、覆罩保护、地上复原、陈列和发掘现场展示。③日本强调对文化遗产的活用，对文化财产并非仅停留在简单的"保护"上，而是要充分发挥出文化财产的作用，即在妥善保管的同时，还要努力利用这些文化财富。比如，日本人十分珍视传统的手工业，在国内外不断举办工艺大展，在公开展示的过程中，最大限度地发挥这些文化财产的认知作用和教育作用，使人们通过文化财产的活用，了解自己的历史和文化。④国家十分强调各级地方政府、民间组织甚至个人的参与，并明确规定各方的权利与义务。比如，日本建立了从县市到乡村覆盖全国的保护重要无形文化财产的专业协会，凝聚了千万民俗文化艺术的传人，从事传承活动，对于这种无形民俗文化财产的传承工作，除国家给予必要的资助外，社会团体、地方政府也都给予一定程度的赞助。

日本普遍采取遗址公园的方法，将遗址本身及周围的自然环境妥善保存起来并有效展示，其代表是平城宫遗址。平城宫遗址的展示方法是：在考古研究的基础上整体复原，使原貌重现；回填保护、标识记认；展厅陈列。这种方法或许是遗址展示的理想模式：地上遗存少，主要是地下的建筑基础遗迹，遗迹本身可观性不强，观众不易明白，就使复原展示成为需要；遗址的保护区域广阔，区域以外也少有高楼大厦，整个遗址与其环境浑然一体，环境在展示中起了重要作用，标识记认这类方法，就是让观众在历史环境中，想象当时建筑的规模，环境取代遗址本身，成为历史的真实，没有对环境的保护，展示就失去依托。而这正是包括中国在内的东方大多数古文化遗址行之有效的展示方法。

3. 资金来源

日本的保护资金以国家和地方政府提供的补助金、贷款和公共事业费为主，辅以社会团体、慈善机构及个人的捐助。各级政府依据保护对象重要程度及实际需要划拨保护资金，如对传统建筑物群的保护，国家及地方政府各承担50%补助费；对古都保护法所确定的保存地区，国家和地方政府分别负担80%和20%的补助费；而由城市景观条例所确定的保护地区一般由地方政府筹措保护资金。

（六）韩国

韩国民族文化遗产保护与利用的实践在亚洲乃至世界上都具有领先的地位，主要体现为通过建立法制体系、政府重视、全民参与、文化产业化等措施实现民族文化遗产的保护与利用工作。

1. 法制体系

韩国历来重视民族文化遗产的法律保护与利用，建立了全面的法律网络体系。早在日本殖民统治时期的1910年4月23日，朝鲜政府以学部令形式颁布的《乡校财产管理章程》通常被韩国学者认为是韩国文化遗产保护工作法制化建设的开始。韩国文化遗产保护行政的基本法令是《文化遗产保护法》，另外还有《古都保存法》《乡校财产管理法》《建筑法》《国土利用管理法》《城市计划法》《自然公园法》等，为韩国民族文化遗产的保护与利用保驾护航。

2. 政府重视

韩国政府非常重视民族文化遗产保护与利用工作的管理体制，形成了从中央到地方的一整套严格的管理系统。韩国文化遗产保护工作的主管机构是中央级行政机关——文化财厅，主要负责有关文化遗产的保存、管理、利用、调查、研究以及宣传事务。韩国地方政府负责文化遗产的是市、道等行政机构的"文化财科"或"文化财界"。同时，韩国政府为了扩充民族文化遗产传授、教育的空间，从1973年开始每年以年度为计划在民族文化遗产项目所在地区建设传授教育馆。

3. 全民参与

韩国民族文化遗产的保护工作得到了全民的支持与参与，形成了全民文化遗产保护意识。20世纪80年代，韩国在现代化、工业化、城市化的影响下，由韩国知识分子发起的民族文化遗产保护运动迅速形成了民众广泛参与的、全国范围的一场复兴韩国民族文化的群众运动，如在清州市实施建立整个城市为一个城市型生态博物馆，从而全面保存和保护城市的自然、历史、文化和工业遗产，也使参观者通过观察、感觉和体验的过程深刻理解清州。

4. 文化产业化

1998年，韩国政府提出了"文化立国"的战略，把文化产业作为韩国21世纪经济发展的战略性支柱产业。韩国政府为了实现"文化立国"的战略，在实现民族文化产业化的同时使民族文化遗产得到充分的保护与利用，采取了一系列的民族传统文化遗产保护与传承的制度，如在韩国的首都首尔建立了众多的民俗博物馆，全面展示了韩国的各种民俗场景和实物，凡是韩国人独有的东西几乎都有博物馆进行保护与利用。

韩国保护其宫廷科技成就的举措也非常有特色。在首尔附近的骊州郡，有一处被韩国国民视为圣地的世宗大王陵，系朝鲜王朝第四代君主世宗大王（1418—1450年在位）和昭宪王后沈氏的合葬陵墓。1977年，为了称颂世宗大王的伟大功绩，也提醒人们继续传承民族文化，韩国政府对世宗大王陵进行了大力整顿，并费时两年建成了世宗纪念馆，在世宗殿外陈列太阳钟、观天台、测雨器、浑天仪等科学器具，使这里成为重要的文化遗产教育基地。韩国政府还通过各种渠道向海外宣传自己的宫廷文化遗产，在资金的投入上也不遗余力。例如，在韩国基金会的支持下，一些朝鲜王朝时期的艺术珍品就曾多次走进著名的大英博物馆和大都会博物馆。

（七）德国

Robert、Brambilla 和 Gianni 等充分认识到了欧洲城市战后重建与发展过程中，许多城市遗产面临城市建设冲击的境况，认为通过对遗产周边文化环境的保护，设置合理的缓冲区和营造多样化的步行环境可为城市历史中心区的保护和复兴以及城市更新提供出路。事实上，这一环境营造策略不仅消除德国科隆大教堂世界遗产保护与城市发展矛盾，创造商业旅游环境，推动当地经济发展，也为科隆市提供了一条经济振兴与文化遗产保存的"双赢"之路。

1. 政策法规

德国是世界上对世界遗产保护所作法律规定最严格的国家之一。1902 年德国就制定了保护优美景观的法律，1971 年古迹保护的内容也被纳入联邦建筑基本法的框架中。德国世界遗产保护的立法思路非常明确，它强调保护工作不是独立进行的，而是多方联系和相互制约的，保护体系涉及制度、管理、资金等多个环节，如保护行政管理体系、资金保障体系、监督体系、公众参与体系等，都以法律法规的形式明确下来，这为遗产保护工作的开展奠定了基础。因此德国整个自然文化遗产保护工作具有很强的可操作性，政府和民间的力量都得到了充分的发挥。

2. 遗产管理

在遗产管理工作方面，德国对世界遗产采用了地方自治型管理，中央政府只负责政策发布、立法等面上的工作，而具体管理事务则交由地方政府负责。在德国，自然与文化遗产保护是地区和州政府的职责。国家公园和大部分面积较大的自然保护区都归地区和州政府所有，一些面积较小的自然保护区的土地权归社区或私人所有，各个州可根据具体情况进行相应的立法。如科隆市立法规定，所有建筑物高度不得超过科隆大教堂（157 米）的高度，大城市的老城区保持原有风貌等。

3. 资金支持

在遗产保护资金投入方面，德国建立了统一的遗产管理机构，遗产管理费用主要由国家财政负担。德国立法明确规定了保护对象的资金补助额度和数量，其具体情况如下：第一，国家和地方政府的财政拨款通常是保护资金最主要的来源，款项数额巨大。例如，早在1997年，德国柏林就将14亿马克（大约60亿元人民币）用于文化遗产保护。第二，以国家投资带动地方政府、社会团体、慈善机构及个人的多方合作投资的方式也存在。例如，德国的古堡允许出售，有的只是一欧元的象征性价格，但是法律要求购买者必须投入资金进行维护，必须有相应部分对公众开放，必须展现其真实性和完整性，从而形成保护与利用的良性循环机制。第三，其他各类相关政策的制定也为遗产保护提供了多渠道、多层次的资金筹措方式，如减免税收、贷款、公用事业拨款、发行奖券等，这些都使遗产保护资金得到有效保障。另外，相关法律还规定，为遗产地修复进行的投资可以减少所交税收。此外，德国还积极援助国际世界遗产项目，联邦外交部为130个国家展开的1200多个项目提供了大约3300万欧元的资金。

4. 典型案例

在遗产地社区建设方面，德国鲁尔区工业遗产旅游就是很好的例子。在实施工业遗产保护与产业调整中，他们把让民间承担保护项目的过程都变成一种就业过程，开辟了新环保技术研发和升级的就业空间，同时也给当地产业转型带来契机。再如，德国在旧城改造的过程中也很好地处理了遗产地与社区的关系，杜伊斯堡景观公园的经营主管拉贝认为："只是通过文物保护的方式并不能拯救这些古建筑，因为在博物馆里并不能生活，谈不上任何发展的机会。只有将整修古迹和城市发展结合起来，才能防止古城继续衰败，同时保障人类的生存基础。"德国中部欧洲中世纪都市遗迹——班贝克古城还保存着中世纪的景观，古城每一幢房子里都住着当地民众，沿河是一排排渔民之家，正是有了他们的精心呵护，古城才得以保护和延续，这些做法都堪称世界遗产保护与发展的成功典范。

（八）新加坡

在历史文化资源保护方面，新加坡确定了3组独特的保留和保护性发展区：历史性区域、历史性居住区、二级居住区。新加坡保留着典型的南洋风格建筑群的河沿岸地带的整治在城市历史文化资源保护和利用方面，可以说是一个经典的案例，不是静态地维修和保护，而是动态地保护和开发，将基础设施建设、环境整治、古建筑群的维修更新与为商业发展提供空间有机结合起来。

（九）埃及

埃及政府在探讨如何完善和发展文化遗产保护工作的过程中，逐渐摸索出一条寻求国际合作的路子。从20世纪60年代至今，埃及境内许多著名文化遗址的修复和挖掘工作得到了联合国教科文组织及国外文物考古专家在资金、技术等方面的鼎力协助，例如阿布新贝神庙、阿斯旺菲莱神庙、卢克索王后谷、努比亚遗址、希拉克里雍海底古城等世界知名文化遗址的修复和重建。目前来自60多个国家的100多个考古队正在埃及境内500多个文化遗址进行考古挖掘。此外，随着高新科技的飞速发展，埃及政府开始在数据及信息领域积极寻求国际合作。实际上埃及最高文物委员会对埃及境内所有物质及文化遗产的登记注册于2000年得到进一步完善，为政府有关机构提供有力的信息数据支持，便于政府更好地统筹文化遗产保护工作及相关的基础设施建设。此外，埃及的历史遗产保护工作还走出了一条与旅游产业相结合的道路，并且旅游产业成为埃及的四大支柱产业之一。

（十）以色列

为了缓解首都耶路撒冷人口规模不断扩大与历史遗址保护之间的矛盾，以色列在耶路撒冷城墙外建立了17个聚居区。由于耶路撒冷对于世界来说具有普遍的重要意义，特迪·科莱克市长于1968年设立了耶路撒冷委员会，负责审议城市发展计划。该委员会由来自许多国家的著名建筑师、城市规划师、历史学家和哲学家等约70人组成，每两年在耶路撒冷举行一次会议，并作为国际咨询委员会，就城市的重建和发展以及保护耶路撒冷的特征和独特的多元传统等问题进行讨论。

二　国内典型地区的保护实践

《"十一五"期间大遗址保护总体规划》指出，大遗址作为中国五千多年灿烂文明史的主体和典型代表，不仅具有深厚的科学与文化底蕴，同时也是极具特色的环境景观和旅游资源，向世界展示悠久的中华传统文化，在促进大遗址所在地社会经济文化发展等方面发挥着重要作用。抢救保护祖国珍贵的文化遗产，显得尤为必要和紧迫。国内大遗址保护起步较晚，但也积累了较为丰富的经验。20 世纪 70 年代以来国际文化遗产界对历史街区、城市风貌、大遗址保护的空前重视，也开始深刻地影响到中国文化遗产界。中国文化遗产界开始建立起新的文化遗产保护观念。从《中国文物古迹保护准则》到 ICOMOS 十五届大会《西安宣言》，再到《城市文化北京宣言》，中国文化遗产保护理论体系日趋成熟，逐渐形成了大遗址保护的自身特色。

当前，我国已经形成了西安、洛阳、荆州、成都、曲阜五大遗址保护片区的格局。由于曲阜片区成立较晚，还需在实践中不断探索、积累经验。其余四大遗址密集区在遗址保护的实践中，逐渐形成了各具特色的保护模式，其中也不乏典型的成功案例。另外，北京是全球拥有世界文化遗产项目最多的城市，如何协调城市发展与遗址保护，在探索中逐渐积累了成功经验。以下对北京、洛阳、荆州、成都、西安五大遗址密集区的保护特色和实践经验以及浙江良渚模式进行详述。

（一）北京片区

北京作为国内拥有世界遗产数量最多的城市，在城市迅速发展的过程中，给遗址保护带了巨大挑战。1992 年，北京市出台了第一个综合性的城市规划《北京市总体规划（1991—2010）》，其中特意将名城保护规划的必要性进行了追加。经过 20 年来的探索，目前北京市对历史文化遗迹的处理方式比较多样，没有统一的固定模式，并且更注重使用功能的延续和相互协调。①

在文化遗产保护的立法工作上，北京一直是全国的先行者，2002年 9 月，北京市第一个法制化的历史文化名城保护长期规划——《北京历史文化名城保护规划》继皇城根遗址公园建成后出台，之后相继出台了《北京皇城保护规划》《北京市长城保护管理办法》《北京市周口店北京猿人遗址保护管理办法》，以及《北京明十三陵保护管理办法》等。

北京市对景观遗址的整备方式以"选择性保护"为基本原则，工程伊始便对各项历史内容进行了评估和筛选。② 以皇城根遗址公园为

①　杨秀娟：《北京市以皇城墙遗迹保护为目的的公园绿地建设研究》，《中国园林》2006年第 11 期，第 29—32 页。

②　王世仁：《菖蒲河公园》，中国旅游出版社 2005 年版。

例，并没有将皇城墙全部进行复原，而是选择了部分（北侧的部分）进行恢复，将挖掘出来的东安门基础的遗迹进行了原样展示。在明代的地面上铺上仿古青砖，使之成为小广场。而对于曾经的历史水系，则改造成现代的喷泉。对已经成为文保单位的四合院进行原样展示，但将其作为一个茶室，使游人可以参与其中。对于公园两侧的文物古迹，也可以看到相应的考虑。例如，将北京大学和中法大学的旧址借景到公园中，从而使公园在视觉上具有非常好的效果。皇城根遗址公园把园林绿地作为城市与大地综合体的有机部分，作为城市居民生活空间和自然体验过程的连接体来进行设计，并在建成后实施开放式管理，使"公园"的内涵变得更加深广。[①]

元大都遗址作为北京城市文明发展的见证和实物遗存，是研究北京城址变迁的重要实迹，对于北京市文化历史的探源与发展有着重要意义。为了真正保护好这段残存的土城遗址，朝阳区园林局于 20 世纪 80 年代开始规划设计并筹建遗址公园。城址南半部逐渐发展为明清两代的北京城，因而城墙北垣段形成了遗址公园的主体。元大都城垣遗址公园集历史遗迹保护、改善生态环境、休闲游览于一体，力求体现尊重历史、保护遗址，同时满足现实文化生活的需要，并激发人们的爱国热情和民族自豪感。公园在缺损的土城地段设计了带状巨型雕塑群，增大了观赏面，容纳了更多游人。通过具象的雕塑、壁画等直接的语言，形成了遗址和人更好地交流。在功能设计上则合理地融入了游客的日常活动，做到了历史遗迹和现代文化生活的统一。[②]

周口店北京人遗址的保护在市院共建的管理模式下取得了显著成效。为了充分发挥政府部门的文物保护优势和科研部门的科研优势，北京市人民政府与中国科学院于 2002 年签署了共建协议，并成立了"周口店北京人遗址管理协调委员会"。以规划和法制建设为龙头，初步形成了保护体系。通过编制《周口店城镇建设发展规划》《周口店北京人遗址公园规划》，完成猿人洞、山顶洞等主要地点的保护和现代化遗址博物馆、遗址公园的建设，同时对周口店镇进行全面改造建设。出台的

---

① 杨秀娟：《北京市以皇城墙遗迹保护为目的的公园绿地建设研究》，《中国园林》2006年第 11 期，第 29—32 页。

② 张凌：《从遗址公园的分类看保护与开发》，《中外建筑》2009 年第 7 期，第 73—75页。

《周口店北京人遗址保护管理条例》将为周口店北京人遗址的保护提供充分的法制保障。[①] 2004 年 7 月启动了周口店北京人遗址加固保护工程，通过这次修缮，提高了其抗大风雨、耐自然低温以及抵御强地震的能力。而此项工作的持续进行，将全面保证遗址的原始风貌和安全。扩大周口店北京人遗址的核心区面积，建立缓冲区和建设控制地带，进一步保护周口店北京人遗址的各化石地点和地质地貌遗迹。[②]

（二）洛阳片区

洛阳片区大遗址群，包含了自夏商至隋唐三千年中华文明与文化起源和发展阶段的大规模遗存，价值突出，分布密集，规模宏大。分布在洛河沿岸的二里头遗址、偃师商城、东周王城、汉魏故城、隋唐洛阳城五大都城遗址，记录着中华民族的历史兴衰，是我国早期都城遗址最杰出的代表、流传至今最重要的遗址。

洛阳大遗址大多分布在市区和城乡接合部，随着城市现代化、农村城镇化步伐的加快，保护与建设、保护与发展的矛盾日益突出，对大遗址的威胁日益加剧。20 世纪 50 年代，洛阳市制定的第一期城市规划提出远离老城建新城的思路，即将洛阳工业区安排在涧河以西，使东周王城、汉魏都城、隋唐都城三大遗址以及洛阳老城受到了很好的保护。但是由于将西工区作为洛阳市中心区来设计，并且将大片遗址区规划为工业区，因而西工区大遗址遭到破坏。洛阳市第一期城市规划的失误，给文化遗产保护带来了极为惨痛的教训。在长期艰难的文化遗产保卫战中，逐渐积累了丰富的经验。20 世纪 90 年代洛阳市第三期城市总体规划明确规定，将隋唐都城南半部 22 平方公里遗址，作为绿地保护，不作为城市建设用地，新市区跨越这 22 平方公里向南发展，从而创造了在城市中心区黄金地段，保存超大面积文化遗址的范例。在中国城市规划史、文化遗产保护史上是史无前例的，有重要的历史意义和现实意义，这才是真正意义上的"远离旧城建新城"的"洛阳模式"。在《大遗址保护洛阳宣言》中提到：城市核心区的大遗址保护极具挑战性，当前在城市核心区和城乡接合部建设考古遗址公园，有助于协调文化遗

---

① 李玲：《北京人遗址保护建设有成效》，《中国旅游报》2003 年 8 月 25 日。

② 胡星：《房山世界地质公园自然和文化遗产保护与可持续发展研究》，硕士学位论文，中国地质大学，2009 年。

产保护和城乡经济社会发展的关系，有助于发展文化旅游和相关产业，有助于提升城市文化品位。为推进考古遗址公园建设，进一步加强大遗址保护，传承和弘扬祖国优秀历史文化，做出了郑重承诺。[①]

隋唐洛阳城整个遗址范围较明确，重要建筑遗迹保存较为清晰完整，是我国大型城市遗址精品。该遗址采用"以点带面"的方式进行保护展示。此前洛阳已完成了定鼎门遗址保护展示建筑和隋唐遗址植物园的建设，两者都位于南部新城区。2007年起开始筹划对市中心的宫城核心区遗址进行保护。在2009年之前洛阳市政府投入2.7亿元资金进行拆迁，将最核心的9.6公顷用地清理出来，供考古遗址公园所用。由于宫城核心区的建筑遗址包含隋、唐、宋三个朝代的历史信息，为确保考古遗址公园将这些遗址信息完整、真实地展现，采用不同的主题手法和材料表达不同时代的遗址信息，即隋代为硬质铺装模拟展示，唐代为"室内展示＋绿化模拟展示"，宋代为"绿化＋金属构筑物模拟展示"。这样，不同时代的遗址可以通过不同的材料形态向参观者加深感受。在植被绿化方面，为了避免植物根系向下生长穿透覆土保护层威胁遗址，规划提出所有乔木、大灌木均种植在树池中。隋唐洛阳城利用"考古遗址公园"的模式为协调文化遗产保护与城乡建设、名城保护做出了探索。宫城遗址核心区考古遗址公园提出将东边印刷厂老厂房进行适当的保留，它们对遗址核心风貌影响不大，还可以利用室内空间作为外围服务用房，更能作为洛阳市进行考古遗址公园建设的纪念物。地段西侧为洛阳市玻璃厂，日后可能改造为工业遗产，考古遗址公园也预留了衔接的可能。随着社会经济发展，南部新区建设，北部老城区需要转变发展方向、焕发活力。宫城遗址核心区考古遗址公园的建设，可以通过高品位来提升片区价值和人气。[②]

洛阳大遗址片区既要遵循大遗址保护的基本原则和规律，又要尊重和适应每个大遗址的个性特色。要通过建设一个个特色鲜明、魅力独具并互为补充的大遗址保护展示园区，努力构建中原大遗址保护园区网络体系，确保这一珍贵民族文化遗产长存永续。

---

① 杨茹萍、杨晋毅、钟庆伦、谢敬佩：《"洛阳模式"述评：城市规划与大遗址保护的经验与教训》，《建筑学报》2006年第12期，第30—33页。

② 肖金亮：《大型城市遗址的保护与发展——以隋唐洛阳城的实践为例》，《建筑学报》2010年第6期，第69—73页。

（三）荆州片区

荆州大遗址保护片区的范围包括：楚纪南城遗址、八岭山墓群、雨台山墓群、天星观墓地、熊家冢墓地、马山墓群、宜昌枝江青山墓群、荆门沙洋纪山楚墓群和潜江龙湾遗址，基本涵盖了楚文化核心区域最重要的遗址和墓葬，面积达到300多平方公里。该区域是战国时期楚国最繁盛时期的政治、经济、文化的中心，而楚文明是中国先秦时期南方文明最杰出的代表。作为先秦楚文明集中展示地，打造出具有中国特色的南方大遗址保护重要示范区和鄂西生态文化旅游圈文化中心，彰显与古希腊雅典文化相媲美的楚文化魅力。

荆州市不断建立和完善大遗址保护的政策措施，先后颁行了《荆州历史文化名城保护暂行办法》《荆州市古墓葬保护管理实施办法》《关于依法规范生产建设项目考古调查勘探发掘工作的通知》等地方规范性文件，高起点编制了《荆州历史文化名城保护规划》《楚纪南故城遗址区文物保护规划纲要》《荆州熊家冢墓地保护总体规划》《荆州文博园区景观暨荆州博物馆综合陈列楼概念设计方案》等一系列保护展示利用规划。

以楚纪南故城大遗址为中心，分布着众多战国时期的大型古墓群。荆州在全国率先将GPS定位系统运用到文物保护领域，在重点墓区设立观察哨、重点墓冢设定GPS装置，进行全天候监控；给护墓员配发具有GPS功能的手机，对保护区内284座重大中型古墓、封土堆和300名护墓员的人身安全实现无缝隙双重保护。另外，依靠不断完善的文物保护网络体系，使古墓葬保护有了良好的群众基础。面对分布广、数量大的古墓群，荆州、荆门两市从20世纪90年代开始建立文物保护网络体系，落实古墓保护责任制，实行"群防群治"。即各乡镇文保所在当地政府的直接领导下，通过层层签订责任书，依托护墓队、护墓哨所和护墓员，对古墓实施保护。为了做好楚纪南故城大遗址周边古墓群保护工作，荆州、荆门两市文物部门在当地政府的支持下，积极与发改委、城建、规划和国土等职能部门协作，在建设工程项目的立项审批上严格把关，近年来，古墓葬比较集中的重点乡镇已普遍实行动土申报制度，以确保这些古墓免遭生产建设破坏。①

荆州大遗址片区在遗址保护与开发利用中寻求共赢，通过"政府主导＋市场机制＋全民参与的路线"的方式，让大遗址成为带动荆州旅游发展的"发动机"，使其作为文化产业并逐渐成为支柱产业，由此促进荆州和湖北的经济社会发展。在遗址展示与旅游开发的过程中，从文物物品的展示拓展到文物保护研究的展示，从客体的陈列展示发展到主体的参与体验，使昔日的私房活见诸公众，增加了趣味性，满足了好奇心，也增长了观众知识。紧密结合关联文化，将地方文化表演艺术融入大遗址保护项目中，比如荆州的曲艺、传统戏曲、民间音乐、民间舞蹈、民间手工艺、习俗等，既提供原生态环境的保护和传承条件的改善，也是一种利用途径。增加小型的国际会议功能，以扩大荆州专利专有技术的国际影响，展示楚文化，比如生物技术处理丝织品，对漆木器、简牍的修复，楚国后裔再现楚国精湛技艺等。

（四）成都片区

成都大遗址保护片区涉及成都市、阿坝州、泸州市、达州市、德阳市，以成都金沙遗址、广汉三星堆遗址为中心，同时涵盖成都平原史前城址群、古蜀船棺遗址、明代陵墓群等35处重要大遗址。作为长江上游古蜀文明的代表，成都片区将建设成为我国南方大遗址保护重要示范区和成都平原生态文化旅游中心。

成都大遗址片区针对重点遗址编制了专项保护规划，推动大遗址保护工作有序进行。目前，《大遗址保护成都片区保护规划纲要》基本形成；《三星堆遗址保护规划》《金沙遗址保护规划》正在修编；《邛窑遗址保护规划》经过修改已上报国家文物局待批；《古蜀船棺合葬墓保护规划》正在抓紧进行；《宝墩遗址保护规划》《鱼凫古城保护规划》和《明蜀王陵保护规划》编制工作已经启动；《朱悦濂墓保护规划》已编制完成。由此，大遗址保护工作在科学的规划指导下得以顺利实施，努力实现成都片区大遗址"文物本体保护好，周边环境整治好，经济社会发展好，居民生活改善好"的目标。

成都历史文化名镇保护工程经历了两个阶段：第一阶段，与许多改

---

① 官信、郑忠华、龙永芳：《楚纪南故城大遗址周边古墓群保护管理现状与对策》，《江汉考古》2008年第3期，第123—129页。

造项目类似，就是以"改"为主，将部分建筑推倒重建；第二阶段，吸取第一阶段的经验教训，请规划设计单位专门调查了解该处的历史文化渊源，并筛选出特色元素加以提炼，注意保留老成都浓郁的人文风情，最大限度地保留了原有街巷的走向及样式，基本做到了较好的保护与保留。①

十陵大遗址区位于成都市中心城区东部边缘区，城市的不断扩张和快速发展给遗址带来了不利影响，而十陵遗址的城市区位也影响着成都市的发展。在对其保护过程中，将保护与城市发展相结合，建立整体性保护观，实现文化遗产物质本体、视觉景观和社会功能三方面的全面保护。通过挖掘各种价值和功能，在有效保护的基础上进行合理利用，将十陵片区打造为集历史文化展示、生态旅游、居住、文化创意、商贸和休闲服务为一体，具有国际水准的城市发展新区。针对遗址区，编制可持续的土地利用规划、建立遗址公园、发展保护区观光农业。整个遗址区域以明十陵为核心，向外扩散形成三层圈层保护结构：第一圈层是依托青龙湖和东风渠而开拓的湿地生态保护区；第二圈层是以基地川西林盘台地景观为载体而形成的林地生态保护区，同时可作为隔离城市建成区干扰的屏障；第三圈层是城市建成区，集文化创意产业、居住、休闲观光为一体，防止了高强度开发对遗址的影响。这种圈层模式很好地协调了遗址保护与城市建设发展。②

金沙遗址位于成都市区西面，由于重要文化遗存的保护与高速的城市发展之间的碰撞日趋激烈，成都文物考古研究所于 2002 年设计出一种全新的"金沙模式"：文物保护用地及博物馆建设的经费支出，由精品文化项目带动周边地产升值和城市经济繁荣来弥补。"金沙模式"的施行，体现了从文物保护到文化遗产保护的转变，从被动保护到主动保护的转变，从计划手段到市场手段的转变，从单一学科到多学科合作的转变。③ 开展的文物保护项目以文物发掘、保护、研究展示和社会服务

---

① 陈娜：《四川省城市化过程中历史文化遗产保护管理研究》，硕士学位论文，电子科技大学，2010 年。

② 杨丹：《成都十陵大遗址区域的保护与利用探究》，《安徽农业科学》2012 年第 5 期，第 2851—2853 页。

③ 汤诗伟：《"金沙模式"——成都金沙遗址保护与利用研究》，硕士学位论文，西安建筑科技大学，2010 年。

为主要任务，融文物展示、科普教育、文物研究、旅游接待为一体，建设综合性多功能遗址博物馆。以历史文化为主线，使文物展示与文物保护结合，环境改造与环境保护结合起来，用现代化的手段模拟、展现距今三千年前独具特色的原始金沙遗址自然风貌和人文景观，成为保护和研究古蜀国文明成果的重要基地。在展示和发展遗址的非物质层面走出了一条成功的路径。金沙遗址公园在园内设立了六个表演区，每个表演区都有来自各个民族甚至其他国家的民族舞蹈，将自己独特的地域文化融入文物古迹中，让人们感受到鲜活的文化气息。金沙遗址博物馆在进行陈列场馆的布置时，采用模型场景展示、动画演示、音乐等手段进行场景复原，从而营造出了浓郁的古蜀文化氛围。同时，借助图片、文字和现代传媒等手段，揭示金沙遗址博物馆中陈列物品丰富的精神内涵。另外，在实施产业化运作过程中，与音乐剧、电影及杂技等现代创意产业相结合，挖掘、利用了遗址遗产背后的非物质文化要素，传承并发展了金沙遗址的文化精髓。[①]

（五）浙江良渚模式[②]

良渚遗址是中国新石器晚期著名的考古大遗址，1996 年被国务院公布为第四批全国重点文物保护单位，2001 年被列入全国大遗址保护一类一号项目，2006 年入围国家文物局《中国世界文化遗产预备清单》，2007 年被列入国家《"十一五"期间大遗址保护总体规划》确定的 100 处重要大遗址名录。良渚遗址，是长江中下游地区首次发现的良渚文化时期的城址，也是目前所发现的同时期规模最大、营建最考究、配置最高级的古城。

良渚遗址分布面积近 40 平方公里，面大点多、遗存密集，如此大面积的遗址保护工作是世界性的难题。尤其是地处经济快速发展的良渚、瓶窑一带，要使这么大型的遗址在现代工业化、城市化进程中不受破坏，更是一项极为困难而艰巨的任务。数十年间，浙江余杭先后投入 10 多亿元资金，努力探索大遗址积极保护的新路子，并积累了许多成功经验。特别是进入新世纪以来，良渚遗址保护和"申遗"的步伐

① 王玉琼：《文化遗址非物质层面的解析及开发路径——以成都金沙遗址为例》，《社会科学家》2010 年第 11 期，第 32—35 页。

② 张少虎：《余杭打造大遗址保护"良渚模式"》，《城乡导报》2011 年 8 月 30 日。

迈得更快，在遗址保护、管理和利用等方面都取得了明显成效，走出了一条科学保护、持续利用、民生和谐的新路子，形成了打造中国大遗址保护的"良渚模式"。在对良渚遗址保护方面，既立足遗址本体的保护，又大力营造遗址与环境的和谐共存。在管理模式上，首先是省政府批准划定良渚、瓶窑两镇242平方公里区域为杭州良渚遗址管理区，确立了"以保护为目的，以开发为手段，以适度开发实现真正保护"的工作思路。一是对位于良渚遗址区北侧的天目山余脉石矿开采进行关闭，逐步实施对矿区的绿化整治，完成了重点遗址瑶山遗址周边的厂区治理复绿工程。二是对位于良渚遗址核心区的莫角山遗址区进行搬迁安置，并对周边公路进行生态绿化，形成贯穿保护区的"生态长廊"，使遗址逐步摆脱工业化、城市化的威胁，众多遗址点散落于田间、地头、山坡，与大自然融为一体，充满乡村田野气息。三是立足保护，兼顾民生，和谐管理，争取群众的理解和支持，使遗址保护成为干部群众的自觉意识，形成遗址生存的和谐空间。四是强化依法管理，除国家相关法律法规外，通过实施有针对性的专门法规《杭州市良渚遗址保护管理条例》，健全保护网络，从而有效化解了遗址保护与经济发展的矛盾。同时，在场馆建设中，余杭采用新型市场化模式，其依托遗址规划设计的良渚博物院，由万科出资建设无偿移交政府管理，政府负责室内陈列展示，这一模式保证了博物馆的高起点、高标准建设。该馆在世界建筑评选中获得"最佳公共建筑奖"。博物院周边的808亩区域的"美丽洲"公园与之和谐共生，成为我国大遗址保护的样板。

（六）西安片区

在经济社会发展的大潮中，西安的大遗址保护规划和地方法规逐渐完善。近年来先后编制了《西安历史文化名城保护规划》《唐大明宫遗址保护总体规划》《汉长安城遗址保护总体规划》《杜陵文物保护规划》《姜寨遗址保护总体规划》，对于大遗址的保护和遗址区建设起到了积极的指导、协调、规范和约束作用。在认真贯彻国家文物法规政策的同时，西安也先后出台了一系列针对古迹遗址保护的地方法规进行补充。1995年市人大出台了《西安市周丰镐、秦阿房宫、汉长安城、唐大明宫遗址保护管理条例》；2002年市人大颁布了《西安历史文化名城保护条例》；2005年陕西省人大颁布了《秦始皇陵保护条例》；2006年，省人大对《陕西省文物保护条例》进行了修改；2009年省人大颁布了

《西安城墙保护条例》。这些地方性法规与国家的有关法规一起，构成了西安古迹遗址保护的法律保障。

大遗址保护与现代化城市建设相得益彰，成为城市中最有文化品位的空间。西安大遗址保护在"十一五"期间实现了一个跨越性的大转变，即从被动的抢救性保护转变到主动的利用性保护，从对遗址本体的局部性保护转变到对包括遗址及其相关环境的全面保护，从单一性的文物保护工程转变到综合性的民生工程，从依靠文物工作者的孤军奋战转变到社会力量的广泛参与，从而开创了独具特色的"西安模式"大遗址保护之路。

以汉杜陵遗址公园为代表的"退耕还林"的保护方式，利用国家退耕还林的各项优惠政策，使用国家退耕还林的生活补助经费保障遗址区群众的基本生活。同时，引导遗址区内群众将土地全部退耕还林，调整农业产业结构，在遗址区内发展高效经济林木和花卉产业，既绿化美化了遗址区整体环境，又减少了群众农业生产对遗址的破坏，还保障和提高了群众生活水平。该思路和举措被国家文物局原副局长张柏赞誉为"杜陵模式"。

以唐长安城延平门遗址公园、曲江池遗址公园为代表的"市民公园"的保护方式，由政府作为主体投资方，投入大量资金用于大遗址保护项目和周边环境的优化美化，向公众免费开放。因大遗址本体环境的优化美化，大大提升周边区域的土地附加值。当地政府利用周边区域的土地转让、房地产开发等市场化运作，间接获得因遗址保护和环境改善所产生的经济价值和收益回报。

以大唐西市遗址博物馆为代表的"民营资本投资"的保护方式，通过引导和扶持民营企业——大唐西市置业有限公司参与到唐长安城西市遗址保护项目中，鼓励民营企业先期投入资金实施大遗址保护项目。民营企业可以通过对周边区域进行商业开发，以获得其投资利益回报。成为中国民间资本保护国家历史文化遗产的首例，为中国文化遗产保护提供了成功的案例。

以唐大明宫国家考古遗址公园为代表的"集团运作"的保护方式也收到了良好的效果。政府主动引入大型集团参与到大遗址的保护项目中，集团在投资对遗址的本体区域实施保护工程和环境优化、美化的同时，获得周边一定区域的土地开发权，通过大遗址周边区域的运营开发，弥补其大遗址保护投入资金，并获得应有的利益回报。按照西安市委、市政府提出的大明宫遗址保护的五个结合，即遗址的保护利用与改善人居环境、提高人民生活水平相结合；遗址保护与申报世界文化遗产活动相结合；政府主导与市场运作相结合；文物资源的有效保护与合理利用相结合；弘扬民族精神与促进文化、旅游产业发展相结合。大明宫国家考古遗址公园开创大遗址保护新模式，被列入国家文物局公布的第一批国家考古遗址公园。考古遗址公园建设，将遗址 3.5 平方公里范围内的所有居民和企事业单位全部迁出遗址区重新安置，遗址区用于文物保护展示，带动了该地区 19.16 平方公里的旧城改造，改善了遗址区群众住房条件，受到国内外的广泛关注。

第四节　遗址保护理念与实践的演进历程

在西方国家城市发展所经历的自第一次工业革命以来 300 年发展历程中，城市历史遗产保护中传统与现代的价值冲突不断地发生演变。通过对西方近现代城市历史遗产保护运动与城市发展相互影响的分析，总结 18 世纪下半叶以来西方近现代城市历史遗产保护思想的变迁历程，有助于找准在当前社会经济发展阶段下历史遗产保护与都市圈空间协调发展的方向。

一　18 世纪下半叶的工业革命至 19 世纪下半叶

18 世纪下半叶欧洲启蒙运动后，资本主义的上流社会对古典建筑的热衷引起了考古工作者的重视。在这段时期里，遗产保护主要发生在考古学领域，而真正促使历史遗产的命运与城市发展紧紧地联系在一起的，是工业革命产生的城市化矛盾。1853 年巴黎改建计划之后，无数的欧洲城市通过改建最终获得了我们今天所熟悉的大城市轮廓。传统的小型建筑、弯曲自由的小街道被大体量建筑和笔直宽阔的大马路所取代，以轴线为核心的巴洛克规划模式成了大城市建设的主要方式。从城市规划角度看，这是一场城市美化运动，然而从文物保护角度看，是一场灾难。虽然这种破坏保证了传统城市在新形势下的生命力和继续发展的可能性，却毁灭了众多的传统城市空间以及这种空间里所蕴藏的城市建筑文化和人文关系，传统城市的有机结构被彻底打破。[①]

这个时期的历史遗产保护运动是在工业革命带来的严重城市问题的背景下由精英知识分子发起的，仅局限在建筑修复领域的保护。18 世纪 90 年代法国大革命后，鉴于城市历史遗产的破坏，法国建立了第一批保护措施，并于 1830 年成立了世界第一个政府性的历史遗产保护机构——历史建筑管理局。

二 19 世纪下半叶至 1945 年

这一阶段城市规划领域不断涌现出至今对城市发展影响深远的各种思潮，如霍华德的"田园城市"思想主张、盖迪斯的综合规划思想、现代机械理性规划思想、城市美化运动和自然主义、机械理性主义以及功能主义。在多种城市建设理念背景之下，是城市历史遗址保护的多样化发展，出现了以法国、英国、意大利为中心的各自的学派。而意大利派以 1933 年《雅典宪章》的颁布，最后得到了国际公认。

法国派：勒—杜克的"风格性修复"。法国主张对历史遗产的修复需竭力搜寻初始建筑师在古迹上留下的踪迹，力争完全地恢复既往时代的形式，以完美表现那个时代的风格。这种做法虽表现出了建筑建造年代的形式和风格，却破坏了史料的原真性。而所谓的原状只是他自我观念中的理想，容易受到个人好恶取向的严重歪曲。

英国派："保护"对"修复"。英国批评家与理论家拉斯金（John, Ruskin）（1819—1900）[②]，质疑了普遍的有关建筑品质与价值的定义，并且重点强调了"历史性"，他认为一个国家真正的遗产和对过去的记忆是真实的纪念碑而不是它的现代复制品，"以修复的名义所造成的破坏应归罪于建筑师"。1877 年，英国创立了"文物建筑保护协会"（SP-AB），协会认为修复古建筑是根本不可能的，所谓修复，就是把古建筑的历史面貌破坏掉，并主张用"保护"（protection）代替修复，保护古建筑身上的全部历史信息，用经常的照料来防止它们的破坏，也绝不篡改古建筑的本体和装饰。

意大利派：意大利的保护运动。意大利汲取了 18、19 世纪以来有

---

① 李将：《城市历史遗产保护的文化变迁与价值冲突》，硕士学位论文，同济大学，2006 年。

② Jokilehto, J., *A History of Arehitectural Conservation*, Butterworth - Heinemann, 1999.

关文物建筑保护的理论和方法的合理因素，1880年，意大利文物保护家波依托（Camillo Boito）提出了"历史性修复"，他反对法国式的要求维修者以原作者自居的主观"修复"，要求把保护工作建立在科学的基础上，要尽可能多地收集有关资料，彻底研究，根据确凿的证据进行工作，而不是自己去分析、去推论。但他认为在严格尊重历史原真性的基础上，在结构和材料上可突破传统观念，大胆采用新结构、新材料，不必拘泥于传统的建造方式和材料，以求在当代修复中达到历史、结构、形式及材料诸矛盾的统一。1913年，乔瓦诺尼（Gustavo Giovannoni）改写并补充了波依托（Camillo Boito）的理论，发表了《城市规划与古城》，1931年撰述了《城镇规划和古城》。1933年通过的关于文物建筑修缮与保护的《雅典宪章》即以乔瓦诺尼的文章为基础，因此可以说，意大利派从此得到国际的公认。

《雅典宪章》强调对历史遗产静态保护，规定在所有可能条件下，将所有干路避免穿行古遗址，并使交通不增加拥挤，亦不使妨碍城市有转机的新发展。

这一时期城市历史遗产保护主要是对局部地区的、对遗产本体有针对性的保护，遗产保护运动具有十分明显的局限性，理论与实践仅限于文物修复领域。

三　1945年至20世纪70年代中期

第二次世界大战结束后，在大规模的重建工作中，文物建筑和历史城区的保护问题空前紧迫和复杂。第二次世界大战后一直到20世纪70年代中期，追求高增长率的发展观导致西方城市面临着城市化快速膨胀、住房短缺、交通拥塞、环境恶化以及土地和资源的不合理使用、城市设计的反人性等问题。对以勒·柯比西耶（Le Corbusier）的伏瓦生规划为代表的理性城市规划的批判以及人们对以社会经济综合发展为目标的现代主义城市更新运动认可，使人们开始重视城市历史遗产的优良品质并给予重新评价，并出现支持历史遗产保护的公共舆论。公众既期望改善熟悉的生活环境，又要求保持原来的式样。同时出现了由公众支持的、对历史环境进行系统保护的尝试。从这一时期所颁布的国际性宪章可以看出这一趋势。

1951年颁布的《佛罗伦萨宪章》强调了历史园林保护的规则，主张为了恢复该园林真实性的主要工作应优先于民众利用的需要。

1957 年颁布的《华盛顿宪章》，十分重视城镇历史地区的保护，主张将历史城区的保护列入各级城市和地区规划的内容，新的作用和活动应该与历史城镇和城区的特征相适应，包括与周围环境和谐的现代因素的引入，公共服务设施的安装或改进，历史城区的交通控制。

1964 年颁布的《威尼斯宪章》指出历史文物的概念"不仅包括个体建筑本身，也包括能够见证某种文明、某种有意义的发展或某种历史事件的城乡环境，这不仅适用于伟大的艺术品，也适用于随着时光流逝而获得文化意义在过去较不重要的作品"，宪章同时还强调了对文物环境的保护，确认"保护一些文物建筑意味着要适当地保护环境"，"一座文物建筑不可以从它所见证的历史和它借以产生的环境中分离出来"。至此，文物环境与文物本身休戚相关的概念才成为国际上人们的共识。

四 20 世纪 70 年代中期至 90 年代初期

经历了高耗能的高速增长之后，这一时期城市所面临的能源危机、自然生态出现无法逆转的恶化、城市迅速集中和无止境地扩展与蔓延、市中心衰落、社会分化加剧、道德沦丧、种族矛盾严重以及城市功能、效率和优势日益削弱等问题日益显现。作为应对城市问题的重要手段，城市规划领域出现了理性批判、新马克思主义、开发区理论、后现代主义理论、都市社会空间前沿理论、积极城市设计理论、规划职业精神、女权运动与规划、生态规划理论、可持续发展等理念。而城市历史遗产保护领域出现了新的发展趋势，城市历史遗产的再利用成为城市复兴的手段。历史遗产通过再利用融入活跃的社会生活中，真正成为广大民众日常生活的有机组成部分，一场以历史建筑再利用为核心的新城市复兴浪潮在以英美为代表的西方各国普遍展开并持续至今。

这一时期颁布的国际性宪章均站在城市规划的宏观角度，重视历史遗产保护与城市建设的协调发展，为城市历史遗产保护指明了战略性方向，带领着城市历史遗产保护运动进入繁荣期。

1976 年颁布的《内罗毕建议》强调以人为本的城市规划，每一历史地区及其周围环境应从整体上视为一个相互联系的统一体，其协调及特性取决于它的各组成部分的联合。历史遗产的保护计划要对社会、经济、文化和技术数据与结构以及更广泛的城市或地区联系进行全面的研究。

1977 年颁布的《马丘比丘宪章》重视遗址的文化多样性和价值的真实性，从城市规划的角度探讨历史遗址区的发展问题，认为保护、恢复和重新使用现有历史遗址和古建筑必须同城市建设过程结合起来，以保证这些文物具有经济意义并继续具有生命力。

五　20 世纪 90 年代初期至今

在经济全球化、信息化发展背景下，西方城市规划领域开始关注城市经济的衰退和复苏，为应对全球生态危机、积极响应可持续发展要求，回归对城市环境美学质量以及文化发展的需要，成为 20 世纪 90 年代以来西方城市的主要发展方向。在城市历史环境的更新与保护方面，新城市主义强调以现代需求改造旧城城市中心的精华部分，使之衍生出符合当代人需求的新功能，与此同时，强调要保持旧的面貌以及城市旧有的空间尺度。

这一时期颁布的国际性宪章有《奈良宣言》和《西安宣言》。

1994 年颁布的《奈良宣言》主张尊重遗址的文化多样性和价值的真实性，认为当地社会还有义务根据相关的保护文化遗址的国际宪章和条约精神和原则保护这些遗址，平衡本地文化和其他文化社区之间的不同要求。

2005 年颁布的《西安宣言》强调了环境对于遗产和古迹的重要性，承认周边环境对古迹重要性和独特性的贡献，强调通过规划手段和实践来保护和管理周边环境。

六　大遗址保护的新趋势

通过对国外历史遗产保护方式的总结与历程的回顾，可以看到目前国际上在遗产保护领域有以下几个发展方向：

（一）保护内容从单体建筑的保护逐步扩大到古城环境的保护

认识到历史建筑只是构成环境的一项因素。仅仅对指定的历史建筑进行保护，划定保护范围和建设控制地带只能将保护停留在孤立、静止、消极的状态。对于历史环境的保护，不仅反映在保护对象的扩展方面，而且还反映在对历史环境保护的物质价值的认识以及对历史环境在精神、文化方面的价值的理解和评价上。

（二）保护方法从专业保护逐步发展到综合保护

历史文化遗产保护不再仅仅限于考古或者文物修复领域，更多的城市规划、社会学、管理领域的专家参与进来，从不同的层面提出对历史文化遗产的保护方向，使保护的方法更加综合化。

（三）保护的目标从历史留存逐步发展到价值重现

对于单个历史建筑的保护维修后，经常是作为博物馆、纪念馆供参观，这对于少数的具有特殊意义的历史建筑是合适的，但是对于大量历史建筑和历史环境而言，则需要考虑在保护了其历史风貌以后如何实现其价值的问题。包括历史资源的保护与再利用，历史建筑和历史环境如何体现公共性、实现其社会价值的问题，传统文化的继承与发扬的问题，如何适应时代的要求与土地开发、产业发展的需求的问题，通过保护如何重塑地区的精神，并且带来活力的问题，如何在严格保护风貌的同时，改善居住环境、提高居住质量的问题。

（四）保护和再利用的主题从实体物发展到"文化"

文化越来越成为保护的中心，公众越来越多地参与到保护运动之中，规划师的总体性规划越来越转变成公众参与的大众规划，人的地位在规划中逐渐提高。"采取恢复生命力的行动"的遗产保护与再利用的目标是使其成为丰富所在地段文化生活、促进社区和周围地区文化发展的积极因素。同时，对自然环境保护和文化的保护同等重视，可持续发展成为城市发展的重要取向。

第五节　历史遗产保护的国际宪章

关于历史遗产的保护国际社会也在不同的历史时期，通过会议形式颁布了一系列历史遗产保护决议、宣言和"宪章"，代表着这一时期遗产保护的主流思想。

一　雅典宪章

《雅典宪章》（1933 年）是国际现代建筑协会在雅典召开的第 4 次会议提出的关于城市规划理论和方法的纲领性文件——《城市规划大纲》。主张在历史纪念物保护工作中，要尊重各个历史时期的风格与周围环境，保持历史文物的外观特征；城市要与其周围影响地区成为一个整体来研究。第一次明确提出了城市的四大功能"居住、工作、游憩与交通四大活动是研究及分析现代城市设计时最基本的分类"等主张。

二　威尼斯宪章

《威尼斯宪章》（1964 年）：1964 年 5 月 31 日，从事历史文物建筑工作的建筑师和技术人员国际会议第二次会议在威尼斯通过的决议，故简称《威尼斯宪章》，全称《保护文物建筑及历史地段的国际宪章》，是保护文物建筑及历史地段的国际原则，也是当今世界上关于文物建筑保护的主导思想。宪章肯定了历史文物建筑的重要价值和作用，把它作为人类"共同的遗产"，规定"保护历史文物建筑，务必要使它传之永久"。必须尽可能地保护文物建筑所承载的历史信息的真实性，也就是保护它作为历史的实物见证的价值，不允许为了完整、统一、和谐等损害历史信息的真实性。宪章规定必须把历史文物建筑所在的地段当作专门注意的对象，要保护其整体性。遗址必须保存，并采取必要的措施永久地保存建筑的面貌和所发现的文物。"预先就要禁止任何的重建。只允许把还存在的但已散开的部分重新组合起来。"

三　内罗毕建议

《内罗毕建议》（1976 年）提出了若干对于历史地区如何保护的观点和方法。认为历史地区是各地人类日常环境的组成部分，整个世界在扩展或现代化的借口之下，拆毁和不适当的重建工程正给这一历史遗产带来严重的损害。各成员国当务之急是采取全面而有力的政策，把保护和复原历史地区及其周围环境作为国家、地区或地方规划的组成部分，并制定一套有关建筑遗产及其与城市规划相互联系的有效而灵活的法律。

四　马丘比丘宪章

《马丘比丘宪章》（1977 年）提出了几条与历史城市和建筑相关的主要观点：规划中要防止照搬照抄不同条件、不同变化背景的解决方案；城市的个性和特征取决于城市的体型结构和社会特征，一切能说明这种特征的文物都必须保护，保护必须同城市建设过程结合起来，以使得这些文物具有经济意义和生命力；宜人生活空间的创造在于内容而不是形式，在人与人的交往中，宽容和谅解的精神是城市生活的首要因素，"人与人的相互作用与交往是城市存在的基本依据"；不应着眼于孤立的建筑，而是要追求建筑、城市、园林绿化的统一；科学技术是手段而不是目的，要正确运用，要使公众参与城市。

五　巴拉宪章

《巴拉宪章》（1979 年）：澳大利亚历史文物和遗址国际大会签署《巴拉宪章》，《巴拉宪章》一方面扩展了《威尼斯宪章》的内涵，另一方面又以"场所"的概念取代"历史文物和遗址"的概念。

六　佛罗伦萨宪章

《佛罗伦萨宪章》（1981 年）：国际古迹遗址理事会与国际历史园林委员会于 1981 年在佛罗伦萨召开会议，起草了一份以该城市命名的历史园林保护宪章。

七　华盛顿宪章

《华盛顿宪章》（1987 年）：针对当时世界各国进行大规模的经济建设，城市的历史地段受到冲击的情况，《华盛顿宪章》强调保护必须是城镇社会发展政策和各项计划的组成部分，要有居民的积极参与，要采取立法措施，确保保护规划的长期实施。它进一步扩大了历史古迹保护的概念和内容，即提出了现在学术界通常使用的历史地段和历史城区的概念。认为环境是体现真实性的一部分，并需要通过建立缓冲地带加以保护。历史地段保护更关心的是外部的环境，强调保护和延续这里人们的生活。

八　奈良宣言

《奈良宣言》（1994 年）强调的正是《威尼斯宪章》的"原真性"和与之密切相连的"多样性"，"原真性是文化遗址价值的基本特征，对原真性的了解是进行文化遗址科学研究的基础"。"保护一座文物建筑，意味着要适当地保护其环境。任何地方，凡传统的环境还存在，就必须保护"。"文化和遗址的多样性是我们这个世界不可取代的精神资源和全人类的智慧财富"，"文化和遗址的多样性是跨时空存在的，需要得到各种文化和信仰的尊重"。《奈良宣言》在强调保护文物古迹原真性的同时肯定了保护方法的多样性。

九　西安宣言

《西安宣言》（2005 年）强调要认识到环境对历史建筑、古遗址和历史地区的重要性，认识不同背景下的环境，通过规划手段保护和管理环境，对影响环境的变化进行监测与掌控，与当地、跨学科领域和国际社会进行合作增强环境保护和管理的意识。《西安宣言》将环境对于遗产和古迹的重要性提升到一个新的高度。同时不仅仅提出对历史环境深入的认识和观点，还进一步提出了解决问题和实施的对策、途径和方法，具有较高的指导性和实践意义。

十　荆州宣言

《荆州宣言》（2011 年）将大遗址保护纳入建设文化强国的国家战略，致力于提振文化自信；将大遗址保护提升为全民参与的重要行动，致力于提升文化自觉；将大遗址保护纳入公共文化服务体系建设，维护广大民众的公共文化权益；将发展文化产业作为大遗址保护的重要助力，大力发展文化旅游，延伸文化产业链，扩大文化消费总量，推动社会主义文化大发展大繁荣。《荆州宣言》将大遗址的保护提升至国家战略高度，并对大遗址保护的责任主体、动力源泉和核心目标进行了明确的说明，对我国的大遗址保护具有较强的指导意义和实践意义。

第三章 遗址保护与都市圈空间和谐共生机制研究

当前我国城市正处于空间高速扩张时期，对于大遗址分布较为密集的城市片区而言，城市空间发展与大遗址保护之间的矛盾日渐升级。在文化大发展大繁荣的时代背景下，厘清城市空间发展与大遗址保护之间的现实矛盾，并将大遗址所承载的文化信息为城市空间所吸纳，进而促进大遗址保护事业的发展，是实现大遗址保护与城市空间扩张"双赢"目标的有力之举。

第一节 遗址保护与都市圈空间发展的现实矛盾

一 遗址区凋敝的城中村与都市空间高速扩张之间的矛盾

随着社会经济的发展以及城镇化步伐的加快，我国的大都市已经进入了建成区高速扩张的发展历程。来自卫星遥感图像的数据显示，从1990年到2000年，我国城市的建成区面积从1.22万平方公里增长到2.18万平方公里，增长78.3%；到2010年，达到4.05万平方公里，增长85.5%。① 随着都市空间的高速扩张，城市的边界也逐渐向周边农村区域蔓延，原来处于农村区域的大遗址区也逐渐被包裹于城市区域范围之内，成为城中村。受大遗址保护的限制，大遗址区城中村的社会经济发展明显滞后于周边的其他城中村，大遗址区凋敝的城中村与都市空间高速扩张产生鲜明的对比，整个遗址区域处于落后与现代的矛盾状态。

---

① 《即将终结的城市化"大跃进"》，中国建筑新闻网，http://design.newsccn.com/2012 - 09 - 21/174386.html，2012年8月27日。

二　遗址区历史特色消退与都市特色空间构建之间的矛盾

在当前如火如荼的房地产开发的背景下，由于忽视对文化遗产的保护，造成历史性城市文化空间的破坏、历史文脉的割裂，面貌雷同的城市街道越来越多，导致"南方北方一个样，大城小城一个样，城里城外一个样"，形成了"千城一面"的局面，都市特色空间依然成为城市建设的稀缺"产品"。而大遗址作为承载着众多历史信息的文化载体，完全有可能打造成具有独特魅力的城市特色空间，成为都市空间特色的最佳元素。而现实情况却是，大遗址历经了几千年岁月的侵蚀和近年来高强度的城乡建设，历史原生环境早已不复存在，历史特色几乎完全被覆盖在凋敝的城中村之下，对都市空间特色构建的贡献微乎其微。

三　遗址区无序的环境空间与都市和谐环境建设之间的矛盾

我国大遗址多为土质遗址，其脆弱的物理特性决定了大遗址较差的自然阻抗力，并且其自然生态环境也容易受到城乡开发与居民生活的扰动。同时，在我国传统的静止保护政策下，大遗址区域发展规划严重滞后于居民发展需求，严重挫伤了居民对于遗址保护的积极性，进而演化为对遗址保护政策的对立情绪，与此同时，居民强烈的发展诉求与心理落差促生了村镇集体或居民个体的建设行为，而这一缺乏技术指导和政策支持的自发行动，不仅渐进地破坏了遗址，更造成了大遗址整体环境的混乱与无序。大遗址区的这一发展现状与城市整洁、有序的环境建设理念相违背，构成了遗址区与城市区的环境空间矛盾。[①]

第二节　遗址区对于城市空间特色塑造的价值

一　大遗址搭建起城市总体空间格局特色

城市是一个不断发展、更新的有机整体，城市现代化建设是建立在城市历史发展基础之上的。对于历史文化信息丰富的城市而言，大遗址所构成的人文物质空间则构成城市空间结构特色。如西安主城范围的大明宫遗址、明城墙遗址、汉长安城遗址、曲江遗址等对于城市空间的蔓

---

① 陈稳亮：《环境营造——大遗址保护与发展的重要抓手》，《现代城市研究》2010 年第 12 期，第 43—79 页。

延起到一定的阻隔作用，使城市空间越过遗址区向更远的地方扩展；西安都市圈范围内，渭河北岸的汉陵遗址群和秦王宫遗址构成东西走向的保护带和渭河以南周、秦、汉都城遗址南北走向的保护带形成"人"字形空间结构。

二 大遗址区构成都市特色文化空间

在城市空间特色趋同的当前发展背景下，城市特色文化空间的打造对于城市来说成为稀缺品，并成为影响城市文化软实力的重要支撑。近几年我国大遗址保护开发的经验证明，大遗址作为承载着众多历史信息的文化载体，通过保护性开发将其打造成具有历史特色的城市空间，可以成为都市空间特色的最佳元素。如西安曲江区依托古迹名胜，借历史盛名，修复生态环境、建设现代新城的经验，对今后西安诸多文物古迹保护和现代新区的开发提供了积极的借鉴。

三 大遗址区营造良好的城市环境空间

针对大遗址区经济发展缓慢、整体环境质量较低的局面，通过对大遗址区的保护与利用，不断激活了遗址区的文化魅力，而且营造了良好的城市环境空间。西安大明宫遗址区过去一直是西安最大的棚户区，交通不便，人居环境恶劣，居住质量令人担忧。2009 年通过对大明宫遗址区的保护性开发，不断重塑了大明宫遗址区的环境形象，而且成为市民文化休闲娱乐的重要活动空间，目前这一区域已经成为西安城市特色的一张亮丽名片，大大提升该区域的人居环境，同时，也打通了城墙内侧的顺城巷，通过城墙内环城路的整体改造，不但使西安这座古城的历史风貌得到了进一步的彰显，而且大大提升了该区域的经济效益、环境效益和社会效益。

第三节 不同区位大遗址保护与都市圈空间结构协调性评价

对于大遗址分布较为密集的都市圈而言，不同圈层范围内的大遗址因其与城市空间相互作用所经历的时间长短和发展阶段不同，在都市空间扩展中面临着不同层面的问题。以西安都市圈为例，拟对大遗址与都市圈的空间结构的协调性进行定量分析。鉴于大遗址概念的相对性，本书选取了西安都市圈范围内具有代表性的十五处遗址作为主要研究对象，包括汉长安城遗址、秦阿房宫遗址、周丰镐京遗址、明城墙遗址、兴庆宫遗址、唐大明宫遗址以及茂陵、平陵、延陵、康陵、渭陵、义陵、安陵、长陵、阳陵。[①] 其在都市圈中的分布如表 3 - 1 所示。

表 3 - 1　　　　　　　西安都市圈大遗址圈层分布

都市圈不同圈层	大遗址
核心区	明城墙遗址、唐大明宫遗址
发展区	周丰镐京遗址、秦阿房宫遗址、汉长安城遗址、杜陵、霸陵
边缘区	茂陵、平陵、延陵、康陵、渭陵、义陵、安陵、长陵、秦咸阳宫遗址

一　评价方法

本书采取主成分分析法对大遗址保护与都市圈空间协调性进行定量评价。所谓"空间"是研究对象综合状态的反映，本书所研究的大遗址保护与都市圈空间协调性主要体现在大遗址本体保护情况、以大遗址为核心的产业发展状况、大遗址周边城市区域的环境质量以及大遗址周边居民生产生活状态四个方面。

基于上述四个方面的因素，本书设计了本体保护、经济发展、环境质量、社会环境四个层面的十项指标，如表 3 - 2 所示。

表 3 - 2　　　　　　　　评价指标体系

一级指标体系	二级指标体系
本体保护	保护规划完成情况
	保护规划实施情况
	文物保护情况
经济发展	产业发展方向明晰度
	产业发展形势
环境质量	生态环境
	景观环境
	交通环境
社会环境	当地居民生产生活状态
	公共空间建设

① 西安市文物局：《西安大遗址保护》，文物出版社 2009 年版，第 62—66 页。

鉴于指标体系所含内容的广泛性，以及指标数据获取的困难，课题组通过与西安都市圈范围内大遗址管理部门的座谈以及专家打分，得出各大遗址各项指标得分（如图3-1所示）。

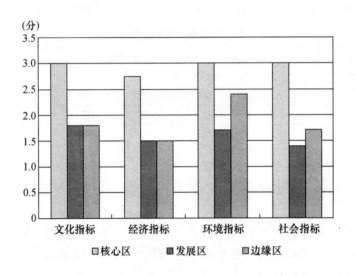

图3-1 都市圈不同区位大遗址评价指标数据比较

二 评价结论

通过对都市圈不同圈层范围内大遗址各项指标的综合，得出不同圈层范围内的大遗址在文物保护、经济发展、环境建设以及社会环境方面具有不同的特点。

（一）核心区

核心区范围的大遗址由于与城市空间相互较量时间较长，经历了"摩擦期"后，其与城市空间建立了良好的共处关系，与整个城市"水乳交融"，成为城市中不可分割的一部分。在本体保护接近极致的同时，在文化产业发展、环境空间以及社会环境建设方面均明显胜于其他大遗址。以西安明城墙以及唐大明宫遗址为例，明城墙自西安市第一轮城市总体规划发展至今，已然成为西安历史文化名城的名片，经历了顺城巷改造后，历史环境与街区环境交相辉映，成为游客最喜欢的旅游景点之一。经过棚户区改造后的大明宫一改"脏、乱、差"的城中村形象，打造成为市民休闲、游憩的公共空间，同时也带动周边房价的升高。

（二）发展区

该圈层范围内的大遗址是城市空间与大遗址保护矛盾表现最激烈的区域，一方面城市空间的拓展已经蔓延至大遗址脚下，另一方面大遗址之上所附着的自然村落经济发展迟滞不前，村落环境衰败不堪。由于长期受到当地居民生产生活的干扰，土质类遗址本体损毁比较严重，遗址区几乎没有与文化遗址相关的产业发展，生态环境没有得到妥善的维护，景观环境与文化遗址氛围不符。这类虽位于城市近郊，但由于长期没有得到完善的开发，交通等公共设施建设游离于城市发展空间之外。西安的丰镐遗址、秦阿房宫遗址、汉长安城遗址是周、秦、汉文化的典型符号，超高的文化价值之下，是整个遗址区附着的衰败的城中村落。其中汉长安城部分遗址已经开始申报世界文化遗产，借此机会其中九个村落已经完成整村拆迁，但遗址区经济的可持续发展仍然是困扰文化管理者的问题之一。

（三）边缘区

都市圈边缘区的大遗址由于距离城市建成区较远，受城市空间扩张影响较小。除了已经开发完善的著名旅游景点，如秦始皇陵、阳陵、茂陵外，多数遗址仍处于千百年来的自然发展状态，遗址管理部门没有专门制定文物保护与开发规划，除了少量的旅游门票收入外，没有其他相关文化产业。与此同时正因为遗址区受居民生产生活扰动较小，保护了遗址区生态环境和景观环境，遗址区居民除了少量的建房取土外，能与大遗址和平共处。位于西咸新区秦汉新城范围内的平陵、延陵、康陵等汉代帝陵带被植被所覆盖，遗址区生态环境较好，景观环境与帝陵文化氛围相符。

第四节 大遗址区与都市圈空间
协调发展路径分析

一 促进大遗址区空间"再生"

空间"再生"是指"机体的一部分在损坏、脱落或截除后重新生成的过程"，包含"正常生命活动中的重新生成"，物品"损伤后的修复"及对"旧物""进行加工，使恢复旧有性能"等含义。城市如同有机体在不断生长、发展之中必然有个"再生"的过程，城市空间也有不断"重新生成"、"修复"、"恢复"的过程。随着城市空间的拓展，大遗址不断融入新的城市发展空间，成为城市"有机体"的一部分，与城市发展相互影响。在城市的发展过程中，大遗址区面临着城市空间再生的多种选择。① 对于都市圈发展区范围内的大遗址区来说，要逆转其逐渐发展为城中村的发展态势，转变大遗址区在都市圈中的"城中村"的尴尬地位，将对大遗址本体保护造成严重影响的因素，如较大的人口密度和建设强度降低到最小状态。与此同时，大遗址区要积极引入新的城市功能，建设新的文化设施。

二 构建大遗址区多元特色开放空间

以历史文化为核心的城市公共空间能够反映空间中个人、家庭或团体的生活体验和记忆，从而把个体与更大一层次的集体记忆和价值相关联，是城市文化和精神价值的承载物，在城市生活和城市文化中占有重要作用。由公共空间所激发的共同记忆或感受使空间中的个人产生对自我身份（self‐identity）的认知（Proshansky, et al., 1983），同时也成为超越个体的维系社会和文化的纽带。② 因此，对于意义重大的历史资源要素在现代城市空间中的塑造，可以结合城市开放空间体系布局，建设具有地方感和历史感的特色开放空间，同时应当特别重视边缘景观和外延景观如何烘托呼应和协调，使其与来自境外的协调美、呼应美产生良性循环的效果。

三 建设大遗址区和谐社会空间

和谐社会空间是大遗址保护与都市圈空间的协调发展的重要方面，没有大遗址区居民生活的安居乐业以及对大遗址保护的积极态度，二者在空间上的协调也将成为空中楼阁。受大遗址保护的限制，都市圈发展区范围内大遗址区居民的经济发展长期受到制约，以至于居民对于大遗址保护持冷淡甚至反感态度，严重违背了大遗址保护的初衷，更不利于城市和谐社会的建设。因此，对于都市圈而言，以大遗址保护和城市建设为契机，促进大遗址区和谐社会空间的建设，是实现多重利好结果的

---

① 唐思风、刘管平、高彬、邹楠：《佛山市禅城区河宕贝丘遗址规划研究——兼议规划研究中城市空间再生理论》，《规划设计》2007 年第 11 期，第 54—56 页。

② 陈竹、叶珉：《西方城市公共空间理论——探索全面的公共空间理念》，《城市规划》2009 年第 6 期，第 59—65 页。

有效之举。因此要积极引导都市圈发展区范围内大遗址区的居民的生产生活方式的转变，在有条件的情况下实现居民搬迁。

四　发展大遗址特色文化空间

都市是各种经济力量和社会力量的综合体，大遗址是历史文化元素的集合体，两者的互相碰撞与磨合必然产生文化产业的发展。充分挖掘大遗址的文化价值，并使之产业化，打造以大遗址为核心的文化产业空间，不仅能够通过产业发展反哺大遗址保护，以弥补文物保护资金的缺失，还能在突出城市文化特色、塑造城市文化品牌的同时，将城市的文化"软实力"变为"硬实力"，实现文化繁荣与经济发展的"双赢"目标。因此，随着都市圈空间的扩张，发展区和边缘区范围内的大遗址应加快制定文化产业发展方略，充分调动居民、企业、社会力量等各个利益主体参与到遗址保护与产业发展中去，从而更好地发掘和保护城市的文化资源，推进文化创新与繁荣。

第五节　大遗址保护与都市圈空间协调发展机制

一　管理层面

1. 扩大文物保护部门职能范围，加强与城市相关职能部门的沟通

当前大遗址保护工作不仅仅是对遗址本体的保护，还涉及城市环境、经济、社会等各个方面。我国当前文物保护部职能范围仅限于负责各级重点文物保护单位的文物保护工作，但文物只限于静态的，而且是"点"式的保护，对于整个城市历史文化环境和社会环境以及产业发展则无力涉及。因此有必要扩大文物保护部门的职能范围，在现有的建设部门下设一个专门机构，由文物部门、规划部门、文化部门抽调相关人员组成，负责城市历史文化资源调查、信息管理和发布，配合规划部门，对城市历史文化资源保护和利用进行系统的规划，并制订相应的设施方案。与此同时，定期开展与城市相关职能部门的深入沟通，加强相关领域的合作，使文物保护工作在城市空间发展的框架下实现高效、可持续的发展。

2. 设立国家大遗址保护特区，争取国家政策支持

在大遗址分布密集区设立国家认证的大遗址保护特区，争取实现中

省共建、省市共建，从更高的层面在文物保护、财政、税收、土地规划等方面加大对大遗址保护工作的投入和支持力度。

二 规划层面

1. 宏观层次——城市空间发展战略的文化导向

城市是一个不断发展、更新的有机整体，城市现代化建设是建立在城市历史发展基础之上的。对于历史文化信息丰富的城市而言，大遗址所构成的人文物质空间则构成城市空间结构特色，因此城市空间发展战略要坚持历史文化导向，凸显城市丰富的文化内涵。

2. 中观层次——大遗址区的空间再生

在城市空间特色趋同的当前发展背景下，城市特色文化空间的打造对于城市来说成为稀缺品，并成为影响城市文化软实力的重要支撑。近几年我国大遗址保护开发的经验证明，大遗址作为承载着众多历史信息的文化载体，通过保护性开发将其打造成具有历史特色的城市空间，成为都市空间特色的最佳元素。

3. 微观层次——项目设计和空间环境整治方案

针对大遗址区经济发展缓慢、整体环境质量较低的局面，通过对大遗址区保护与开发，可以再次激活遗址区发展动力，营造良好的城市环境空间。

城市历史文化资源的保护和利用必须符合城市建设的诸多社会和技术要求，创造一个适应现代生活方式的永恒的活力来源；现代城市强调功能，而历史文化资源提供了充分的视角和心理上的美感，积极的动态保护和合理利用，就是将功能和审美有机结合起来。

长效整体规划不仅是现代城市发展的规划通则，也是历史文化资源保护的一般做法。整体规划的前提是，每个城市必须详细掌握历史文化资源的数量、分布及其价值等，这方面的信息多通过资源调查获得。对历史文化资源进行分类，制订不同的修复保护和开发利用方案。

三 政策层面

1. 完善相关财税制度

加大文物保护基金支持力度。我国大遗址保护普遍存在文物保护资金投入不足的现象。目前我国已经了设立文物保护基金，但是资金有限，只限于国家重点保护的遗址，而对省级以下的遗址很难得到资金上的支持。因此，通过扩大国家层面的文物保护基金支持力度和支持范围，加大大遗址保护资金投入量，建立与中央财政的直接通道。

建立大遗址保护区财税补贴制度。对于大遗址分布密集的区域而言，一方面，丰富的文物资源增强了整个中华民族的认知度和自豪感；另一方面，大遗址保护工作的特性在一定程度上限制了区域经济的发展。对遗址规划区域内以农业为生的农民，也可以按照其耕地所占遗址面积来给予一定的收入补贴，使其达到城市居民的最低生活保障水平，并建立审核和检察机制，及时更新情况。对遗址占地比重较大的区、县、乡、镇的企事业单位根据不同等级的遗址，实行差额税收减免政策以促使其进行有效的保护，同时对保护突出的单位可以给予一定的物质奖励和荣誉称号。

2. 明确大遗址土地使用权属

文物保护基层管理部门在执法工作中常面临因土地权属而导致执法不力的问题。大遗址上所附着的村落村集体对大遗址所占土地拥有所有权，承包者拥有使用权，村民在建造房屋、打井、挖鱼塘等过程中对大遗址本体造成难以修复的破坏，而大遗址管理部门在执法过程中常常因为土地权属而遭遇到村民的强烈阻挠。因此，明确大遗址区土地的权属，设立专门的文物用地，将有利于大遗址保护工作的顺利进行。

第四章 遗址保护与都市圈文化 繁荣和谐共生机制研究

长期以来，经济建设与遗址保护被视为一对矛盾，遗址保护经常被认为是开发建设的"绊脚石"，城市经济发展的"包袱"。但西安都市圈扩张过程中创建的曲江新区模式及大唐西市模式，实现了遗址保护与文化产业协同发展，文化繁荣与文化遗址产业"双赢"的结果，创建了文化遗址保护与关联产业和谐共生的有效模式。总结遗址保护与遗址文化利用的实践经验，剖析遗址保护与遗址文化产业发展，促进文化繁荣的和谐共生机制，探索遗址保护与合理利用的科学模式，对我国及世界文化遗址保护、城市文化繁荣与文化产业发展、提升城市文化软实力、促进城市现代服务业发展、重塑城市文化形象具有重大理论和实践意义。

第一节 遗址保护与产业和谐共生机制理论分析

文化遗址是文化产业发展的载体、创意源泉和持续发展的保障。遗址文化产业发展能够促进遗址文化传播，提升文化遗址价值，增加政府财政收入，反哺文化遗址保护。

从经济学角度分析，文化遗址保护与关联产业和谐发展的实质是，如何实现文化遗址资源有效保护和关联产业和谐持续发展。文化遗址保护与关联产业和谐共生机制主要是指通过价值生成机制、运行机制、利益分配机制，能够有效调动各个经济主体主动参与文化遗址资源的保护与关联产业开发，形成文化遗址保护与关联产业和谐互利共生、和谐互动的发展机制。该机制主要包含三项基本内容（见图4-1）：一是促进微观经济主体意愿投入文化遗址保护与开发利用的价值生成机制，二是能够保障文化遗址保护与文化产业和谐发展的运行机制，三是能够持续推进文化遗址保护与文化产业和谐发展的利益分配机制。①

一　和谐共生的动力——价值生成机制

文化遗址保护与关联产业和谐共生能够有效促进文化价值、经济价值和社会价值的最大化，是促进经济主体积极参与文化遗址保护与关联产业开发的基本动力。文化遗址保护与产业和谐发展的关键是：在文化遗址保护与关联产业开发过程中，有效保护文化遗址，充分挖掘和丰富资源文化内涵，促使遗址文化与关联产业深度融合，适度和谐发展，最终兼顾各个关联主体利益关系，实现文化、经济、社会价值的综合均衡，实现文化价值、经济价值和社会价值的最大化。

经济价值生成机制。文化遗址是文化创意的载体，创意是遗址关联（文化）产业的灵魂。伴随文化市场需求的扩大，文化产业分工不断深化，促进关联产业多元化发展。纵向通过发展文化创意、文化市场、品牌经营，拓展延伸文化产业链，推进文化价值链高端演进，增加产业链价值；横向通过融合发展文化商业地产、高端住宅、文化旅游、古玩交易、演艺等产业，推进文化与相关产业的融合，新增关联产业链，增加产业链价值。科技是促进文化遗址的保护与关联产业和谐发展的关键力量，通过推进文化与科技融合，既能实现文化遗址保护手段的现代化，也能丰富遗址文化产品的种类和表现形式，扩展文化市场空间和提升文化产业价值。

文化价值生成机制。关联产业的发展，可为文化遗址保护持续不断地提供经济支持。通过关联产业的利润反哺，一方面，可以更好地实现保护文化遗址的维护与永续利用；另一方面，可以借助市场机制，有效动员高校、研究机构等科研力量，广泛参与，深度挖掘，丰富文化意蕴，提高文化价值。

社会价值生成机制。文化遗址保护与文化产业和谐发展，在有效保护文化遗址的同时，一方面，通过市场化机制最大限度地丰富遗址文化产品，更有效地扩大文化传播途径和网络，多途径、广渠道地弘扬民族优秀文化和社会伦理；另一方面，政府通过免费或购买文化公共品活动

---

① 王晓娟：《构建遗址区文化产业和谐共生机制》，《中国社会科学报》2013 年 8 月 7 日第 8 版。

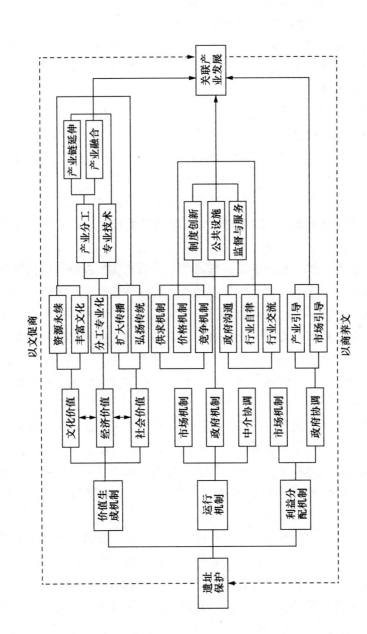

图 4 - 1 文化遗址保护与关联产业和谐共生机制示意

的方式，最大限度地满足公众的文化需求，加速民族优秀文化传播，强化社会教化功能，能够促进社会价值的最大化。

二　和谐共生的基础——运行保障机制

市场、中介组织与政府三位一体相结合的资源配置机制是文化遗址保护与文化产业和谐运行的有效机制，是文化遗址保护与文化产业和谐共生的基础。

市场机制是基本的资源配置机制。遗址保护与开发过程中，通过产权制度创新，以遗址保护外部（正）收益内部化的方式，可以解决私人资本投资文化遗址保护的成本与收益不对等的问题，创造市场机制发挥作用的条件。因此，不仅仅在关联产业发展领域，在遗址保护领域，市场机制也是基本的资源配置机制。一是供求机制。巨大的遗址文化价值产业外溢和遗址关联产业发展前景是社会资本投资的市场动力，政府允许社会资本进入遗址保护与开发，促进经营主体的多元化，保障自由供求市场的形成。二是价格机制。产业化的遗址关联产业市场形成的产品和服务的价格是最好的市场信号，供求通过价格达到均衡，即实现产业的资源配置。三是竞争机制。市场机制作用下，"自主经营、自负盈亏"的生存压力促使企业不断深掘文化内涵，以遗址文化特色进行产品开发，深度推进文化与关联产业深度融合，不断提高企业竞争力。同时，在文化遗址保护外部性内在化条件下，竞争机制也使企业更有动力维护科学保护与合理开发的关系，以期获得长久持续发展。

"看得见的手"是资源配置不可或缺的补充机制。市场机制在市场资源配置中发挥了基础性作用，但是，在市场机制本身存在失灵领域和我国市场机制不健全的现实条件下，需要合理、有效发挥政府协调机制的功用。主要体现在以下几方面：第一，政府实施产权制度创新。在所有权不变条件下，绑定保护与合理开发权共同转让给同一民营经济主体，通过外部效益内部化的方式使遗址保护的公共属性发生转变，为市场机制的引入创造条件。第二，政府强化公共基础设施建设。遗址区的对外交通、通讯、卫生等设施属于公共基础设施，政府应将其纳入职责范围之内。第三，政府提供有效管理与服务。我国文物法律、管理长期滞后于文物保护与合理开发实践，形成对文化遗址产业发展的重大约束。政府增强管理创新理念，加强公共服务，突破遗址文化产业"瓶颈"。主要体现在以下方面：一是制定遗址保护的标准与要求，建立遗址保护的动态监控与管理机制；二是合理界定古玩交易的界限与范围，引导和规范关联文化市场发展；三是打击倒卖文物不法行为，查处假冒伪劣产品，清除干扰市场经营的不法势力，维护市场秩序；四是建立遗址区文物、工商、公安办事机构，下放管理权限，创新管理制度，进行高效管理与服务。

中介组织协调是促进资源有效配置的协调机制。中介组织是宏观调控与市场调节相结合中不可缺少的环节，具有政府行政管理和市场不可替代的作用。在文化遗址保护和利用过程中，中介组织发挥着重要的组织协调作用。一是发挥政府与企业桥梁和纽带联系作用，积极协助政府做好文化遗址保护与文化产业政策宣传服务工作，及时将企业情况向政府和主管部门反映沟通、建言献策。二是各类协会加强遗址文化行业诚信建设，规范行业自律行为，维护公平竞争的市场规则。三是通过创办杂志、网站、论坛等形式，积极开展与国内外政府、协会间同行业交流、联系与沟通，增进合作。

三 和谐共生的保障——利益分配机制

利益分配体现了对参与文化遗址保护与关联产业开发的经济主体权益的维护，是促进文化遗址保护与关联产业和谐共生的基本保障。

市场分配机制是基本的利益分配机制。传统观念认为，文化遗址是公共性文化资源，如果由私人企业承担，实行单纯的市场供给模式，会因其外部收益大于私人成本，无法形成持久的利益回报机制而难以为继。因此，只能由政府进行保护和运营。然而，在政府财力有限，无法实现有效保护条件下，文化遗址遭到极大破坏，关联产业也难以启动，出现遗址毁坏与关联产业停滞的"双损"局面。实质上，政府可以创新思想，将文化遗址开发及其文化外溢收益权一并让渡给企业，使企业投入文化遗址保护的外部收益内部化，这样通过"以商养文，以文促商"形成企业从事文化遗址保护的利益回报机制，创造市场机制的引入条件。即政府将文化遗址周边更大范围的土地，交给社会企业进行合理规划与开发，鼓励企业依法自主经营，市场运作，获取经营收入，形成商业利润，用以弥补文化遗址保护成本。

政府利益协调机制是重要的利益补偿机制。遗址文化产业是新兴产业，在新产业发展初期，存在较高的制度风险、政策风险和市场风险。为了增强企业适应能力，减小企业经营风险，帮助企业安度产业创新困难期，政府通过奖励、补贴、公共购买等政策，构建了企业利益补偿机制，增强企业从事文化遗址保护与关联文化产业经营的积极性和主动性。另外，为了保障消费者公共文化消费权益，改善公众文化生活，政府通过博物馆免费、门票补贴等政策，形成对公众的公共文化消费补偿制度，进一步推动文化事业发展和文化市场的扩大。

第二节　遗址保护与产业和谐共生发展模式

按照共生理论，依据遗址保护完好与否和关联产业是否发展的相互关系，文化遗址保护与关联产业发展形成四种共生关系：互利共生关系、偏害共生关系、偏利共生关系、竞争消亡关系；相应产生四种发展模式：和谐发展模式、破坏发展模式、单一保护模式、毁坏停滞模式（见表4－1）。

表4－1　　　　　文化遗址保护与遗址关联产业共生关系矩阵

	文化遗址保护（X_1）	文化遗址破坏（X_2）
遗址关联产业发展（Y_1）	（X_1，Y_1） 互利共生关系 和谐发展模式	（X_2，Y_1） 偏害共生关系 破坏发展模式
遗址关联产业停滞（Y_2）	（X_1，Y_2） 偏利共生关系 单一保护模式	（X_2，Y_2） 竞争消亡关系 毁坏停滞模式

注：文化遗址保护与破坏分别表示为 X_1，X_2；遗址关联产业发展与停滞分别表示为 Y_1，Y_2。

文化遗址保护与文化产业以上四种共生关系与模式中，偏害共生关系与破坏发展模式（X_2，Y_1），竞争消亡关系与毁坏停滞模式（X_2，Y_2）均以一方受损或双方共损为结果，具有不可持续性。互利共生关系与和谐发展模式（X_1，Y_1），偏利共生关系与单一保护模式（X_1，Y_2）是两种可供借鉴的发展模式，其中，文化遗址单一保护模式（X_1，Y_2）是以保护主体之外政府强大的财政拨款或非政府组织巨额持续输血式无偿投入为前提。而在政府资金保护有限和非政府组织投入意愿微弱的条件下，依赖于保护责任主体"自我生血，自我发展"的共生和谐发展模式成为遗址保护可供选择的最佳模式。本书重点对和谐发展模式进行重点案例说明。

一　和谐发展模式

和谐发展模式是遗址保护与关联产业和谐共生的最佳模式。按照遗址保护投资主体性质划分，可以进一步将和谐共生模式分为两种亚类型：一是以政府或国有性质企业投资为主体的和谐发展模式，此模式以西安曲江核心区和曲江楼观台道文化展示区为典型；二是以民营企业为投资主体的和谐发展模式，此模式以西安大唐西市为典型。

（一）西安曲江核心区和谐发展模式

曲江新区位于西安市东南部，区域总面积126平方公里，核心区域面积51.5平方公里，是陕西省、西安市确立的以文化产业和曲江新区旅游产业为主导的城市发展新区，目标是将其打造成为以文化、旅游、生态为特色的国际化城市示范新区。曲江核心区是曲江最先开发的区域，其在遗址保护、产业发展、城市建设三大方面取得了巨大成绩。在发展过程中探索形成了独特的以政府或国有企业开发为主导的遗址保护与关联产业和谐发展的模式，取得了大雁塔遗址资源保护与关联产业、城市基础产业同步发展的良好成绩。实际也就是在市场经济条件下，一种以政府为主导，充分运用社会资源，调动企业参与，用活文化资源，推动文化产业发展，同时又惠及民生的模式。

1. 曲江核心区发展概况

2003 年，西安市委、市政府将 1998 年设立的曲江旅游度假区更名成立为"曲江新区"，实施"文化立区、旅游兴区、产业强区"战略，立足于曲江文化产业核心集聚区，坚持集团化建设和企业集聚并行的发展模式，突出盛唐文化特色，着眼于国际化视野，通过大项目带动、大集团引领、大产业聚集，规划开发了大唐芙蓉园、曲江海洋公园、大唐不夜城、三大遗址公园等多个国内知名的文化旅游项目，组建了曲江文化产业投资集团、曲江文化旅游集团、曲江会展集团、曲江影视集团、曲江演出集团等文化产业集团，形成了"曲江文化"、"曲江旅游"、"曲江影视"、"曲江演艺"等系列文化品牌，全面提升了曲江文化产业园区的影响力和竞争力，2007 年 8 月被文化部命名为首批"国家级文化产业示范区"，被各界誉为文化创新和城市发展的曲江模式。近年来，曲江新区以扩区为契机，在规模初具的曲江文化景区基础上，围绕51.5平方公里核心区规划建设出版传媒产业区、国际会展产业园、国际文化创意区、动漫游戏产业区、文化娱乐产业区、国际文化体育休闲区、影视产业区、艺术家村落等九大文化产业园区，着力打造一个规模最大、效能最优的国际一流文化产业园区。2010年至今，曲江新区以曲江二期扩区为契机，全力展开动漫游戏产业园、出版传媒产业园、文化创意产业园、文化娱乐产业园区、广电传媒产业园五大产业园区的策划和招商工作，继续加快实现九大文化产业门类在曲江快速聚集、全面发展，并以杜陵周边万亩生态林为依托，不断开发新的文化旅游亮点和配套商业及酒店。使曲江新区区域综合实力不断增强，在西安市经济社会发展中的龙头带动和产业主导作用进一步提升。2014年，全区固定资产投资完成566.35亿元，同比增长24%；社会消费品零售总额6.9亿元；大口径财政收入突破200亿元大关，占全市份额10%；接待海内外游客5300多万人次，旅游综合收入突破50亿元；入区文化企业突破2400家，从业人数达3万多人。

2. 曲江核心区模式主要特点

第一，政府主导，深度参与。西安历史悠久，文化灿烂，遗址资源丰富。然而，长久以来，受制于经济发展和文化体制制约，遗址资源长久被封存闲置，既没有得到有效保护，也没有实现合理开发。为了有效保护文化遗址，快速推进西安文化产业发展和城市建设，西安市人民政府成立了西安曲江新区，建立了曲江新区管理委员会，成立了各类投资开发机构，确立了以政府为主导的文化遗址的保护与开发模式。这一模式政府主导性主要体现在以下方面：一是政府性质。曲江新区管委会是西安市政府的派出机构，西安市政府直属事业单位，局级建制，负责曲江新区内的经济开发与建设工作。二是开发投资企业的国有性质。曲江新区管委会成立了曲江文化投资集团等各类城市投资与运营商，曲江新区管委会是其最大的股东，代表政府直接进行文物保护，城市建设与产业投资。三是以土地经营为基础的开发建设模式。曲江新区开发运营是以土地经营为突破口，成立曲江文化投资集团等国有开发建设投资公司，通过企业化运作，建立"政策扶持、贷款起步、负债经营、滚动发展"的开发建设机制。同时，在开发建设后期，也积极吸引民营资本进入，形成以曲江集团投资为主体，民营资本参与的多元城市建设和产业发展模式。

第二，产业多元，有序推进。曲江新区产业发展遵循产业演进及新区开发的一般规律，经历了"遗址保护—景区建设—文化地产—文化遗址产业多元化和价值链纵向深化"的发展历程。在开发建设初期，新区发展初期主要任务是基础设施和公共服务设施建设，此时恰逢西安城市化进程加速，西安城市基础设施与房地产高速发展的黄金时期。这一阶段，曲江新区在加强遗址保护的同时，通过合理开发大雁塔广场、三大遗址公园、大唐芙蓉园、大唐不夜城等文化遗址景区，优化城市环境，提升人文氛围，为发展住宅地产、商业地产创造了条件，也促使曲江地产日益成为曲江初期发展的主导产业，成为弥补遗址保护与基础设施建设成本的平衡性产业。随着基础设施的完善，新区建设任务逐步完成，新区相应调整思路，大力促进文化产业多元化发展和价值链的纵向延伸。一是建立了出版传媒、国际会展、文化创意区、动漫游戏、文化娱乐、文化体育、影视艺术等九大专业产业园区，发展朝阳新型文化产业，完善文化产业体系。二是促进文化与科技的融合，催生文化新形态和新业态，不断完善文化市场体系，积极打造曲江文化品牌，提升曲江文化产业价值链。目前，曲江核心区产业已经进入和谐发展的新时期。

第三，整体核算，以长补短。遗址文化具有极强的产业渗透性和外部性，能够与诸多产业深度融合，形成新的复合型产业；能够提升关联产业的文化品位和内涵，提升关联产业的价值。因此，文化遗址保护实质就是保护文化资源，为后续产业开发奠定基础和创造条件。而文化遗址保护的社会性、文化性和外部性，赋予其公共产品的性质，使单纯文化遗址保护的私人投资难以收回整个文化遗址保护的收益。故而，在政府财政收入有限条件下，持续的文化遗址保护需要建立文化遗址保护投资与收益的对等机制。在开发初期，曲江新区利用公共投资进行文化遗址的保护，通过景区合理开发与公共基础设施的完善，挖掘遗址文化内涵，提升周边土地和房产价值，依赖"文化地产"实现增收，进而弥补文化遗址保护的投资成本和实现进行城市开发的资本积累。这一时期，新区土地收入和各类税收成为弥补遗址保护和城市建设投入的主要资金来源。例如，2002 年，曲江新区土地价值为 35 万—45 万元/亩，2012 年土地价值上涨到 500 万—800 万元/亩，土地出让金收入也从几亿元增长到60亿元。① 与其形成鲜明对比的是，曲江文投全资的16家子公司中，涉及影视、戏剧、演出、出版等文化板块的子公司几乎全部亏损或微利，自身收支难以平衡，更难弥补遗址保护的巨大投入。伴随核心区开发任务的完成，新区政府加大了出版传媒、会展、文化创意、动漫游戏、文化娱乐、文化体育、影视艺术等领域的投资力度，正在着力培育曲江新区未来新的主导产业和收入来源。因此，着眼于区域总体，动态培育主导产业，以长补短，整体平衡，是曲江核心区实现保护、投资与收益平衡的总逻辑。

第四，科技推动，创意引领，集群推进。曲江新区以曲江文化产业集团为核心，以重大文化旅游项目为龙头，曲江文化产业内涵不断丰富，初步形成了包括旅游、会展、影视、演艺、出版、传媒等多门类的文化产业集群框架，品牌规模初具。（1）文化旅游业集群。重点建设有六大遗址公园：唐大慈恩寺遗址公园、大唐芙蓉园遗址公园、唐城墙遗址公园、唐曲江池遗址公园、曲江寒窑遗址公园、秦二世陵遗址公园。同时，以大唐不夜城文化商业、曲江国际会展产业园等文化商业场所为依托，构建有文物博览、文化体验、现代商业、演艺休闲等综合性文化旅游区。（2）会展业。曲江会展、创意业的发展以西安曲江国际会展中心为核心，集展览、会议、酒店、商务及各种配套服务于一体的曲江会展产业园，已成为我国中西部规模最大、功能最全、国际文化程度最高的现代化会展产业园。（3）影视演艺业。西安曲江影视以电影、电视剧的投资、制作、发行和电影院线投资经营为主业，兼营影视设备租赁和新媒体业务。西安曲江影视投资（集团）有限公司，拥有市场化、科学化的运营管理机制，拥有国内知名的影视产业运营团队，拥有丰富的影视行业资源，拥有先进的影视剧制作管理软件，企业核心竞争力已初步形成；依托西安雄厚的文化资源和曲江优惠的影视产业扶持政策，电视剧《大唐芙蓉园》《大秦帝国》《大商道》等，电影《老港正传》《生日》等，纪录片《大明宫》《法门寺》等一批优秀剧目成功推出；多家影视企业还联合发起成立了曲江影视联盟，成员企业已近百家。（4）出版传媒业。西安曲江加快整合本地优质资源，积极筹备组建了曲江出版传媒集团、曲江报业发行经营公司，建立了现代传媒物流

---

① 崔银娜：《西安曲江的繁荣与反思》，《民生周刊》2012年第15期，第23—26页。

网络，努力打造西部最大图书交易中心和传媒创意中心。

3. 曲江核心区模式的评价

曲江核心区文化遗址保护与关联产业和谐发展模式，最大的特征是以政府为主导。这一模式在文化遗址开发初期，具有很大的优势。一是以土地和政府信用为基础，最大限度地利用和整合各种资源，集中力量进行遗址保护，大规模进行基础设施、公共服务设施建设和产业开发。二是在市场机制不完善的条件下，充分发挥政府这只"看得见的手"的力量，通过建设资本平台、高效行政平台、信息中心、人才市场体系，对资源进行合理配置。三是在新区开发时期，各种文化产业处于幼稚时期，政府给予资本、信息、技术各方面的培育和扶持，有利于新兴主导产业的培育和成长。伴随市场化进程的推进以及新区开发建设任务的完成，这一模式也逐步显现其弊端。一是产业投资效益不高。因为缺乏强有力的财政约束和市场压力，文化产业投资面临效益不高的困境。目前，曲江新区包括大唐芙蓉园、大雁塔风景区、会展中心在内的文化项目投资效益普遍不高。二是面临主导产业转换的艰难跳跃。随着曲江新区开发建设的完成，新区产业发展的重点也逐步从基础设施建设和城市开发，转移到文化主导产业的发展上来。传统的以土地为基础的运营模式难以为继，必须进行产业发展模式的创新。三是面临政企不分的各类弊端。曲江新区创业之初以其灵活的用人机制、有效的激励机制、精简高效的管理模式，显示出了巨大的体制优势，然而，伴随新区的发展，这一体制优势正在逐步消失，需要继续深化改革，进行二次创业。

（二）大唐西市以民营资本为主导的和谐发展模式①

大唐西市是我国隋唐长安城中盛极一时、名扬中外的大型市场，它的遗址是全国重点文物保护单位。2001 年民营企业陕西佳鑫实业公司对其投入巨资，进行科学保护和合理开发利用，取得了很大成功，创造了民间资本保护和利用文化遗产"双赢"的结果。先后荣获"国家文化产业示范基地"、"国家 AAAA 级旅游景区"、"国家级非物质文化遗产生产性保护示范基地"、"中国文化遗产保护与传承典范单位"等荣

---

① 冯家臻、常平阳、曹林等：《民间资本有效保护和合理利用文物遗址的成功例证——关于大唐西市遗址保护和开发利用情况的调查报告》，《陕西省决策咨询委员会 2012 年度课题论文集》（非公开），第 45—49 页。

誉称号。《人民日报》撰文称赞它"为民营资本参与文化遗产保护提供了一个可资借鉴的范本"。著名文化学者冯骥才称赞："大唐西市是民间力量加入文化遗产收集和保护的伟大创举"。

1. 基本经验与特征

第一，大唐西市开创了民营企业保护历史文物遗址的新途径。长期以来，我国对文物遗址的方针是"保护为主，合理利用"。实行国家投资，政府管理。但是，由于国家财力有限，许多文物遗址得不到有效保护，也未能合理利用。2001 年，西安市委、市政府在充分研究和论证的基础上，决定利用社会民间资本，对大唐西市遗址进行保护和利用。经过反复考察，选定陕西佳鑫实业公司为大唐西市遗址的恢复保护和合理利用的责任单位，在全国范围内首开了把文物遗址交给民营企业进行保护和利用的先河。佳鑫实业公司承接这一项目后，深感责任重大，专门成立了"大唐西市公司"，严格按照《文物保护法》的规定，遵循"保护为主，抢救第一，合理利用，加强管理"的方针，制订了"原地保护、原样保存、原物展示"的方案，实施严格的科学保护工作。"唐长安西市东北十字街遗址"是最能反映盛唐商业文化和市井文化的历史遗存，是不可再生的"国宝"级文化遗产。大唐西市公司以此为核心保护区，专门聘请省市文物专家进行实地勘察，制订保护方案，对遗址进行发掘和保护，成立了一支专业的文物保护队伍，在发掘过程中采用过筛子的方式，对清理的文化土层进行仔细清理，发掘出一批精美的隋唐文物，并在此基础上，修建了一座占地 20 亩、建筑面积达 3.5 万平方米的大唐西市博物馆。现在的人们在大唐西市博物馆内可以清晰地看到一千多年前大唐西市的道路、车辙、水渠、路桥、店铺基址等遗址和当年的各种文物，依稀看到当年西市车水马龙的繁荣景象。

大唐西市博物馆已于 2010 年 4 月 7 日正式建成开放，两年来已累计接待观众 121 万人次，接待来自全国各省、市、区数百批文化代表团。大唐西市公司创造的"原地保护、原样保存、原物展示"的做法，获得了国家文物局的肯定，佳鑫实业公司负责人吕建中被中国文物保护基金会评为"薪火相传——中国文化遗产保护杰出人物"。

第二，大唐西市建成了内外贸结合，多行业并存的大型综合商城，重现了昔日的繁荣景象。盛唐时的西市是当时世界最大的国际商贸中心、文化交流中心和时尚娱乐中心。市内汇集了酒肆、衣行、药店、珠宝等多个行业和万家商铺，拥有完整的市场管理体系，先进的对外贸易方式，开放的行肆物流格局以及国际化的消费体验元素，享有"金市"之美誉。重建的大唐西市，继承和发扬了这种风格，建成了我国西部规模最大、档次最高、服务设施最完善的综合商城，集特色建筑、特色商品、特色餐饮和特色演艺于一体。还建有别具一格的外国风情街、国际商务会所、国际会展中心等，聚集了众多行业的 1800 多家商铺和多达 1.8 万名从业人员，年人流量 1116 万人，年交易量约为 30 亿元。

第三，大唐西市利用丰富的历史文化资源，举办多种多样的文化活动，弘扬了盛唐时代的民俗文化和商业文化。佳鑫实业公司借助唐长安西市的历史盛名，充分挖掘隋唐西市的历史文化资源，大力发展特色文化产业和文化事业。开市以来每年举办"大唐西市春节文化庙会"，再现盛唐时代的民俗文化，每年接待游客超过一百万人，荣获全国节庆传承奖，成为全国三大庙会品牌之一。每年举办"大唐西市文化博览会"，展现丝路风情的商旅文化和大唐时代的市井文化，年接待游客超过 30 万人，成为中外游客的必选之地。举办西部 12 省（区、市）非物质文化遗产展演，现场表演精彩的手工技艺、饮食文化和文艺节目。举办百家民间博物馆馆藏精品展、海外回流文物精品展等，吸引大批国内外人士云集西市。

第四，利用"隋唐丝绸之路起点"的国际影响力，举办对外文化活动，重新开启了"世界之窗"。大唐西市是古丝绸之路的起点，开市以来，在这里成功举办了"历史文化遗产保护与人文旅游国际论坛"和"丝绸之路城市形象暨旅游资源推介会"。丝路沿线的有关国家积极参与了这些盛会，彰显了丝绸之路在欧亚沿线国家经济发展中的重要地位，促进了相关国家发展经济和旅游业的合作。

2010 年，大唐西市公司在中国文联、陕西省政府和中国美协的指导下，联合西安美院举办了"中国当代著名美术家丝绸之路万里行活动"。由全国近百位知名美术家组成的采风团，历时 1 年半时间，考察了哈萨克斯坦、土耳其、伊朗、印度、尼泊尔、希腊、意大利等国家 200 多处反映丝绸之路民俗风情、地域特色的遗址遗迹和历史名城，创作了 200 多幅油画和国画艺术精品。这些展品先后在"中土建交 40 周年暨 2012 年土耳其中国文化年"开幕式庆典、"2012 上合组织成员国文化部长第九次会晤"、"第二届中国—亚欧博览会"、"中亚建交 20 周年暨亚美尼亚中国文化日"上成功展出，受到国内外好评，我国驻亚美尼亚使馆专门致函大唐西市公司表示感谢。

2. 基本经验与特征

大唐西市在文化遗址保护与合理利用的基本经验可以概括为"政府引导、鼓励支持；科学规划，规范管理；企业主导，市场运作；以商养文，以文促商"。

第一，政府主动引导，积极鼓励和大力支持。在大唐西市发展过程中，各级政府部门给予大唐西市诸多的引导、帮助和支持。一是西安市政府解放思想，充分放权，将大唐西市文化遗址委托给陕西佳鑫实业公司代行保护，开创全国民营资本参与文化遗址保护之先河。二是国家文物局、陕西省文物局对大唐西市高度关注。一方面，大力支持纳入丝绸之路申报世界文化遗产。另一方面，陕西省文物局创新行业人才交流机制，抽调文物系统在岗领导干部和专业人员赴大唐西市公司和博物馆任职，对大唐西市遗址保护工程和博物馆建设给予人才和技术扶持，突破民营企业人才和技术缺乏的"瓶颈"。三是中央、省、市领导大力支持并出席大唐西市举办的文化活动，保证必要的礼仪接待，使西市的文化活动更具影响力和号召力。四是充分发挥政府财政支持和信用担保作用，通过财政奖励和金融协调会，帮助企业解决发展中遇到的资金困难。

第二，企业科学规划，规范化管理和专业化保护。大唐西市具有高度的文化自觉性和责任感，始终贯彻科学规划原则，对文化遗址进行规范化管理和专业化保护。一是坚持权威设计。分别邀请中国工程院院士张锦秋、西安建筑科技大学刘克成教授、中国古迹遗址保护协会副主席安家瑶教授、日本建筑专家小川清一组建成专业设计规划团队，对遗址保护进行科学规划。二是坚持科学论证。邀请陕西省、西安市文物局和文物保护专家对遗址展示方案进行深入研究、反复论证、专业评估、修订完善。三是专业化管理。严格按照国家文物局对遗址保护标准审批方案的要求，制订"文化遗产保护与利用方案"，对遗址进行专业化加固、铺桩和回填保护。四是严格保护。聘请文物系统专业管理人员和技术人员，负责文化产业的经营管理工作，提高大唐西市的文化遗址管理水平。

第三，企业主导，市场化运作和产业化经营。大唐西市是全国第一个由民营资本参与保护的高规格、文化遗址类项目。陕西佳鑫实业公司是大唐西市遗址发掘、保护、利用、建设、展示以及举办各种公益性文化活动和产业经营活动的主体，完全遵循市场原则，自主经营，自负盈亏。大唐西市经营覆盖旅游、商业和古玩交易、文博事业、文化艺术、会展活动、商业地产、住宅地产等众多领域，主要通过策划"大唐西市春节文化庙会"、"西部非物质文化遗产展演暨文化产业洽谈会"、"大唐西市文化遗产节"、"彩绘丝路——中国当代著名美术家丝绸之路万里行"、"2011 欧亚经济论坛文化遗产保护与旅游发展分会"等活动，聚集人气，提升文化品牌价值，推动大唐西市住宅地产、商业地产发展，实现企业盈利和发展。

第四，以商养文，以文促商，商文互辅共进。"以商养文，以文促商"是大唐西市遗址保护与文化产业和谐发展的有效运作模式。以商养文主要通过有序发展关联产业与文化主导产业两大途径实现。一是陕西佳鑫实业公司通过挖掘遗址文化，促进文化与地产融合，形成高价值的住宅地产和商业地产两大关联产业，形成文化遗址保护的反哺资金。目前，大唐西市拥有国际古玩城、商务酒店、高档住宅在内的商业地产和住宅地产业务，其丰厚的商业租金利润已经成为文化遗址保护资金的主要来源。二是大唐西市依托文化遗址资源，积极策划发展旅游、会展、演艺、时尚餐饮等文化主导产业，逐步形成大唐西市新的主导产业和反哺文化遗址保护的新的资金来源。以文促商也主要通过文化价值产业外溢与文化创意产业化两大途径实现。一是大唐西市通过组织"大唐西市春节文化庙会"、"大唐西市文化艺术博览会"等丰富多彩的文化项目吸引眼球，集聚人气，营造富于浓郁文化气息和人文关怀的商业地产和高尚住宅，极大地提升了大唐西市商业地产、住宅地产品位和商业价值。二是大唐西市通过兴建民营博物馆，挖掘和展示大唐西市盛唐文化、丝路文化、商业文化，促进其与旅游、商贸、会展、餐饮、演艺的融合，形成西安独具盛唐贸易文化、丝绸文化、时尚娱乐文化特色的旅游景区和文化产业发展基地。

3. 模式的评价

文化遗址保护与产业和谐共生是一种能够依靠自身经济盈利实现遗址保护、具有内生能力的可持续文化遗址保护与合理开发模式。该模式中，文化遗址保护与产业发展两者呈现互利共生、和谐互动关系，能够实现文化价值与经济价值的最大化。

在文化遗址保护方面。文化遗址具有明确的保护主体，通过文化遗址合理的市场运作能够获得稳定、充足的资金来源，使文化遗址资源得到很好的保护，实现"以商养文，以文促商"。一方面，可以更好地实现保护文化遗址的维护与永续利用；另一方面，可以借助市场机制，有效动员高校、研究机构等科研力量，广泛参与，深度挖掘，丰富文化意蕴，提高文化价值。

在文化遗址合理利用方面。文化遗址开发具有明确的开发主体，并且与遗址保护主体是"荣辱与共"的利益关联体。通过对文化遗址的合理开发，获得丰厚的商业价值，实现"合理开发，以商养文"。文化遗址是文化创意的载体。伴随文化市场需求的扩大，文化产业分工不断深化，促进关联产业多元化发展。纵向通过发展文化创意、文化市场、品牌经营，拓展延伸文化产业链，推进文化价值链高端演进，增加产业链价值；横向通过融合发展文化商业地产、高端住宅、文化旅游、古玩交易、演艺等产业，推进文化与相关产业的融合，新增关联产业链，增加产业链价值。科技是促进文化遗址的保护与关联产业和谐发展的关键力量，通过推进文化与科技融合，既能实现文化遗址保护手段的现代化，也能丰富遗址文化产品的种类和表现形式，扩展文化市场空间和提升文化产业价值。

二　破坏发展模式

文化遗址保护与文化产业破坏式发展模式是指遗址关联产业获得了暂时性发展，但是文化遗址却遭到严重破坏，最终导致文化遗址保护与产业不能和谐同步发展的模式。该模式的典型案例之一是宝鸡法门镇的法门寺景区。

1. 法门寺景区概况

法门寺位于陕西省扶风县城北 10 公里处的法门镇，东距西安市 110 公里，西距宝鸡市 90 公里，始建于东汉末年，距今约有 1700 多年历史，有"关中塔庙始祖"之称。2000 年前后，宝鸡市政府决心开发法门寺旅游区。2001 年年底，法门寺旅游区的总体规划由上海同济大学规划设计研究院完成，当时的规划包括佛文化旅游展示区和综合服务区，占地面积 9 平方公里。2003 年 11 月，宝鸡市成立了法门旅游开发建设有限公司，专门负责法门寺景区的开发工作。但因资金制约，法门寺景区开发缓慢，甚至一度停滞。2007 年，曲江新区管委会组建了法门寺开发建设团负责项目开发建设。项目总规划面积 9 平方公里，分为东区佛文化展示区与西区综合服务区，整体区域规划依托佛文化资源和地域文化资源为发展基础，致力将其打造成为"世界佛都"。当前，法门寺文化景区，是一座规模宏大的文化景区，占地约 1300 亩，由山门广场、佛光大道、法门寺寺院、合十舍利塔，以及众多艺术佛像、园林雕塑小品等几部分组成。截至目前，法门寺已经完成一期建设，然而，在法门寺景区运营过程中，存在开发过度的争议和投资收益难以平衡的运营困境。曲江文化产业投资（集团）有限公司 2013 年第一季度中期票据募集说明书显示，2011 年法门寺集团资产 36.4 亿元，负债 25.5 亿元，全年实现收入 1.29 亿元，净利润 894.91 万元。而到了 2012 年，前三个季度法门寺集团收入为 9425 万元，净利润却只有 108.76 万元。按照利润计算，投资回收遥遥无期。①

2. 教训与特征

法门寺景区在文化遗址保护与利用中可以吸取以下经验教训：

第一，遗址文化产业发展方向要与遗址文化精神内核相一致，防止过度商业化，破坏文化精神与文化景观。在法门寺景区开发中，存在的突出矛盾表现在：一是法门寺宗教文化景区产业定位与佛教文化理念不一致。在法门寺商业开发利用过程中，其定位是"世界佛都"。然而，从宗教文化来看，"佛都"这一发展定位却面临着理论陷阱。在佛教世界里，并不存在"佛都"这个概念。因为佛教并没有像基督教、伊斯兰教那样有圣地朝拜的传统，并且自近代以来，以太虚大师、星云法师所倡导的人间佛教，以"去魅"、"淡化神圣化"为特征。二是过度商业盈利与佛家向善乐施的宗教宗旨矛盾极为突出。法门寺在产业化过程中，设置了众多收费项目，每一个功德箱都有创收指标，每一尊佛像都有供养标价，甚至明文标榜免费的项目，也掺杂着看相、算命等收费陷阱。当年的佛教清净之地成叫卖之所，甚或充斥诳语与欺骗的嫌疑，极大地伤害了佛教信徒的佛教自尊与宗教信仰，使佛教产业化模式难以持续。据宝鸡市旅游管理部门统计，2009 年 5 月开业到 2011 年 5 月的两年期

---

① 孟岩峰、姜艺萍：《折戟"第九大奇迹"曲江模式法门寺失蹄》，《21 世纪经济报道》2013 年 8 月 2 日。

间，法门寺景区的旅游投诉次数占全市95％，在陕西省的主要旅游景点中名列首位。因此，遗址文化产业发展方向一定要与遗址文化精神内核相一致，必须在遵循遗址文化精神核心的前提下，进行适度文化精神塑造与文化景观的开发。

第二，在远离都市的郊区乡间，城市房产模式难以形成的条件下，需要选择合理化的产业体系与盈利模式。法门寺景区的主要经营运作方为曲江集团，而处于西安市市区曲江文化核心区成功的发展模式是"文化资源＋旅游＋城市地产"。文化资源经过整理，提炼、创意以后变成旅游产品，旅游产品带来人气、商气，促使城市土地、房产升值，然后再回馈文化投资，这样形成一个产业循环链。其中，"城市房产"是这个产业循环的关键链环。然而，法门寺地处远离大城市的一个偏僻小镇，区位和发展条件相距西安甚远，旅游促使环境优化，并不能形成旺盛的商业地产和居住地产。因此，以曲江模式开发建设的法门寺景区难承之重，难圆其梦。因此，法门寺景区开发的重要启示是：遗址文化产业发展，必须要根据当地现实条件和市场情况，选择合适的主导产业，探索相应的盈利模式。

第三，合理协调文化遗址保护与产业发展的各个主体利益关系，形成文化遗址保护与产业和谐发展的机制。在法门寺景区保护与产业开发过程中，主要涉及以下主体：地方政府、法门寺景区文化产业集团[西安曲江文化产业投资（集团）有限公司、陕西延长石油（集团）有限责任公司、金堆城钼业集团有限公司、陕西煤业化工集团有限责任公司]、法门寺寺庙、客户对象（信徒和游客）。地方政府主要追求地方经济发展、就业和当地财政收入；法门寺景区文化产业集团追求利益的最大化；法门寺寺庙主要追求佛教价值和香火收入；信徒追求宗教信仰和文化价值；游客追求旅游过程带来的身心愉悦。然而，由于这些利益主体的利益诉求不同，造成了利益关系的长期不和谐。尤其是自法门寺景区正式开业以来，这一不和谐关系冲突越来越难以协调，造成了法门寺景区运营困难。法门寺的案例表明：文化遗址保护与产业发展必须尊重各个主体利益，在自愿原则下，在符合各个群体利益最大化的基础上，才能形成良好的文化遗址保护与产业和谐发展的关系机制，也才能形成文化、社会、经济综合价值的最大化。

3. 模式的评价

文化遗址保护与文化产业破坏式发展模式是一种无视遗址保护与产业内在依存关系，单纯为了眼前利益，采取涸泽而渔的方式进行遗址文化资源开发，从事文化产业发展，导致文化保护与产业均不可持续的发展模式。该模式中，遗址保护与产业发展呈现对立的关系，文化产业发展以文化遗址的破坏和文化价值的降低为代价，文化遗址的破坏导致文化产业发展难以长期持续发展。

三 单一保护模式

单一保护模式是指在文化遗址保护与产业发展过程中，文化遗址被有效保护，但是遗址关联产业并未获得相应发展，文化遗址保护与产业发展不存在紧密的关联关系。我国文化遗址长期实行国有事业保护政策，经费由政府直接拨付，保护单位无保护资金的压力和发展文化产业的动力，遗址关联产业发展相对滞后。该模式因为"保护"与"产业"的现实分割，被称为"单一保护模式"。单一保护模式在我国以诸如故宫、天坛等高规格的文化遗址保护为典型。这些文化遗址作为国家文化遗址保护的重中之重，建立了正式的管理机构和常态化的资金拨付制度，无发展资金之忧。

自 2005 年起，国家正式设立大遗址保护专项资金，投入 20 亿元启动大遗址保护工程。"十一五"期间，国家制定、实施了《大遗址保护"十一五"专项规划》，启动了 100 处重要大遗址的保护工作。例如汉长安城、隋唐洛阳城、偃师商城、殷墟遗址公园、金沙遗址博物馆、鸿山遗址公园等重大项目。经过"十一五"时期的努力，大遗址保护取得了丰硕成果，实施了一批示范工程，初步建立了管理体系和保护格局。《大遗址保护"十二五"专项规划》，以构建"六片、四线、一圈"为重点，重点实施 150 处大遗址保护工作。

尽管国家已经将文化遗址保护列入重要事业规划内容，但是政府对文化遗址保护的投入依旧杯水车薪，难以满足文化遗址保护的实际需求。因此，单一保护模式只是在较高规格的大遗址范围内实行，而多数文化遗址都在其之外。

四 毁坏停滞模式

"毁坏停滞模式"是文化遗址既没有得到很好的保护，关联产业也没有实现发展，或者因为遗址遭到破坏，而导致关联产业发展受阻停滞。这在较为落后的中西部地区尤为普遍，大批文物遗址，甚至级别较高的文化遗址，也因政府财力有限，无力投入，而民营资本受制于政策约束或囿于难以找到合适的盈利模式而不愿介入，导致文化遗址破坏与关联产业发展停滞并存。

第三节　文化遗址资源产业化模式

文化遗址保护与关联产业和谐发展的本质是，如何在文化遗址资源有效保护前提下，实现遗址资源的产业化，并最终形成遗址保护与文化产业关联、持久、和谐发展。研究遗址资源产业化过程及其产业化模式是极其重要的问题。

以文化遗址资源产业化的载体和产业类别为标准，文化遗址资源产业化主要存在以下几种模式：遗址公园产业化模式、遗址博物馆产业化模式、旅游景区产业化模式、生态园产业化模式、遗址农业园区产业化模式、遗址文化园产业化模式和遗址特区模式。

一　遗址公园产业化模式

遗址公园产业化模式是将遗址展示与园林建设巧妙结合，建成遗址公园，通过改善周围环境，提升文化氛围，带动周边居住地产、商业地产、文化休闲等产业发展，并以此通过税收或产业盈利方式回馈遗址保护，最终实现遗址保护与关联产业和谐发展的产业化模式。基本特征为："遗址＋公园＋引致产业（居住地产、商业地产、文化休闲产业等）"。

在德国、意大利和日本，保护利用遗址的整体方式主要是建遗址公园。如德国明斯特的城墙已经全部被毁，该市在原城墙所在位置修建了环城带状花园，以树木花卉进行植物造景，配以游乐休闲设施，展示古城墙的宏大规模。明斯特城墙及带状花园形成了明斯特独特的休闲游乐场所和景点，既为当地居民提供了休闲场所，也提升了周边地产价值，促进了旅游、休闲业发展。国内遗址公园也成为文化遗址保护的重要方式。如西安大明宫遗址公园、良渚国家遗址公园、成都金沙考古遗址公园等。其中，西安大唐芙蓉园和曲江三大遗址公园，其规划设计充分发掘和利用了唐朝皇家园林文化和薛平贵、王宝钏爱情历史故事。在规划时充分考虑现状并进行功能分区，有效保护了遗址，也体现了遗址公园的时代气息，妥当处理了保护与创新的关系。又如安徽的合肥保留了城墙的原址和护城河，连成了一个水面围绕的树木浓密的环城遗址公园，构成了良好的生态环境。

遗址公园产业化模式能够有效实现生态、文化、经济价值。首先，实现了生态价值。该模式不仅使遗址得到有效保护，并且通过公园的建设改善了当地的生态环境，为城市增添了绿色的空间。其次，实现了文化价值。它对弘扬古文明、展示优秀历史文化、提高人文历史的品位发挥着关键性作用。最后，实现了经济价值。城市中的古代都城遗址改造成生态公园，可以形成城市绿肺，再在周围进行房地产开发，既保护了大遗址，又可以充分利用宫殿群的"地利"带动土地升值，形成大量第二、第三产业工作机会，吸纳当地农民就业以脱贫致富。

构筑遗址公园最重要的理念是现场保存展示，以遗址及周围的环境为保护展示内容，使游客有身临其境的体验，达到重温历史、沉淀心灵的目的。

二　遗址博物馆产业化模式

遗址博物馆产业化模式是将遗址区与博物馆建设相结合，修建遗址博物馆，通过博物馆收费的形式或在周边发展博物馆关联产业实现遗址保护与产业发展。遗址博物馆产业化模式的基本特征为："遗址＋博物馆"或"遗址＋博物馆＋相关产业"。

遗址博物馆产业化模式有两种类型，一种是通过直接收取博物馆门票的方式实现产业化。例如，关中民俗博物馆就是该种运作模式，关中民俗博物馆养护资金主要来源于门票收入和捐助。这一模式在当前国家普遍实行博物馆免费制度下，发展空间越来越小。

另一种是以博物馆为核心，通过对遗址文化的挖掘，与周边地产、文化、旅游、餐饮等融合，形成关联产业，并以某种利益机制相连接，形成遗址保护与关联产业收益共享的利益分配模式，实现保护与关联产业共同发展。该模式以大唐西市为典型案例。大唐西市曾是隋唐时期盛极一时、名扬中外的世界贸易中心、时尚娱乐中心和文化交流中心，其遗址是全国重点保护文物。陕西佳鑫实业公司对其进行科学保护和合理开发利用。其运作模式主要是建立大唐西市博物馆，围绕"丝路文化"主题，举办各类文化活动，极大地优化了文化环境，提升了西市文化价值。同时，带动大唐西市文化地产和商业地产升值，并逐步推动文化、餐饮、演艺等关联产业发展。这样，在文化保护与产业之间形成了一个良好的产业循环，在博物馆和关联产业之间形成了良好的文商互养关系。

三　旅游景区产业化模式

旅游景区产业化模式是将遗址区与风景名胜区开发相结合，建成旅游景区，以景区获得收入，以旅游收入为文化遗址提供资金支持，最终实现遗址保护与产业和谐发展的产业化模式。

当遗址区处于风景名胜区之中，将遗址区作为旅游景区的一个景点，与风景区开发紧密结合起来，在严格保护的前提下，对遗址进行展示性开发。如青岛的琅琊台遗址依托丰富的古人文资源和自然景观，利用自然、人文资源，综合开发了系列特色旅游产品，形成集历史文化、山海风光为一体的特色旅游景区。重庆黄山陪都遗址将遗址的修复保护与陈列展览结合起来，将遗址的保护与建设南山风景区、开展旅游事业结合起来。

旅游景区产业化模式将遗址保护与景区建设、旅游产业紧密结合起来，能够取得三重效应。一是遗址保护。依托丰厚的旅游收入，遗址保护能够在技术、人力、资本各方面持续投入，可以更好地为遗址保护提供充足的保护资金，使普遍存在的保护经费不足的问题得到较好的解决。二是环境优化。在充分保护自然生态环境的基础上，逐步开发周围丰富的风景、文物旅游资源，增添该景区的文化底蕴，形成高品质的集自然、人文景观于一体的旅游环境。三是产业发展。文化遗址保护与特色旅游产业融合发展，能够带来经营性收入，这些经营性收入可以再投入到遗址保护和利用中，从而形成遗址保护与产业发展的良性循环。

四　生态园产业化模式

生态园产业化模式是将遗址区与周围森林、草地相结合，建成森林公园、经济林等生态园区，以森林旅游、经济林收入的方式，获得经济效益，并以此作为遗址保护的资金来源，实现遗址保护与旅游的互养联动发展。该模式的基本特征为："遗址＋生态（森林或草原）"。

当前生态公园产业化模式应用主要集中在位于城市郊区的遗址区，尤其以墓葬区为主。美国采取与绿色廊道相结合的遗址保护模式，主要是在大区域内运用遗产廊道的保护模式对遗址进行整体保护。遗产廊道内部可以包括多种不同的遗产，它将文化遗产的保护提到首位，提升经济价值和自然生态系统的平衡能力。遗产廊道不但保护了线形遗址，而且通过适当的生态恢复和旅游开发手段，使区域内的生态环境得到恢复和保护，使一些原本缺乏活力的点状遗址重新焕发青春，成为现代生活的一部分，为城乡居民提供休闲、游憩、教育等生态服务。

汉杜陵遗址公园创建了文化遗址与农林相结合以退耕还林为主的生态园产业化模式。该模式主要是将文化遗址保护和生态林业发展相结合，通过退耕还林，发展生态经济林的方式，形成城市文化景观、生态景观、经济林带，谋求文化效益、经济效益和生态效益的统一。汉杜陵遗址公园总面积为 20.9 平方公里。汉杜陵因地制宜，采取了退耕还林的方式进行文化遗址保护。从 2000 年开始，雁塔区在杜陵塬地区实施了万亩都市森林项目，建成了生态林 5600 亩，果林 5200 亩，种植各类苗木 160 多个品种，合计 540 多万株，形成了千亩示范生态园、千亩银杏林、千亩柿子林等森林景观。以此为基础，汉杜陵遗址公园形成以核心文化展示区、杜陵汉代文化综合体验区、明十三陵（明秦王）遗址公园为三大板块的布局格局。汉杜陵遗址公园通过实现绿地与古文化遗址结合，为公众提供了众多的绿色休闲空间，更重要的是更好地保护了文物遗址的本体和历史环境风貌。杜陵以其独特的生态优势、区位优势，在西安城市绿地系统中承担了更为重要的角色，也成为建设"生态化"西安的重要组成部分。同时，因其在遗址文化、城市景观、生态建设等方面有其独特的优势，能够满足人们对户外休闲活动的空间环境质量的需求，也为西安城市居民提供了一个高品位的户外休闲旅游的主要目的地。国内类似的遗址保护如地处邯郸市近郊的赵王陵，周边是荒山秃岭，遗址保护选择了生态林建设模式。首先是从建设陵区生态林入手，对遗址区实现大面积的森林覆盖，将其开辟为邯郸近郊的森林公园，创造出了较大的生态环境效益和经济效益。

由此可见，森林公园主要是针对处于郊区的古葬墓遗址，通过植树造林，增加陵园的肃穆气氛，保护遗址区域及遗址本身。依靠陵墓进行森林公园建设一方面为城市提供了一叶绿肺，改善城市的生态环境，另一方面可以防止遗址区的水土流失。

五 遗址农业园区产业化模式

遗址农业园区产业化模式是将遗址保护与现代农业园区结合，建成遗址历史文化农业园区，通过现代农业、休闲农业发展获得经济收益，保障遗址保护资金供给和改善园区内农民收入，激励遗址保护的积极性，最终实现遗址保护与产业和谐发展的产业化模式。基本特征为："遗址＋农业产业园或遗址＋农业园区＋休闲农业"。

该模式主要针对处于郊区或者偏远农业地区的遗址，其面积巨大，遗址内或周边生活着大量以农业为主的居民，文物保护必须与生活其中的居民建立良好的利益互动关系。如汉长安城遗址，面积巨大，居民5万多人，由于遗址保护的限制，居民以农业为主。为了更有效地保护遗址，在汉长安城遗址区内发展都市农业，在有效保护遗址的前提下，通过建设观光农业园、市民休闲体验农业园、现代高科技农业园区等带动居民就业和致富。

遗址农业园区产业化模式，虽然不是遗址保护的最理想模式，但是目前在经济欠发达地区，该模式既兼顾了当地居民利益，又在一定程度上保护了大遗址，是一种效果较为不错的遗址保护模式。

六 遗址文化园产业化模式

遗址文化园产业化模式是依托文化遗址资源，划定特定区域范围，对其文化内涵进行挖掘，形成文化产业体系，在保护文化遗址的前提下，推进文化遗址保护与文化产业和谐发展的模式。该模式是文化遗址资源开发的较高形式，综合采取高科技手段，多层次、多形式、多方式展现遗址文化，形成文艺演出、会展广告、影视出版、工艺设计等以遗址文化为内核的文化产业体系。同时，推进文化与农业、城市规划、建筑雕塑、房产、旅游、商贸等多种产业融合渗透，创新传统产业新业态，提高传统产业附加值。遗址文化产业园按照遗址资源的类别和数量可以分为单一遗址文化园和综合遗址文化园。

正在规划建设的河北内丘邢白瓷文化产业园是单一遗址文化园。邢白瓷文化产业园总占地面积约1500亩。园区由邢白瓷文化遗址考古园区、生态艺术产业区、贸易文化产业区、民俗风情演艺区、会议会展创意区5个主题分区组成，是集邢窑遗址保护、文化创意、文化主题旅游、青少年体验式教育、文化会展商业配套等多种产业于一体的复合型文化产业园区。土遗址保护是世界性难题，一方面，通过建立产业园区，建立钢架大棚，控制内部湿度和温度能够有效保护邢窑遗址。另一方面，通过建设国家考古遗址公园、中国邢白瓷博物馆、邢白瓷仿制中心、服务接待及会展中心、广电文化演艺中心，发展生态艺术、白瓷交易、民俗风情演艺、文化会展，形成区域新兴产业，推动当地经济发展。

西安曲江文化示范区是综合遗址文化园区。曲江新区内有大雁塔、青龙寺、汉宣帝杜陵、唐长安城遗址（部分）4 个国家级文物保护单位和秦二世陵 1 个省级文物保护单位。曲江新区成立以来，坚持以"文化产业立区，文化旅游兴区"为宗旨，以盛唐文化为品牌，以资源整合为手段，先后建成了大唐芙蓉园、大雁塔北广场、曲江海洋馆、曲江国际会展中心等多项文化工程，策划开展了"曲江国际唐人文化艺术周"、"盛典西安文化活动"、"曲江国际文化论坛"、"曲江国产电影新人新作展"等一系列重大文化活动，建立了自己的非物质文化遗产保护基地，逐步形成了独特的曲江文化品牌。当前，曲江新区已经形成包括旅游、会展、影视、演艺、商贸、餐饮、物流、物业、娱乐、房地产等多个产业门类。2006 年 5 月，被文化部命名为"国家文化产业示范基地"。曲江新区的建设，不仅较好地保护了域内多处文化遗址，而且已经形成了以文化产业为主导的产业体系，成为西安市新的经济板块和经济增长极。

七　遗址特区模式

遗址特区模式是指在遗址资源数量丰富、分布密集、级别较高的文化遗址资源聚集区域，设定特殊区域，实施特殊的政策，对文化遗址资源进行整体性的保护规划和开发利用的模式。该模式的基本特征为："遗址集聚区 + 产业体系"。该模式主要是应用文化遗址资源密集的区域。当前，这种模式由文化遗址资源丰富的古都西安提出。基本背景和设想如下。

伴随着西安城市化进程的加快，城市土地资源的日益紧缺，城市建设用地需求不断扩大，客观上对城市周边的大遗址所占据的土地空间形成冲击。主要表现为三种形式：①城市规模扩张蚕食与侵占大遗址保护区域，造成对大遗址存在空间的不断挤压，这是一种最为常见的破坏形式。②城市大中型基础设施建设对大遗址所处环境的破坏，是最为严重的破坏形式。③城市高强度的土地开发造成大遗址本体的破坏，是最为彻底的破坏形式；随着土地资源紧缺，城市建设密度越来越大，建筑在向高层发展的同时，还要充分利用地下空间，势必对遗址造成破坏。

　　针对西安周丰镐京遗址、汉长安城遗址、唐大明宫遗址、秦阿房宫遗址这四大遗址区现状，以及西安国际化大都市建设背景下城市化加速扩张的形式，为了更好地保护和利用好大遗址这一宝贵历史文化遗产，进一步充实丰富、创新提升"大遗址保护利用西安模式"，西安市政府及学界专家共同提出了设立集遗址保护功能、宣传教育功能、文化传播功能、旅游参观功能、科学研究功能、发展文化产业功能于一身的"大遗址保护特区"构想，希望在充分尊重历史传统的前提下，贯彻经济、社会、人与自然和谐发展的理念，采取特殊的管理体制和政策，对大遗址进行统一规划、统一建设和统一管理，并运用市场手段，通过市场机制对各种优势资源进行整合，搞活整个大遗址区域的经济，改善大遗址区居民的生活水平，培育新的经济增长点。通过协调城市地域规划，资源开发、利用与保护之间的关系，科学制定用遗址区的发展战略和地方经济发展的需求，促进世界文化遗产保护事业的发展，进而提升西安的城市主题文化形象。

　　从我国经济特区的发展来看，特区模式可以保障专项政策的实施，实现对大遗址资源的有效保护和充分利用，不仅能够带来巨大的经济效益，而且能够带来无法估量的社会效益，也可以为世界文化遗产保护探索一套切实可行的管理方法、体制机制。西安国家级"大遗址保护特区"，可以借助于开发区的管理机制，根据各大遗址的不同情况与特点，分阶段有步骤地进行建设。

第四节　文化遗址保护与产业化管理模式

　　文化遗址保护与产业化管理模式主要是指如何实现文化遗址保护与产业化发展的管理组织形式。按照管理主体性质，一般可以划分为三种：一是以行政管理机构或国有企业为主体的管委会管理模式；二是企业参与经营管理的模式；三是以企业、大学、研究机构和政府组成的混合型组织进行经营管理的模式。

一　管理委员会模式

　　目前较为常见的大遗址管理模式是引进管理委员会作为遗址区的行政管理机构，对遗址区的各项工作进行规划和管理。从实践来看，全国已成立浙江良渚遗址、湖南里耶古城、河南信阳城遗址、北京十三陵的保护管理委员会，保护区内实行特殊管理和优惠政策。以良渚遗址保护区管理委员会为例，2001年9月，浙江省人民政府批准设立杭州良渚遗址管理区，范围为良渚镇、瓶窑镇，区域面积242平方公里。杭州良渚遗址管理区在杭州市委、市政府领导下，由余杭区负责管理，成立杭州良渚遗址管理区管理委员会并挂浙江省杭州良渚遗址管理局牌子，为正区级行政单位，其管理职能是负责管理区范围的文物保护、城乡规划、经济开发、社会管理及其他工作协调与监督等，并受余杭区委托，对良渚、瓶窑镇实施管理。

在西安，唐大明宫遗址率先引进了管理委员会这种模式，成立了由市长助理任管委会主任的曲江管理委员会，引入全新的招商机制，全面负责大明宫遗址区的保护和改造。这种模式的引进对西安的大遗址保护与利用是一种创新，引起了社会各界的关注。

二　企业参与经营管理模式

企业参与经营管理模式也是目前我国采取较多的管理方式。地方政府为了促进大遗址区经济发展和解决大遗址保护单位财政困难等问题，采取了多样化的大遗址资源经营管理形式，将大遗址管理权和经营权分开，由地方政府引导民营企业开发、管理文化旅游。如唐昭陵的单一民营企业介入现象、汉阳陵的单一文保事业单位企业化运作现象、秦兵马俑的博物馆主导下的博物馆与陕西省旅游集团公司分工联合经营管理现象，以及汉杜陵的几十家企业介入现象。

三　混合型管理模式

当前，实践中混合型经营管理模式不多见。周口店北京猿人遗址管理采用了这种混合型管理模式。2002年8月16日，北京市政府与中国科学院签署了《关于共建周口店北京猿人遗址的协议》，决定"改变遗址现行管理体制，实行市院共建"。北京市负责遗址保护范围及建设控制地带的保护、建设、管理及科普教育工作；中科院则负责遗址的科研。

第五章 大遗址保护与生态城市建设的协同机制研究

第一节 遗址与大遗址保护

一 我国遗址分布情况

从物质文化遗产的保护与管理角度出发，大遗址被认为是其中规模较大、文化价值突出，由其遗存本体与其紧密相关的环境载体共同构成的文化遗迹①，具有遗存丰富、文化信息量大、历史地位不可替代、价值不可再生等基本特征②。根据国家文物局统计资料，绘制地图表明，我国古遗址多集中于黄河中下游流域（见图 5 - 1）。若干处大遗址分布于较为集中的区域，可被划定为大遗址片区。《国家文物博物馆事业发展"十二五"规划》明确提出，西安、洛阳、荆州、成都、曲阜、郑州为中国的六大遗址片区，将被加以重点保护。

中国《文物保护法》颁布十年来，在"保护为主、抢救第一、合理利用、加强管理"的文物保护方针指引下，一批文化遗址得到了及时性、抢救性的挖掘与保护。与此同时，位于一些城市的大遗址片区，在遗址挖掘、保护与旧城改造和新城建设上产生了诸如土地资源开发利用、区域环境综合整治等方面的矛盾。此外，在城市建设发展用地指标刚性约束下，统一大遗址保护与城市整体服务功能之间的关系和促进二者的协同效应等，也成为城市建设与管理工作中的热点和难点。目前，

---

① 王学荣：《"中国大遗址保护研讨会"纪要》，《考古》2008 年第 1 期，第 38—45 页。
② 陆建松：《中国大遗址保护的现状、问题及政策思考》，《复旦学报》（社会科学版）2006 年第 6 期，第 120—126 页。

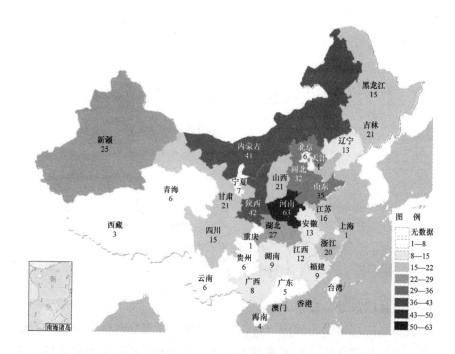

图5-1 全国（大陆地区）各省区古遗址数量分布

国内外相关研究多集中于遗址本体保护和遗址与其周边环境关系方面①，而对物质文化遗产价值和大遗址保护与生态城市建设的研究尚不足。因此，对物质文化遗产的价值进行辨识与梳理，构建大遗址保护与生态城市建设的共生机制，对大遗址片区所在城市的统筹规划、科学建设与可持续发展具有重要意义。

二　大遗址保护的意义

大遗址是地区物质文化遗产典型、集中的代表，其本体融合和凝结的历史文化信息与要素较多，许多大遗址也体现了非物质文化的重要价值，是地区人类文明的集中展现与历史重大事件的主要坐标。对大遗址保护的基本共识包括：

1. 有助于深入了解与研究地区人类活动的发展历史

一个地区的人类活动的过程通常历经了不同的历史时段，不同时段

---

① 李海燕、权东计：《国内外大遗址保护与利用研究综述》，《西北工业大学学报》（社会科学版）2007 年第 3 期，第 16—20 页。

背景下的诸多文化要素在文化遗址中会相互叠加并集中展现。通过对大遗址的有效保护和科学挖掘，有助于有序揭示和在一定程度上还原人类活动演进历史信息的原貌，同时，也有助于理解不同时段人类文明的发展过程和同一时段不同地区人类文明相互影响和作用的关系。

2. 有助于体现地区历史文化价值和继承本土文化精华

大遗址代表了地区文明的灵魂和积淀，对大遗址保护与合理利用有助于从对文物本体观赏价值角度，拓展到对历史文化价值的认识、研究、提炼与弘扬，为继承本土文化的精华，更好地为地区现代文明的发展提供文化支撑和精神动力。

3. 有助于为地区经济社会未来的发展提供借鉴与指导

大遗址在展示地区人类文明成果的同时，也展示了地区经济发展兴衰的历程，即萌芽、发展、鼎盛、衰落。对本地历史变迁信息进行研究、解剖，有助于正确理解人类社会的变迁成因和发掘主导因素，为现代经济社会更加科学、合理地可持续发展提供重要的借鉴。

4. 有助于改善遗址及其周边区域的生态环境

大遗址本体与周边景观、建筑、水系、农田、山林等自然和人工生态环境紧密相连，从遗址所在区域的整体视角协调统筹大遗址考古挖掘、保护管理与周边生态环境的关系，以便充分体现遗址本体的特色价值和功能的同时，带动周边生态环境的逐步改善。

第二节　城市的内涵与城市系统的运行原理

一　城市的内涵

现代城市是否越大越好，城市人口、资源、产业等是否集聚度越高就代表城市越发达？一段时期以来，我国许多地方兴起了创建"环保城市"、"生态城市"、"智慧城市"、"森林城市"、"宜居城市"的热潮。综观各地，此类城市的建设手法雷同、评价指标相近，其考核效果较之前无外乎林草数量得到增加、污染源得到了一定程度的治理、城市的资源利用效率得到了一定的提高、所谓的城市"信息化"与"工业化"得到了某种程度的融合等，似乎此类城市的建设成效非常显著，但是生活在城市，尤其是大城市的居民，感受到的却是交通拥堵、空气污浊、工作节奏紧促、生活环境压抑，以及为一些"稀缺"资源而"残酷"竞争……难道这就是人类所期望的赖以生存的城市吗？

有必要冷静地再思考一下城市是什么，为什么要建设城市，这是个看似简单且并不新鲜的问题。城市是人类文明发展到一定阶段后，起初，其是为了满足基本的安全防卫（防御猛兽和外敌侵袭，曰"城"）和满足人类基本生产和生活需求（进行生产和生活资料交换，曰"市"），对基本的理念能够认同并能接受所认可的行政当局统一管理的人类群体性生产和生活的聚落场所，其有固定的活动空间，有能够支撑城市发展及其居民生活的基本自然资源和生产资料。现代城市的内涵已被大大丰富，当"国家"承担起基本的安全防御职能后，一个国家内部的城市更多的是作为行政管辖的层级和单元之一，主要承担其作为经济社会发展模块和居民日常生活栖息地的职责。现代城市的建设和发展需要形成一定的人口规模和产业集聚效应，依托现代科技手段和凭借地区的自然资源禀赋，通过所构建的产业发展链条和社会服务体系，不断完善基础设施和不断改善生活环境，产生相应的物质产品和精神产品，满足本地区甚至是地区之外的消费需求，从而支撑城市发展健康运行和其内部的人口生存与繁衍。由此可以看出，现代城市的内涵与早期城市的内涵不同之处在于，早期城市的内涵更关注于人的生存安全和基本生活需要，现代城市内涵更关注于满足人的更高层次的物质与精神需求和可持续发展，但相同之处都是以生活在城市中的"人"为中心。

二 城市系统的运行原理

既然城市的建设与发展是以生活在城市中的"人"为中心，而现实的"城市人"为何并没有像所期望的那样充分享受到现代城市文明建设和发展带来的"愉悦"？基于区域增长极理论、循环累积因果原理，对现代城市进行"系统思考"，现代城市系统运行的循环累积效应范式可归纳为：……→极化效应（如城市化、人口集中、产业集聚、资源输入等）→扩散效应（如逆城市化、人口迁徙、产业转移、废弃物排放等）→回程效应（如再城市化、人口再集中、新兴产业引入、废弃物再生资源化等）→……根据热力学第二定律所确定的态函数——"熵"和"熵增原理"，尽管物质经历了资源、产品、废弃物等形式的变化，但是上述循环累积过程，造成孤立系统（如城市）内熵的不断激增，表明系统从比较有序的状态向无序状态演化的概率在不断增加。

据此，构建城市系统的熵值表达式为 $\iint F(P,M,E,I)\,\mathrm{d}x\mathrm{d}y$，现代城市并
非孤立系统，系统的开放性和系统边界逐渐淡化的特点，在一定程度
上，对城市熵起到了一定的减缓作用，但是城市系统越庞杂，熵增的减
缓所需时间越长，需要系统外环境向系统内输入的"负熵"就越多。
人口与资源的集聚度、物质流动与能量传递的速率、信息交换的频率在
城市极化效应的变化率为：随着城市空间半径的扩展，距离城市中心越
远，$\left|\dfrac{\partial^2 F}{\partial x\partial y}\right|$ 越小；反之，则越大（见图 5－2）。根据耗散结构理论，欲
支撑城市系统持续发展，必须要不断地从系统外的环境汲取新的资源和
能量，同时系统内的"废弃"物质和能量要不断地排入系统外的环境。
因此，不难分析出，人为因素导致了城市经济、社会持续、加速的不均
衡发展，尽管可以产生较高的"人类文明发展的效率"，但同时加剧了
系统内诸要素以及系统与环境之间的物质、能量、信息的运动交换速
率，理论上，当这种运动交换速率不断增加时，系统的熵也在不断增加，

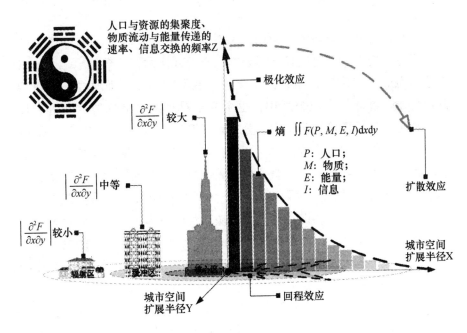

图 5－2　城市系统的循环累积熵

即系统不断地趋于"无序"。为了保持系统"有序"，就需要减缓系统内熵的增加速率，可以考虑通过提升系统内物质、能量、信息的利用效能来减缓系统与环境之间物质、能量、信息之间交换的速率；从系统外向系统内输入"负熵"等途径加以解决。

如何减缓系统内熵增的无序性，构建适合现代文明发展和人类生活的城市？由于人口不断向城市集中、产业不断向城市集聚，相应的人流、物流、能流、信息流等更加频繁，城市环境污染问题发生的概率逐渐增大。环境污染已由传统的点源污染为主，转向点源、线源、面源和无组织排放源污染相互交织和叠加，环境污染物日趋复杂，对污染源的追踪和解析难度不断加大。污染造成的影响表现较之前也有所变化，如原发污染物的环境影响和次生污染物的环境影响同时存在，比如由燃料燃烧产生的废气在不利气象条件下次生出的城市雾霾等；污染物的环境留存不明显，如城市中的各种噪声和强光污染等；污染的迟滞性和隐蔽性较强，如居室装修产生的 VOC、一些家电产品使用中的辐射等；污染的累积影响不易被察觉，如食品中的过量添加剂、超标重金属和残留农药等。

然而，当前我国环境污染防治总体上还是采取以"末端治理"的思路为主，例如，政府统计部门公布的涉及环保的指标数据中，主要以工业和生活"三废"污染物的量化统计和考核为主，即便在环境保护部门公布的统计年报或公报中，也主要是对污染物治理的成效进行评估，缺乏对区域环境风险识别、分析和环境污染预防等内容。这种思维易导致将环保"重心"放在关注环境污染物的产生量和削减量，增加环境保护的社会成本；而忽略了如何减缓甚至避免环境污染的产生，不利于环境问题（甚至是污染事故或公害事件）的根本解决。此外，过于依赖污染治理装置和设备的应用，缺乏对环境执法过程和监管效果的科学测评，不仅将增加污染治理的经济成本，而且环保产品的投入也可能造成新的环境污染，从而陷入"污染→治理→再污染→再治理→……"的怪圈之中。

至少对于我国而言，"易学"思想可以为我们提供一个现代城市规划建设的思路"导引"。"易学"思想对于现代人而言，其形象、直观的展示即太极八卦图。从太极八卦图中可以演绎出，"太极阴阳鱼"为城市的经济社会系统，系统内如在产业组织（如动脉产业与静脉产业）、科技与人文因素的利用等都应体现出动态、均衡、协调、有序的特点；八种卦象表示系统外的自然环境，自然环境是环绕和支撑系统发展的基础，"先天八卦"体现出"对称"，"后天八卦"体现出"循环"，表明自然界的环境是系统得以运行的基础，系统与环境之间需要有序地进行物质、能量等交换；此外，无论是"黑"与"白"两种色彩还是"阳爻"和"阴爻"两种符号，都体现出简约质朴、对立统一、有序均衡的运动法则。对于现代城市建设和发展而言，应该视"城市"为一个"生命系统"，城市内的诸要素如同生命系统的细胞、组织、器官等，营养、能量（即各种物质、资源、能量等）通过血管（交通）来进行畅通、有序地转运和输移；思想意识通过神经系统（现代化的信息网络）由脑（城市管理者）进行调控。通过科学、合理的组织管理和规划设计构建"健康生命城市"既能充分发挥出城市中各单元模块、生产要素的效能（资源节约）以及与系统外环境的和谐共生、动态均衡（环境友好）；同时，又可以缓解甚至避免"富营养化"（无节制地吸纳系统外的人口、资源、能量等的过度集聚）所造成的"熵"不断激增的风险。

第三节　生态城市与生态城市的文化遗产价值

从环境经济学的视角，可将文化遗产的功能价值按照使用价值（直接使用价值、间接使用价值）和非使用价值（选择价值、存在价值、遗赠价值）进行分类[1]（见表5-1），在现代生态城市建设中，注意挖掘和利用物质文化遗产的使用价值，探索研究其非使用价值。[2]

目前，国内外对物质文化遗产进行挖掘的过程中，大都注重保护与利用相结合，但在城市规划理论中，依据价值理论对文化遗产（如大遗址）在现代生态城市中的功能进行系统的价值分析还比较匮乏，尤其是大遗址片区内涉及的大遗址更多，文物遗迹占地面积很大、分布相

---

[1] 蔡靖泉：《文化遗产价值论析》，《三峡大学学报》（人文社会科学版）2010年第1期，第76—86页。

[2] 陈耀华、刘强：《中国自然文化遗产的价值体系及保护利用》，《地理研究》2012年第6期，第1111—1120页。

表 5 - 1   物质文化遗产价值的环境经济学分类

使用价值		非使用价值		
直接使用价值	间接使用价值	选择价值	存在价值	遗赠价值
科研考古 观光游览 历史佐证 教育宣传 ……	改善人居环境 促进经济发展 提供艺术鉴赏 优化城市功能 ……	社会制度 道德规范 生活方式 ……	历史本底 遗迹标本 ……	文化继承 ……

对较广、持续时间较长，在现代城市规划、建设与管理中的作用和对城市的可持续发展的价值越发重要。从环境经济和文化遗址价值的视角分析①，大遗址在现代生态城市中，不再仅仅具有历史文化的属性，而是文化价值、环境价值、经济价值、社会价值等的"复合体"②，其不仅具有自身的存在价值，而且是使用价值与非使用价值的功能复合体，大遗址的使用价值在生态城市建设中重点解析为以下四个方面：

一　历史研究与文化教育

文化遗产首先具有的是文物考古研究价值，在此基础之上，对其一直本体表征的文化信息进行提炼后，其具有文化价值功能，其具体可表现为历史价值、艺术价值、思想与宗教价值、文化人类学与民族学价值、科学与技术价值、原创性价值、符号价值等。大遗址所具有的"原创性"，代表着这种文化资源的稀缺性、不可替代性、不可再生性、不可经济度量性。通常，大遗址的历史文化信息非常丰富，大遗址所包含的丰富的信息资源对后人传承本土文化和经济社会的发展具有重要的教育启示作用。

二　观光游览与休闲娱乐

文化遗产的观光游览和休闲娱乐的价值是，对大遗址在保护的基础上进行合理开发利用，并依托于大遗址的文化功能之上的"次生价值"。大遗址经历时期较长，通常其原貌不能被完全保存，尤其是嵌入

---

①　张祖群：《大遗址的文化价值、经济价值分异探讨——汉长安城案例》，《北京理工大学学报》（社会科学版）2006 年第 1 期，第 22—25 页。

②　赵宇鸣：《城市区大遗址保护中外部性治理的理论与实证研究》，博士学位论文，西北大学，2006 年。

于现代城市区范围内的大遗址，当代人为了满足城市建设发展的需要，对大遗址的开发利用，将考古研究与文化教育"整合嵌入"到观光游览与休闲娱乐功能中，寓教于游，寓教于乐，产生的经济价值可以用于对遗址本体的修缮、维护和科研考古。

三　环境美化与生活改善

对文化遗产的挖掘与保护与利用，不仅能够充分利用大遗址的文化艺术价值和教育，在对遗存本体保护的过程中，也将对周边自然和人工环境进行适当美化和升级，使遗存本体与周围自然生态和人工建筑相互协调；同时，也能够带动地区社会环境质量的改善，凸显地方文化底蕴，对周围居民陶冶情操、修身养性和增加社会人文气息具有重要的价值。

四　地类转换与空间优化

通过建设遗址公园等保护措施既可以实现对大遗址的保护，也实现了对原有土地类别的转化，如从文化遗产挖掘保护前的未利用地或农用地转变为具有一定生态环境功能的建设用地，不仅使城市有限的土地资源充分发挥出效能和价值，也从城市空间布局上，不断优化城市用地结构，使城市的农用地、建设用地、未利用地之间的所占比例更趋合理。此外，通过对大遗址的考古研究，部分非使用价值伴随其信息的提炼和验证，可以部分地转化为诸如作为历史佐证和教育宣传的有力素材等使用价值。对物质文化遗产的价值的辨识与梳理后认为，大遗址的使用价值（科研考古、观光游览、历史佐证、教育宣传、改善人居环境、促进经济发展、提供艺术鉴赏、优化城市功能等）应被充分利用；其非使用价值（社会制度、道德规范、生活方式、历史本底、遗迹标本、文化继承等）应被加深研究，不断拓展大遗址的功能外延和丰富其价值内涵。

在现代城市规划与建设中，尤其是在富含较多文化资源和历史信息的大遗址片区所在的城市，将历史文化遗产与现代生态城市的理念较好地融合，做好大遗址遗存本体保护与现代城市人工建筑在空间规划上相适应，遗址保护与周边自然生态环境保护措施相互结合，实现大遗址与区域的建筑风格协调、用地空间协调、价值功能协调和所在城市的文化价值、经济价值、社会价值的统一，不仅是文物考古与城市规划结合的一种机制创新，也对具有悠久历史的文化名城如何协调处理历史继承与现实发展的关系有重要战略意义。

第四节 大遗址保护与生态城市建设的协同机理

大遗址是基于人类文明并融合自然生态环境的自然—人工复合体，具有文物性、稀缺性、区域性、不确定性、脆弱性的特征[1]，贯穿并代表了地区人类文明发展的历史，其镶嵌在现代城市中，对生态城市的规划、建设、发展与管理起着不可替代的作用。为在大遗址保护的基础上满足现代城市建设和发展的需要，国内外对大遗址的保护和利用的方式主要表现为：整体建立遗址公园或森林公园、与遗址周边的景区或农业区等相结合建成综合性的服务设施等加以保护和利用；在部分遗址上建设遗址展示区或博物馆。[2] 其目的是将城市的历史与现实、文化与科技、人工与自然因素紧密结合起来。而原先的以"末端治理"为主的环保思路已表现出不能适应现代生态城市建设与管理的要求，现代城市是一个自然—人工复合的生态系统，在城市建设和管理过程中，特别是在处理人类发展与环境保护之间的关系时，应遵循生态系统的自身规律和循环经济"3R"原则，从系统论和控制论视角，将城市的环境污染过程作为一个整体进行考虑，避免仅仅关注末端的污染物，注意对环境污染过程中相关信息的动态跟踪和反馈调控。运用"易学"中的太极八卦原理可对大遗址遗存本体在生态城市系统中与现代城市人工建筑和自然生态环境之间的共生机制进行图解（见图5－3）。

中国大遗址多分布于历史文化名城，基于大遗址在生态城市中的环境经济价值的特点，应注意做好对大遗址遗存本体保护与现代城市人工建筑在空间规划上相适应，遗址保护与周边自然生态环境保护措施相互结合，实现大遗址与区域的建筑风格协调、用地空间协调、价值功能协调和所在城市的文化价值、经济价值、社会价值的统一。

---

① 陈稳亮：《基于特性分析的大遗址保护规划策略研究》，《城市问题》2012年第6期，第41—46页。

② 李海燕、权东计：《国内外大遗址保护与利用研究综述》，《西北工业大学学报》（社会科学版）2007年第3期，第16—20页。

图 5 – 3　大遗址保护中生态城市建设共生机制的"易学"图解

一　遗存本体与现代城市整体空间规划相适应

大遗址的遗存本体所在的地区，在建设生态城市时，应注意与城市整体空间规划的适应。尤其是大遗址片区的周边地区通常环境比较复杂，在遗址考古挖掘的前期，不仅应关注对遗址本体的保护，也应充分关注其周边的人工生态环境、经济社会环境、文化景观环境等要素，在遗址上建设遗址公园或是博物馆，都应在充分论证的基础上做好遗址保护规划与生态环境保护规划、土地利用规划、城市总体规划、经济社会发展规划之间的协调性分析，随着遗址挖掘的情况（占地面积、文物价值、挖掘作业难度、文物保护技术条件等），根据相关规划适时与遗址保护方案相协调和修改，充分结合"3S"（GIS、RS、GPS）等空间分析技术与现代城市规划、土地利用规划、生态环境规划的理论与方法，科学、合理、可持续地设计不同遗址保护的情景方案。

二　遗址保护与自然生态环境保护的具体措施相结合

对遗存本体进行保护应注意同时与周边自然环境保护在具体设计方案、施工方案、维护管理方案等相结合，突出遗址保护与城市建设的生态维护相互协调。大遗址的遗存本体的环境保护主要有覆盖保护（植被绿化覆盖、土石覆盖、人工材料覆盖等）、场馆围护（遗址博物馆、遗址公园等）、技术加固（砖土支撑加固、化学材料灌浆等）等[1]，确

---

① 张祖群：《环境保护——大遗址保护的可持续发展基点》，《天津城市建设学院学报》2005 年第 3 期，第 156—160 页。

保遗存本体免受外界环境扰动；同时还应对遗址场景周围的生态环境格局进行系统分析，设计合理的遗址保护技术方案，重点是遗址挖掘产生的渣土、临时施工场地、线路上作业产生的噪声和尘土，以及施工作业人员营区的生活废弃物，避免遗址挖掘和保护作业过程可能对周围环境的影响。

三 大遗址与区域建筑景观协调、用地空间协调、服务功能协调

遗址保护通常可以起到调节城市土地功能转换和高效利用的作用。伴随遗址挖掘、保护与开发利用的进程，许多遗址本体可由挖掘、保护之初的未利用地（如裸地、其他草地等）转化为建设用地（公园、绿地、风景名胜设施用地等），即具有生态环境的部分功能，将带动地区生态服务功能的提升。对遗存本体进行保护应注意与所在区域建筑景观的格调相协调，避免遗址保护与地区规划和建设"分离"，同时，生态城市的规划和建设也应在用地类别、人工建筑风格等方面为遗存本体保护预留足够的"空间"。大遗址是嵌入生态城市中的一个重要功能模块，遗址与周边景观的建筑风格的相互融合，可以激活作为生态城市整体中重要部分的大遗址的"活力"，有助于促进生态城市整体效能的充分发挥，使城市的历史文明与现实文明相得益彰。

四 大遗址所在城市的文化价值、经济价值、社会价值相统一

大遗址作为生态城市中"功能模块"之一，在挖掘、保护和管理的全过程中，应重视其文化价值、经济价值、社会价值的相统一。大遗址的文化价值体现在文明传承和传播教育功能；经济价值体现在遗址建筑的适度有偿的旅游观光、传媒娱乐以及遗址周边所带动的地区配套公共服务和居住条件的升值，经济上"回馈"专用于遗址的考古挖掘、保护和维护管理；社会价值是伴随着遗址保护及其周边生态环境的改造和经济价值的提升，本地区居民整体生活质量的不断提高，进而有助于促使地区社会关系的和谐。此外，将大遗址的文化、经济和社会价值相统一，不仅有助于城市的经济、环境、社会、文化等协调发展，而且还可以有效避免或减缓在遗址挖掘过程中，可能产生的过度"功利性"地产业开发等弊端和遗址保护管理经费不足的窘境。

第六章 遗址区保护与城乡统筹和谐共生机制研究

第一节 城乡统筹发展的内容

一 城乡统筹理念的提出

十六届三中全会提出了"统筹城乡发展、统筹区域发展、统筹经济社会发展、统筹人与自然和谐发展、统筹国内发展和对外开放"的发展要求。其目的就是希望通过城乡统筹发展，解决"三农"问题。建立起工业反哺农业、城市支持农村的长效机制，逐步改变城乡二元经济结构，逐步缩小城乡发展差距，实现农村经济社会全面发展，实行以城带乡、以工促农、城乡互动、协调发展，实现农业和农村经济的可持续发展。

二 城乡统筹的主要内容

1. 统筹城乡规划建设

改变目前城乡规划分割、建设分治的状况，把城乡经济社会发展统一纳入政府宏观规划，协调城乡发展，促进城乡联动，实现共同繁荣。根据经济社会发展趋势，统一编制城乡规划，促进城镇有序发展，农民梯度转移。主要包括：统筹城乡产业发展规划，科学确定产业发展布局；统筹城乡用地规划，合理布局建设、住宅、农业与生态用地；统筹城乡基础设施建设规划，构建完善的基础设施网络体系。尤其在农村地区缺乏基础设施建设资金的情况下，政府要调动和引导各方面的力量着力加强对农村道路、交通运输、电力、电信、商业网点设施等基础设施的投入，使乡村联系城市的硬件设施得到尽快改善。优先发展社会共享型基础设施，扩大基础设施的服务范围、服务领域和受益对象，让农民也能分享城市基础设施。

2. 统筹城乡产业发展

以工业化支撑城市化，以城市化提升工业化，加快工业化和城市化进程，促进农村劳动力向第二、第三产业转移，农村人口向城镇集聚。建立以城带乡、以工促农的发展机制，加快现代农业和现代农村建设，促进农村工业向城镇工业园区集中，促进农村人口向城镇集中，促进土地向规模农户集中，促进城市基础设施向农村延伸，促进城市社会服务事业向农村覆盖，促进城市文明向农村辐射，提升农村经济社会发展的水平。

3. 统筹城乡管理制度

突破城乡二元经济社会结构，纠正体制上和政策上的城市偏向，消除计划经济体制的残留影响，保护农民利益，建立城乡一体的劳动力就业制度、户籍管理制度、教育制度、土地征用制度、社会保障制度等，给农村居民平等的发展机会、完整的财产权利和自由的发展空间，遵循市场经济规律和社会发展规律，促进城乡要素自由流动和资源优化配置。

4. 统筹城乡收入分配

根据经济社会发展阶段的变化，调整国民收入分配结构，改变国民收入分配中的城市偏向，进一步完善农村税费改革，降低农业税负，加大对"三农"的财政支持力度，加快农村公益事业建设，建立城乡一体的财政支出体制，将农村交通、环保、生态等公益性基础设施建设都列入政府财政支出范围。

表 6 - 1　　　　　　　　中央关于统筹城乡发展出台的有关文件

2002 年 11 月党的十六大报告	全面繁荣农村经济，加快城镇化进程。统筹城乡经济社会发展，建设现代农业，发展农村经济，增加农民收入，是全面建设小康社会的重大任务。
2003 年 10 月党的十六届三中全会公报	要按照统筹城乡发展、统筹区域发展、统筹经济社会发展、统筹人与自然和谐发展、统筹国内发展和对外开放的要求，更大程度地发挥市场在资源配置中的基础性作用，为全面建设小康社会提供强有力的体制保障。
2004 年中央一号文件《关于促进农民增加收入若干政策的意见》	按照统筹城乡经济社会发展的要求，坚持"多予、少取、放活"的方针，调整农业结构，扩大农民就业，加快科技进步，深化农村改革，增加农业投入。

续表

2005 年中央一号文件《关于进一步加强农村工作提高农业综合生产能力若干政策的意见》	坚持统筹城乡发展的方略，坚持"多予、少取、放活"的方针，稳定、完善和强化各项支农政策。
2006 年中央一号文件《关于推进社会主义新农村建设的若干意见》	统筹城乡经济社会发展，实行工业反哺农业、城市支持农村和"多予、少取、放活"的方针，按照"生产发展、生活宽裕、乡风文明、村容整洁、管理民主"的要求，协调推进农村经济建设、政治建设、文化建设、社会建设和党的建设。
2007 年中央一号文件《关于积极发展现代农业扎实推进社会主义新农村建设的若干意见》	统筹城乡经济社会发展，实行工业反哺农业、城市支持农村和"多予、少取、放活"的方针，巩固、完善、加强支农惠农政策，切实加大农业投入，积极推进现代农业建设，强化农村公共服务，深化农村综合改革，促进粮食稳定发展、农民持续增收、农村更加和谐，确保新农村建设取得新的进展。
2007 年 10 月党的十七大报告	统筹城乡发展，推进社会主义新农村建设。
2008 年中央一号文件《关于切实加强农业基础建设进一步促进农业发展农民增收的若干意见》	坚持把解决好"三农"问题作为全党工作的重中之重，不断强化对农业和农村工作的领导；坚持统筹城乡发展，不断加大工业反哺农业、城市支持农村的力度。
2008 年 10 月党的十七届三中全会公报	坚持改革开放，必须把握农村改革这个重点，在统筹城乡改革上取得重大突破，给农村发展注入新的动力，为整个经济社会发展增添新的活力。

第二节　我国城市化进程中的征地拆迁模式

改革开放以来，随着我国城市化进程的加快，尤其是 20 世纪 90 年代以来的开发区建设，使城市周边大量的农村土地被征用，为了更好地安置失地农民，全国各地都在不断探索更好的安置模式，取得了一些好的经验。总结各地政府的安置模式，主要有货币安置、留地安置、就业安置、社保安置、住房安置五种安置模式，大部分地方采取的是复合安置模式。

一 货币安置

货币安置是指将安置补助费以及征地补偿费一次性发放给被征地农民的安置模式。这种安置模式是被国家法律明确认可的安置补偿方式，也是大部分农民都比较乐于接受的安置模式。一般地方政府和用地单位都倾向于采用这种"一脚踢"式的安置模式，以求一劳永逸地解决失地农民问题。从改革初期到现在，这种安置模式在全国各地普遍被采用，尤其是征地中以货币安置的比例高达90%。

货币安置可以使农民一下子获得大量的现金补偿，解决了农民一时的困难，也保证了征地工作在短时期内的顺利进行，但却将内外风险集中转嫁于被征地农民。在一些集体经济较发达的地区，安置费往往并不分配到个人，而是用于发展集体经济，被征地农民依赖集体分红获得持续收益。但同时，又使被征地农民的合理收益不得不面临集体投资失利与村干部不够廉洁的双重外在风险。即使被征地农民能及时足额拿到安置费，也由于农民自身消费上的短视行为和投资上的急功近利，难以使征地补偿款保值增值。这种安置模式使拆迁双方获得了短时的便利，但却埋下了长期隐患。由于征地的唯一合法主体是政府，当失地农民资金花完的时候，往往还是去相关政府部门要求解决生活困难，由此引发的"上访"等后续问题，往往令相关部门非常棘手。

二 留地安置

留地安置是货币安置基础上实行的又一种安置模式。在征地的同时，按一定比例给被征地村集体留下一定数量的开发用地，使农民在失去土地后并不完全失去保障。留地安置既能使失地农民享受货币安置，在失去土地后有一笔可以用于自主创业的资金，又能有效克服单一货币安置的缺陷。

留地安置可以为农民集体提供永续的收益流，解除农民对自己未来的焦虑，而留用土地资产的可继承性，又可消除农民对自己未来子女的生活的担忧，因此在实践中受到了农民的普遍欢迎。预留的集体土地可以用于建房出租或商业经营，收益较为可观，能够保证农民分享土地增值收益，使农民生活得到较好的保障，甚至能使失地农民的生活因"失地"而得到改善。但正因为此，使这样的失地农民仅依赖留地收益的分红就能衣食无忧，甚至积累了较多的财富。在留地所产生的较高的土地收益分配与较低的做工收入之间的矛盾，工业化、城市化发展所需劳动力与被征地劳动力素质错位以及外来人口冲击等因素的共同作用下，一大批适龄劳动人口自愿选择不就业，甚至成为潜在的社会不稳定因素。如白云区石井镇某村，该村青年就业率不足30%，在番禺沙湾镇某行政村，40%以上的适龄劳动人口具有吸毒等违法犯罪行为。

三　就业安置

就业安置也是一种复合安置的方式。是在货币安置的基础上，再对失地农民进行技能培训来提升其人力资本，从而达到有效就业的目的，即就业安置＝货币安置＋就业培训＋就业推荐。虽然理论上就业培训是一种能从根本上解决失地农民长远生存的最好办法，但由于自由散漫的特性和其人力资本的"农业专用性"，加之较短时间内所学专业的技术含量不高，因此即使学成，就业前景也并不乐观，导致失地农民往往缺乏学习实用技术的主动性。如广州有些地方，为了激发失地农民学习技术的热情，劳动人事部门不但要做大量的说服工作，并出钱（20元/天/人）、出车（必须派车到村里载失地农民到技术培训的地方）、出饭（免费安排失地农民中午就餐）。即使这样，失地农民进入当地劳动局职业培训机构学习技术的人数仍然不多。在学习了就业技能的失地农民中，相当部分是"离家远了不去，工资不高不去，工作苦、累了不去"，通过失地农民技能培训后实现就业的人实际很少。

四　社保安置

社会保险安置是通过政府资助一部分基金，将失地农民纳入最低生活保障体系，为失地农民购买养老保险、医疗保险以及其他形式的保险以便将其纳入社会保险的范畴。实质上，社会保险安置＝货币安置＋少量政府资金。目前很多城市在失地农民养老保险、医疗保险等方面做了大量工作。将农民纳入了新农合医疗保障体系，将农转非人员纳入了城镇社会保障体系。在有些富裕的村，在合作医疗补助的基础上，村再进一步补贴，失地农民基本不用为生病而花钱。目前，成都、重庆作为我国统筹城乡一体化发展的综合改革试验区，已经在社会保障、就业安置、土地流转等方面进行了大胆的尝试。但社保安置同样存在问题，社保一般只是最低生活保障，这种安置模式不符合可持续发展的要求。

五　住房安置

目前，对失地农民的住房安置一般采取统建分购、自建和货币安置住房三种形式。目前城市边缘区域一般采取货币安置、产权安置、货币＋产权安置三种形式。2007年西安市城中村改造政策，住房安置标准是按每人 65 平方米建筑面积安置，并给每人 20 平方米的底商面积。曲江新区则是按照每人 105 平方米进行安置。由于住宅形态与社会形态有着密切的关系，住宅小区的位置、结构、单元面积等对失地农民社会资本的经营具有直接影响，因此，如何规划好安置小区的住宅及商业门面的开发，直接关系着未来失地农民可持续发展问题。

第三节　城市化背景下遗址区征地拆迁存在的主要问题

改革开放以来，我国进入了快速工业化与城市化发展阶段。伴随着城市化与工业化的快速推进，地处城市边缘的区域快速进入城市建成区范围。在国家《文物保护法》的控制下，城市周边的遗址区域大多成为城中村，遗址区域外的周边土地成为城市用地或工业用地。由于我国土地的二元属性，遗址区域在征地拆迁过程中往往面临着以下问题：

一　补偿标准偏低

土地是农民赖以生存的物质基础和经济来源，是农民的命根子。对于地处城市边缘区域的农民来说，除了土地，房屋出租也是其生存的重要经济来源。因此，征地拆迁过程中补偿标准的高低直接关系着失地农民今后的可持续发展。但按照现行的《土地管理法》规定的补偿标准进行补偿，即使按照最高的 30 倍进行补偿，也只是几万元，根本就没有考虑土地潜在收益的损失、未来土地增值的损失以及农民因失去土地的其他各项间接损失（就业、住宅、最低生活及养老保障等的丧失）。加上失地农民缺乏资本经营能力，即使拿着土地补偿资金也无法实现投资增值，多数是存银行，甚至盲目投资。"土地换保障"的思路，将征地补偿款转化为失地农民的养老保险，实施社会保障安置，这种补偿方式虽有一定的可行性，但也只是享受城镇的最低生活保障，他们无法获得土地增值部分的收益，无法真正分享城市化发展所带来的好处，也无法随着社会发展而获得更好的生活。这种以社会保险和养老保险进行就业安置的补偿方法，也无法保证失地农民长期可持续发展。

此外，土地补偿款是失地农民创业的重要资金来源，按时足额发放征地补偿款直接关系着失地农民的生产转型。但从现实情况看，村级组织在征地补偿费分配的过程中问题较多，加上监督职能缺位，征地补偿费常常存在无法足额到位、"暗箱操作"、腐败贪污等现象，这也是造成失地农民出现不断上访的重要原因。如何按照市场化要求，完善现有土地补偿政策，是从根本上解决失地农民可持续发展问题的关键。

二 就业渠道较窄

实现充分就业是处于劳动年龄阶段失地农民实现可持续发展的根本。但由于目前我国进入了城市化快速发展期，失地农民数量急剧增长，与劳动力市场严重供大于求形成了"共振"，使本来就已经紧张的就业市场竞争更加激烈。失地农民从"务农"变为"务工经商"，离开自己熟悉和擅长的职业，进入一个陌生的就业环境，本身就处于竞争的劣势地位。再加上大多数失地农民，自身文化程度低，年龄偏大，就业竞争能力较弱，失地又失业使许多失地农民失去了可持续发展的能力。而城市边缘区域的农民，由于长期享受"出租屋"经济的便利，在就业观念上，拒绝脏活累活，工作挑三拣四，也使就业空间进一步压缩。

目前我国的安置政策中，大多数地方采用的是货币安置方案，有些是通过社保的形式来安置失地农民，但总体来看，从根本上关注失地农民就业问题的安置方案较少。这种安置模式既不利于失地农民的可持续发展，也不利于社会的和谐稳定。在目前就业竞争激烈，就业空间狭小的情况下，怎样从制度和具体措施上解决失地农民的可持续就业问题，是构建失地农民可持续发展模式的重要内容。

三 社会保障较少

对于农民来说，土地兼具生产资料和社会保障的双重功能，失去了土地不仅仅意味着失去了主要的经济来源，更重要的是失去了最基本的长期生活保障。目前，我国在失地农民养老、医疗等社会保障待遇方面，主要是将集体土地征用补偿款用于解决农民的社会养老保险，不足部分由农民自己缴纳或由征地单位代缴。但事实上，大部分失地农民拿到补偿资金后，上了年纪的人认为可以依赖儿女赡养，即使有闲置的资金，也不愿意参保；中年人需要供养老人和儿女上学，资金压力较大，一般也不会把钱花在买保险上；年轻人则把精力更多地放在了眼前的就业创业上，他们会把闲置的资金用来投资，以产生更大的经济效应。这样就使失地农民可持续发展的社会保障体系难以构建起来。大量的失地农民游离在社会保障网络之外，处于无保障或低保障状态，无法取得与城市居民一样的社会保障待遇；即使被纳入的，也存在内容单一、保障水平较低的问题。加上农民商业保险意识淡漠，参加商业养老医疗保险的人很少。

据有关统计，土地被征用后，失地农民的收入水平呈总体下降趋势。除原来少数以第二、第三产业为主的农户收入变化不明显外，其他以农业为主的农户，因劳动力就业转移和家庭产业转移没有得到尽快解决，收入明显下降。而生活消费支出却有所增长。原因是失地后农民消费中商品性消费比重增大。有的失地农民对今后的生活缺乏长远打算，表现出没有办法改变现状和只能听天由命等低落情绪。由于最低生活保障制度未建立，失地农民大都没有参加社会养老保险和医疗保险，有限的补偿费面临着"坐吃山空"的危险，个别家庭甚至沦落到了生活无着落的境地，成为没有土地、没有资金、没有生活保障的"流民"，成为社会和谐稳定的隐患。

四 培训服务缺失

土地为农民提供了最基本的就业岗位。土地被征用后，农民被迫实行产业转移。城市边缘区失地农民征地拆迁后，向非农产业就业转移过程中，除少数人能利用城区发展带来的商机经商办企业外，大多数失地农民由于文化素质和劳动技能普遍很低，在土地以外的其他工作岗位竞争中处于劣势，难以找到新的就业机会，常常出现角色中断现象。即使一些勤快的人可以到建筑工地打短工，从事一些简单的看管、搬运等临时性工作，但随着年龄的增长，必将面临二次失业问题。尤其是随着我国产业结构的优化升级，劳动力市场逐步由单纯的体力型向专业型、技能型转变，素质低的失地农民将根本无法适应就业市场需要。

目前，我国大部分失地农民在就业观念上存在着"高不成低不就"思想，宁愿在家游手好闲，也不愿从事苦、脏、累的工作。他们的就业能力与就业行为，直接影响着其子女的教育投资与心理健康的培育，而对子女教育投资的减少与不良行为的影响，反过来又会影响其今后的家庭养老能力与孩子的就业能力。大量失地农民尤其是青壮年劳动力赋闲在家，不但是我国劳动力资源的一种浪费，而且容易诱发社会问题。重视和加强失地农民的就业培训服务体系建设，从政策上引导失地农民创业与就业，培育和提升失地农民长期可持续发展能力，已经成为我国城市化进程中迫切需要研究和解决的重要问题。

五 文化融入较难

我国长期形成的城乡二元经济社会结构模式，使农民和市民具有完全不同的文化特质，不同的风俗习惯、生活方式、交往方式和价值观，两者之间形成了天然的隔离，阻碍了农民文化的变迁和市民文化的传播。传统农耕模式使农民形成了自由散漫的生活方式、时间观念、消费观念，文化适应滞后，行为方式与现代城市文明要求形成巨大反差，再加上失地农民自我提升和学习的主动意识不强以及竞争意识的缺乏，使其很难自觉把握可持续发展的机会和途径，缺乏维持可持续发展的动机。失地农民虽然具有市民身份，但是价值观和习惯还基本上是乡村文化的特征，他们没有城市的归属感，是心理农民化的市民。文化变迁滞后所导致的文化失调使他们难以真正融入城市社会，常常游离于城市社会之外，从而形成一个相对封闭的社会隔离带。因此，失地农民在实现从"农民文化"到"市民文化"的转变过程中，面临的不仅仅是户籍、社会保障、失地补偿等问题，文化变迁滞后所导致的文化失调是他们难以真正融入城市社会的关键。其主要原因在于三方面：一是农转居社区没有真正从农村社区管理过渡到城市社区管理。二是农村熟人社会的人际网络，阻碍着失地农民对城市社会文化的认同。失地农民的社会关系网基本上是由家庭成员、近亲属或邻里乡亲构成，并无城市居民那样实质意义的同事关系，即使是征地后被安排进企业的那部分人，也很难与其他工人建立起具有城市特质的同事关系。由于失地农民的熟人社会关系网络使得他们的交往表现出内倾性，缺乏与城市居民的沟通和互动，对城市社会文化难以产生认同。三是集中安置方式强化了失地农民对传统社会的记忆，阻碍了其对城市社会的认同。其社会活动被局限在熟悉的乡土生活经验里，在一定程度上对现代知识的学习与经验积累产生障碍，对城市现代文化难以产生认同。

六　维权上访增多

长期以来，我国农村土地是集体所有，农民个人缺乏对土地的所有权、使用权、收益权和处置权。农民在征地补偿标准与安置方案制定过程中，并没有参与决策与讨价还价的机会与权利，失地农民的利益诉求由于不能得到充分反映，使多数失地农民对所应享有的权益不清楚，对补偿不满意或进行维权时，由于缺乏申诉的渠道与平台，往往采取简单、偏激甚至暴力手段，使近年来由于征地拆迁引发的群体性上访、阻断交通、自焚、自残现象越来越多，由此造成的干群关系紧张与不信任危机日益蔓延，诱发的社会矛盾日益突出，已经成为影响我国城市化发展与和谐社会建设的一个阴影。

因此，如何通过制度安排和政策措施，从根本上解决城市边缘区城市化过程中，遗址区域居民的城市融入、社区化发展，解决其"土地换身份"、"土地换职业"、"土地换保障"等问题，减少转变过程中出现的摩擦与社会震荡，关键还需要从根本上实现城乡统筹发展。

第四节　遗址区实现城乡统筹发展的主要内容

借鉴国际经验，结合中国国情，中国征地拆迁安置模式目标不应简单地定位于支付赔偿或置换原有资产，解决遗址区失地农民当前收益和生存问题，而应定位于使该区域失地农民重新就业并提高他们的生活水平，即把"可持续发展"目标作为遗址区城乡统筹发展的基本原则。

一　可持续发展

如前文所述，从对"可持续发展"不同的定义中，能够看得出可持续发展主要有三个方面的内涵：一是强调公平，即当代人的公平生存和公平发展，和代际间的公平，也就是当代人不能因为自己的发展需要而对后代人的生存发展有损害；二是强调可持续发展，即对资源和环境的保护，不能过度耗费资源和损害环境，要保持经济社会与资源、环境协调发展；三是强调共同发展，即可持续发展是所有地球人应该共同选择并执行的。发展是可持续发展的前提，人是可持续发展的中心体，可持续长久发展是根本。

二　遗址区城乡统筹发展的主要内容

（一）遗址区失地农民可持续发展能力构建

20世纪90年代中后期，一些双边或多边的国际援助组织，如世界银行（World Bank）、英国国际发展署（DFID）和发展研究机构，在总结扶贫理论和实践的基础上，提出了以赋权、能力为主要内容的生计概念，逐步形成了发展干预的重要工作方法，也为研究者提供观察和研究农村扶贫、环境保护等农村发展问题的新视角。可持续生计分析方法是理解多种原因引起的贫困并给予多种解决方案的集成分析框架，源于强调地方参与和理解所有形式的贫困发展哲学观点，是设计以人为中心的缓解贫困方案的建设性工具。认为农户生计决策不是自由的，而是受着经济（资产、技术、收入等）、社会和资产的约束，分析、了解资产状况和构成，有利于从微观层面上理解农户的生计行为及其后果。

现阶段国际上运用较多的可持续分析框架包括联合国开发计划署（UNDP）的可持续生计分析框架、关怀国际（CARE）的可持续生计分析框架和DFID的可持续生计分析框架。其中，建立于2000年的SL框架—DFID模型被我国学者用于分析城中村失地农民的可持续生计问题[①]特别是贫困问题有关的复杂因素进行整理、分析的一种方法，而且被实践证明是研究和改善农户生计一个理论联系实践的可行方法。

DFID模型对失地农民脆弱性背景、生计产出的理解以及解决失地农民的可持续生计问题有着很大的启发意义，"五大资本"与政策、机构和过程的互动的关系模型方面也有一定的新意。但要从"可持续生计"的视角解决我国失地农民问题，最重要的是借鉴其"资产为本"的视角和理念，从系统的观点出发，根据我国失地农民的实际情况对DFID模型进行了进一步的修改，从经济、社会、文化环境三个方面，提出失地农民的可持续发展框架（见图6-1）。

（二）实现遗址区统筹发展的主要内容

遗址区失地农民可持续发展是指农民在失去土地后，其所拥有的经济、社会、环境、文化资源在满足当代人发展需要的同时，并能保障其子孙后代永续发展和安居乐业的能力。

经济发展：稳定的收入来源，拥有人力资本开发能力、社会资本利用能力、金融资本积累能力。这是失地农民保持可持续发展的基础与核心。

社会保障：拥有养老、医疗、教育等社会保障，良好的就业培训服务，和谐的人际关系与邻里关系，适应农村"熟人社会"到城市"陌生人社会"的转变，并能逐步修正长期形成的农业文明状态。这是失地农民实现可持续发展的保障。

文化建设：社区文化设施，组织文化活动、老年养生培训、保健知识宣传推广、文明礼貌示范等。

———————————

① 成得礼：《对中国城中村发展问题的再思考——基于失地农民可持续生计的角度》，《城市发展研究》2008年第3期。

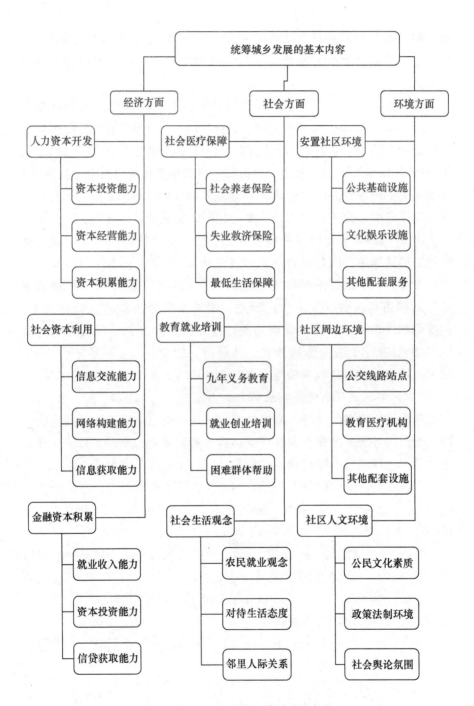

图 6-1　失地农民的可持续发展框架

环境建设：社区服务设施配套，环境整洁卫生，管理人性周到，社区安全，出行便捷，周边发展环境良好。这是失地农民获得可持续发展的潜在动力。

第五节　实现遗址区城乡统筹的路径选择

从可持续发展的四个方面来审视遗址区城乡统筹问题，首先，需要制定科学合理的补偿政策，奠定遗址区失地农民可持续发展的经济基础；其次，要积极培育失地农民的创业就业能力，增强其可持续发展核心竞争力；再次，要加快城乡统筹步伐，促进农民身份转变，构筑失地农民可持续发展的社会保障体系；最后，要加强规划设计引导和政策扶持，促进集体经济发展转型，扶持集体经济做大做强，为失地农民构筑强有力的服务保障。据此，课题组提出了遗址区农民可持续发展的最佳模式为："生存保障＋能力建设＋产业支撑＋城市融入"。

一　生存保障

生存保障属于基础性保障的范畴，主要是通过现行的货币安置、住房安置、留地安置、社保安置等灵活多元的安置方式，满足失地农民基本的生产生活需求。与此同时，站在统筹城乡发展的高度，应从多渠道拓展社会保障资金来源，建立失地农民的社会保障支持体系，提高失地农民的参保率、保障水平和覆盖率，实现农保、城保接轨，推动区域城乡一体化进入实质性发展阶段。

二　能力建设

能力建设是农民失地后从自身的角度实现可持续发展的核心。土地对于农民来说，是一种可持续生计，向新的职业转型是其在失地以后面临的最大挑战。由于受到文化素质、职业技能和年龄等因素制约，在一定时期内失地农民还难以适应劳动力市场的需求，进行有针对性的技能培训仍需加强。通过个人的自觉学习，参加技能培训，提高就业技能外，还应利用已有的公共培训平台，通过加强宣传，扩大影响力，提高参与度。可以针对不同年龄段和文化层次的群体，实行有差异性的培训内容，尤其是针对本区域就业市场需求，开展急需或长期需要岗位的技能培训。通过一系列专业技能培训与自身知识水平的提升，提高失地农民社会化就业的能力。

三　产业支撑

产业支撑是构建失地农民可持续发展模式的关键。由于土地被征用后，村庄建设便被纳入城市发展的整体规划，村民的未来也将依托区域规划进行发展。由于拆迁区域的建设需要进行大量的基础建设、交通运输、工程机械、绿化美化、餐饮服务，从前期问卷调查结果来看，与被征地前村民从事的主要职业驾驶员、保洁员、个体户、杂工、建筑工人、服务员等，具有高度的契合性与一致性。从目前村集体公司化、规模化转制的需求来考虑，这种高度的契合将会构建一种双方共赢的发展格局，使得被拆迁区域在实现其经济发展目标的同时，在履行社会责任的具体行动上也做出表率。所以，产业规划引导与村集体的公司化转型，是实现双方发展对接，促进城乡统筹的重要举措。

四　城市融入

城市融入将会使失地农民可持续发展模式在原住居民城市价值观形成的过程中得到加深、巩固和发展，同时又反向促进其又好又快地融入城市生活的方方面面。发挥大众传播媒介的教育与引导作用，通过舆论宣传、知识传播、生活娱乐等社区化的方式对其进行道德法律教育、文明行为、价值观等市民化教育，为其提供城市角色模式和"去农村化"的生活方式，引导市民客观地评价农民，从心理上接受这一群体，从而为其城市融入营造和谐的文化氛围，创造有利于其观念转变的社会环境。通过社区化与市民化建设，解决失地农民由于多种因素导致的不完全城市化的状态，实现环境改善与发展成果共享。

第六节　实现遗址区城乡统筹的长效机制

一　建立合理的土地补偿与利益分配机制

建立合理的征地补偿和利益分享机制，是构建遗址区农民可持续发展的关键内容。目前村民收入的主要来源是打工收入、房屋出租收入、土地出租收入。征地拆迁后，这三大收入来源面临着不可持续的威胁。因此，在国家和省市拆迁法规规定的范围内，尽快制定符合客观实际的征地拆迁补偿标准和安置政策，适时调整现有征地补偿安置政策中与实际不相适应的条款，逐步提高对农民的补偿标准，是消解征地拆迁矛盾，构建遗址区农民可持续发展能力的关键。通过建立经济补偿、社会保障、就业服务三位一体的安置模式，使遗址区农民实现利益分享。规划建设部门在设计建造安置小区住宅时，既要考虑确保失地农民乐有所居，也要考虑让他们能从房屋资产中形成长效受益机制。如在安置小区或集中居住区规划一定的经营性用房，以平价或股份合作方式交由集体或失地农民经营，以此获得长效收益和可持续发展保障。

二　建立就业培训与知识提升的长效服务机制

解决遗址区农民长期可持续发展除了保障他们的补偿利益外，关键还在于提高他们的创业、就业能力，给他们提供更多的发展机会。从遗址区农民现状调查看，重视和加强遗址区农民的就业技能培训，提高其自谋职业，竞争就业的自觉性和能力十分必要。当地政府应充分利用各种新闻媒体，挖掘典型，利用典型引导，广泛宣传遗址区农民自主创业、实现再就业、创业的典型，树立一批标杆，让失地农民转变观念，参与市场竞争择业，实现生活的可持续发展。按照政府促进就业、个人自主择业、市场调节就业的原则，把安置就业作为一项重要内容，通过政策鼓励与引导，优先安排遗址区农民就业岗位。制定促进失地农民就业的配套措施，比如说采取税收优惠政策、小额信贷政策、免费培训政策等，加强对遗址区农民的集中培训，提高他们的素质和就业能力，鼓励他们自主创业和就业。大力开发社区就业岗位，把解决失地农民再就业问题同新区建设的绿化、环保、卫生、交通、便民服务等事业结合起来，使之形成提供就业岗位与创造本地财富的新循环。积极组织劳务输出和劳务协作，把自主无序的外出打工变成有组织的、规范化的劳务输出，从而减轻当地就业压力。

三　构建城乡统筹发展的可持续发展社会保障体系

在城乡二元体制下，土地为农民提供了基本的生活保障、就业机会。如果征地补偿制度和安置模式不合理，就会使农民在失去土地的同时，丧失了土地所带来的社会保障权利。此外，由于相应社会保障措施不到位，失地农民没有被纳入城市的社会保障体系，在生活中面临着巨大的风险。建立和完善失地农民的社会保障体系，从养老、失业、医疗保险三方面，为失地农民解除后顾之忧，为稳定的生活提供可靠保障，是实现城乡统筹发展，保障失地农民可持续发展的关键。只有这样，失地农民才能真正融入城市中去，才能从根本上解决失地农民的可持续发展问题。

四 构建市场经济条件下的利益长效分配机制

实现农民向市民转变、农村经济向城市经济转型、农村文化向城市文化发展，除了社区化安置外，集体经济的公司化转制是实现农民整体融入城市的重要载体。目前西安的村集体经济主要经营形式有三种：商贸服务、土地出租、物业租赁。后两种形式是集体经济的主要收入来源，是典型的"寄生型、外生式"经济，这种模式无法参与市场经济的竞争。转制后的集体经济能否成功转型和升级是新村能否实现可持续发展的前提和动力。合理有效的安置模式应该是在仔细分析各村优势的基础上，提出有针对性的"一村一策"安置模式。对于土地较多的村子，村民可以通过股份的形式与土地收益联系起来，村民可将征地补偿费折合为股份，参股到村集体经济组织和用地单位中去，按照一定的股权比例进行分红，以此保证村民的长期收益，增强村集体经济实力，拓宽就业渠道，为实现村民的长远发展奠定基础，不断提高村民的生活保障水平，分享城市发展的成果。

在具体转制过程中，应按照"资产变股权、村民变股东"的思路，在"摸清家底，明晰产权，确保土地不流失"的基础上，按照"生不添，死不减；进不添，出不减；不转让，可继承"的股权原则，明确人口统计截止日期，将股权量化到人。在集体经济向公司化转型过程中，应仔细分析各村资源优势及转制基础。可以将集体经济条件好，有明确的带头人和团结务实的领导班子的村集体或企业率先转制，对其提供先期的产业引导、一定的资金配比支持，以及创造优惠的税收、贷款等积极的政策环境。对于集体经济相对较弱的村组，也可以考虑采取委托—代理的形式，委托前期在村级体转制过程中具有丰富经验、具备一定实力、有责任感的公司或个人协同发展。通过合理的产业规划引导与政策扶持，鼓励集体经济向公司化转制，促进集体经济发展壮大，创造更多的就业岗位与创业机会，带动集体经济成员无论是在社区生活，还是融入城市生活，都能享受土地和集体财产带来的增值权益，构建农民市民化的"离土"机制，实现失地农民的可持续发展。

五 构建农村居民城市融入的文化发展机制

农民转化为市民，不仅是生产方式发生了变化，更重要的是文化形态等各方面都要发生全方位的变迁。这是一个系统工程，需要一个较长的过程。同时，失地农民随着物质形态、社会经济结构的转变，常常会出现悲观和迷茫情绪。因此，重视和引导失地农民积极融入城市文化，加强对失地农民的心理疏导和政策宣传，逐步提高其文化素质，改变其落后的小农经济意识，使其在职业、文化、道德品质、价值观念和生产生活方式等方面向真正的城市人转变，必须进行长期的文化知识、素质方面的教育。逐步引导他们从农民到市民、从村落化治理逐步向社区化治理转化，提高其文明程度。要特别关注失地农民由农村就业转为城市就业的心理要求，帮助村民摆脱对土地和出租屋的依赖，转变就业观念，倡导积极和谐的邻里关系和社区文化，使其潜移默化地融入城市生活中去。为他们提供丰富多彩的文化生活和娱乐设施，疏解城市生活快节奏所造成的不适与压力。

第七章 国家大遗址片区——西安都市圈发展中的遗址保护实践

近年来，西安都市圈经历了经济、城市人口和城市空间的快速发展期，与此同时，大遗址保护工作也取得了较大的进展，成为全国争相模仿的对象。在都市圈发展和大遗址保护同时并行的过程中，城市发展与大遗址保护的矛盾时有发生，西安在解决二者矛盾过程中总结出一套独有的经验。但是与此同时，随着都市圈空间的不断拓展，新的大遗址不断被纳入都市圈发展范围之内，大遗址保护工作仍将面临更严峻的挑战，西安在此领域将会有更远的路要去探索。

第一节 西安城市空间结构的演变

西安经历了三千年的城市兴衰，是世界上著名的历史古城，周、秦、汉、唐以及明、清以来的城市空间布局别具韵味，1949 年以来随着经济的快速发展，城市空间结构也呈现出不同的发展阶段。

城市的形成与发展是在一定条件下，自然、人文、环境共同作用的结果，不同的城市具有不同的布局结构形态。西安不同于中国任何一个城市。作为世界四大古都之一，西安有着三千年的建城史，一千年的建都史，其规划思想融合儒家、道家、法家等经典思想于一身，其城市空间布局形态深受中国传统文化的影响。其城市规划理念与布局形态的范式，在世界城市建设史上留下了浓重的华彩，产生了深远的影响。

西安地处关中平原，南依秦岭，北靠渭水，八百里秦川地势平坦，土地肥沃，气候温暖湿润，旱涝灾害少，是一个非常适宜农业生产的风水宝地。正是这些环境条件，为古代西安城市的发展奠定了基础，并一直成为 13 个朝代的都城选址。

一　西周时期：空间布局方整轮廓

1. 依河选址，跨河布局

公元前 11 世纪，西周时期，在我国历史上还处于奴隶社会时期。周文王姬昌在西安地区的沣河西岸建立了国都"丰京"，后来周武王姬发灭商后，周朝开始东扩，后在沣河东岸建起了"镐京"，两座京城隔河相望，通过一桥相连成为一个整体，成为我国最早的一座双子城，沣河成为市内河。在西周 300 多年的历史中，文王邑丰，武王宅镐，丰镐始终是周人的活动中心，也是中国历史上在西安地区第一次出现的全国性都城。

2. 城廓方正，分区明确

《周礼·考工记》记载，周代都城"匠人营国，方九里，旁三门。国中九经九纬，经途九轨。左祖右社，面朝后市，市朝一夫"。说明"丰、镐"京城的空间布局结构为方整轮廓，"井"字形路网骨架。考古勘察结果显示：镐京横九条街道，内城呈正方形，宫殿在内城中心，王室官署机构设在内城，手工业作坊区、平民区等设在外城，外城为正方形。城市空间结构形态表现为比较稳定的大小城郭制，城郭职能分区十分明确（和红星，2010）。

二　秦朝都城：跨河布局结构松散

秦都咸阳城经历了 8 君 143 年，上承西周丰镐，下启西汉长安，是西安都城发展链条中重要的一环，在我国古代都城发展史上占有特殊的位置。秦都咸阳城从秦始皇灭六国后开始兴建，最初在渭水北岸兴建了六国宫，后来逐渐在渭河南岸又相继修建了诸庙、章台、兴乐宫以及上林苑等，使渭河从城市横穿，城市空间布局比较松散，以秦都咸阳古城为核心，加上周围数百里之内的离宫别馆，从而形成了"渭水贯都，以象天汉，横桥南渡，以法牵牛"的城市空间格局。其城市布局特点主要表现在：

1. 选址追求形胜

西周时期，关中还处于部落联盟阶段，并开始向农业经济过渡转型的时期。秦人从今甘肃南部天水一带进入今陕西境内，经过先后六次迁都，最后定都咸阳，选择了山川形势都十分优越的咸阳地区作为建立都城之地。后来的商鞅把"秦据河山之固，东向以制诸侯"的山川形势看作秦成就"帝王之业"的战略条件。荀况则明确提出了秦都咸阳选址的"形胜"概念。他在分析秦国咸阳都城时说，"其固塞险，形势便，山林川谷美，天材之利多，是形胜也"。自从先秦的"形胜"思想形成后，对中国后世影响巨大。以至于西汉时期建都长安，也是因为"秦，形胜之国，地势便利，其以下兵于诸侯，譬犹居高屋之上建瓴水也"。

2. 布局象天法地

古代人类把天作为自然万物的主宰。"象天"、"法地"的基本思路就是将天地之法则应用于城市建制中，从而体现出原始社会时期的"天人合一"的自然哲学理念。秦都咸阳城的规划建设就是完全按照"象天法地"的思想进行的空间构思，它将渭河比作天上的银河，咸阳宫则象征天极，以此为中心，规划布局上使各宫殿环列周围，从而形成了"拱卫之势"，构成"为政以德，譬如北辰，居其所而众星共之"的空间格局（朱士光、肖爱玲，2005）。

三 汉长安城：呈现"斗城"形态

1. 辨方正位，相地立基

汉刘邦灭秦以后，在渭河以南建都"长安"，与咸阳隔河相望。汉长安城的建设是在恢复经济、加强巩固中央集权制和防御匈奴奴隶主的侵袭要求下，逐步建立起来的，城市的空间结构经历了由简单到复杂演替的过程。建国之初，利用秦代长安宫的离宫扩建为长乐宫，后在其旁建造未央宫和北宫，以此作为城市空间结构的基础，逐渐演化为各功能空间明确、结构较为复杂的城市结构。城市由政治活动中心和经济活动中心两大综合区组成。这两大综合区又细分为不同的功能分区。城内的宫廷区由未央、长乐、明光、桂宫、北宫这五座宫殿组成。据《三辅黄图》记载，"未央宫前殿东西五十丈，深十五丈，高三尺三丈"。汉长安城地势南高北低，从布局看，主体宫未央宫地处龙首塬高地，地势高亢，可俯瞰全城，成为群宫之首。五宫沿城市空间的主轴线呈轴向对列，形成规模庞大的宫廷区，约占全城总用地的2/3，其中，仅长乐、未央二宫就约占1/2。这种布局彰显了皇权的威严，体现了"以高为贵"的礼制观念。

2. 取法于天，形之于地

关于西汉长安城形制的描述，《三辅黄图》记述，"城南为南斗形，北为北斗形，至今人呼京城为斗城也"。这种在城市布局中，模仿南斗、北斗的布局手法，是"天人合一"观念的一种建城形式，其目的就是期望能获得上天的庇护，以便长治久安。汉长安城的布局与周秦两代京城不同，它不再是将都城先后建设在两个地点，而是集中于一地，在选址上，也尽量利用秦咸阳都城的原有设施。主要宫殿分三大区：城内"未央宫区、长乐宫区"；城西墙外有建章宫区。长安城中有八街九陌，每面有三个城门。从发展方向上看，虽然当时的未央宫东南方地势开阔，也利于发展，但西汉长安城却选择了向北发展，其目的还是为更好地利用秦时期的原有设施，减少城市建设的经济压力。由此可见，西汉长安城的建设受中庸思想的影响还是比较大的。由于汉长安城的平面形状为不规则正方形，缺失西北角，因而被称为"斗城"。从以上分析可以看出，西汉长安城从其选址到营建不但与天际星象相辉映，更是与山水环境形成了高度的和谐统一，并且充分利用原有设施，减少了新的投入和浪费。可以说，西汉长安城无论是其城市环境，还是文化内涵，在当时都达到了较高的思想境界。

四　唐长安城：方整轴线对称形态

1. 选址追求形胜

汉朝以后，在前赵、后秦、西魏、北周四个朝代，均以汉长安城为首都。但由于国力较弱，且处于战乱时期，无暇顾及都城建设。同时，由于汉长安城邻近渭水，800年间河道的游荡变化，"水皆咸卤，不甚宜人"，城内潮湿，已非理想的居住之地。至隋唐时期，宇文恺则将隋长安城选址于汉长安城东南"山川秀美、卉物滋阜、卜食相土"的龙首塬高地，足以"定鼎之基永固，无穷之业在斯"。隋唐长安城仍处在关中平原之中，位置同时考虑了当时的政治、军事、经济等情况及周边环境和小气候等因素，地理位置更加优越。

2. 布局规整，严谨有序

隋长安城即大兴城的城市形态，以《周礼·考工记》中的法则为依据，并且在创立皇城制度方面有了新的发展。唐长安城是在隋大兴城的基础上建立起来的，唐长安城扩展了大兴城的规模。隋唐长安城规模宏大，占地80多平方公里。平面布置方案规划，由外廓城、皇城、宫城三部分组成。宫城居中偏北，宫殿坐北朝南，位于龙首塬北部地势最高处；皇城紧邻宫城，布置于宫城南侧，皇城左右有祖庙和社稷坛、文武官署，城的东、南、西各开三门。外廓城的坊内居住着官吏与百姓，官吏多居住于距离宫城较近的位置，百姓则居住于远离宫城的位置，这种布局的目的就是使"宫殿不与居民相参"。城市布局体现了《周礼·考工记》中所记载的城市形制规则，这种三套城的布局，将儒家的礼教尊卑予以充分体现，突出了帝王的尊贵地位。

隋唐长安城，采用中轴线对称的布局，严整的棋盘式道路网格局，坊里结构，城内的道路系统为严整的方形格网。共有东西向道路11条，南北向道路14条，道路之间成直角相交，横竖分明，使整个隋唐长安城的布局更加规整。这些棋盘式的路网格局将城市划分为108个里坊，皇城以南36个里坊的面积则较小，只开东西两门，其余面积较大，内设"十"字形道路，四面各开一门，与道路相通。在隋唐长安城南侧，左右分别布置了东、西两市，所占面积为两个里坊，内为"井"字形道路。

唐长安城布局规整，严谨有序，是当时世界上最大的都城。唐长安城的结构形态，是中国古代规模最大的方整形城市，也是中国古代城市营造水平的最高水准。其城市南北中轴线为朱雀大街，正位于城市正中，由外廓城的明德门向北延伸与皇城正门——朱雀门相连，由朱雀门向北继续延伸与宫城的承天门相接，全城以此为中心呈左右对称布置。为了使宫城的地位更加突出，将宫城中承天门、太极殿、两仪殿、甘露殿、延嘉殿和玄武门等一组高大雄伟的建筑物沿中轴线向北依次布置，用建筑物的宏伟气势来突出皇权的威严，将古代天子的"中心论"发挥得淋漓尽致。

从总体环境来看，唐长安城建设善于运用地形，如在布局中根据"乾卦六爻"与龙首塬分为六条岗地的特点相结合，安排了功能不同的建筑。大明宫建于北部的龙首塬上，与南部的大雁塔、终南山遥相呼应，蔚为壮观。在四周八水环绕和南部终南山绵延起伏的自然轮廓映衬下，不但使唐长安城显得气势宏伟，更取得了与大自然山水和谐的美感。

五　明清时期：布局保持方整形态

盛极一时的唐朝灭亡之后，作为政治统治中心的都城便随着经济中心的转移而南迁，长安城也结束了长期作为都城的历史。宋、元、明、清时期，仅作为区域性的地方城市或首府继续发展。由于唐末长安城遭到毁灭性的破坏，规模逐渐萎缩。当时留守长安的韩建弃宫城和外廓城，将皇城改建为新城，奠定了五代、北宋、金、元时期城市格局。元代长安城又称"奉元城"，明朝时，改奉元府为西安府。明清时期，西安作为西北战略要塞，是用以控制西北、加强中央集权的政治重镇。军事上，西安作为联系西北、西南和东部的重要交通枢纽，具有遏制甘凉、稳定川鄂和联通豫晋的重要军事战略地位。经济上，是沟通西北地区所产皮毛、药材和东南地区所产布匹、茶叶、盐等经济贸易的重要集散地。西安承担着重要的经济组织、管理和领导职能，是当时各方军事力量争夺的焦点。

明初，在朱元璋"高筑墙"政策引导下，西安开始扩建城垣，以东西大街为界，西安城分为南北两半，城的北半部面积为南半部面积的两倍。城市总体上形成城墙与城壕两道防御体系。道路以东西向与南北向两条大街垂直相交构成西安城市发展的道路骨架。将钟楼成为道路的对景和中心区的标志性建筑。城市功能主要是作为区域的政治中心和军事重镇。现代西安的城市发展就是在原明代西安城址基础上形成的。

清代的西安城市空间结构与明代相比发生了重大变化。表现在城市的东北部是"满城"所在地，占全城 1/3 的面积，是一个封闭的军事区；城市的东南隅则为"南城"，主要是汉军的驻防地。总体上看，城市的东半部基本上成了单纯的军事防御区。城市西半部则主要集中了西安城的大部分居民和经济重心。全城一半以上的面积是被兵营、官衙所占。城市商业开发主要是向南发展，以南大街为中心，集中在南院门五味十字与南街之间，如竹笆市、南大街、牛市巷、东西木头市等。

总体上看，明清时期，西安城市空间布局基本上是在唐长安皇城的基础上建造的，其城市空间结构形态依然保持了"方整城池，皇城居中，棋盘路网，轴线对称"的布局特点。

六　民国时期：依然保持方整形态

从 1911 年到 1949 年，西安先后经历了辛亥革命、国民革命战争、军阀混战等社会转型期，受当时战争的影响和社会动荡的制约，尤其是在抗日战争时期，西安先后遭受日军多次的空袭，城市建设受到较大影响。

民国初期，西安是西北地区的重要军事基地和政治经济中心，从而形成了一整套比较全面的城市空间结构体系。其中，1932—1945 年，西安被确定为陪都之后，城市建设的范围有了进一步扩大，确定为"东至灞桥，南至终南山，西至沣水，北至渭水"，但城市空间布局形态还是沿袭着明清时期的方整格局。城市空间结构呈现低密度、低高度水平扩展态势，处于分散型布局，并没有形成统一的布局结构形式（西安市城建系统地方志编辑委员会，2000）。

综上所述，西安城市空间演变特点是：从西周的丰京、镐京"依河选址、跨河布局"；秦咸阳"选址追求形胜，渭水贯都，布局象天法地"；到汉长安城"相地立基，取法于天，形之于地"，追求"与天际星象相辉映，与自然环境相和谐"的城市布局理念的形成；到隋唐长安城"雄踞六坡，布局规整，严谨有序"，"与大自然山水格局相和谐"的布局思想；可以看出，古代西安在城市空间布局方面始终贯穿着"依河选址，追求形胜；山水相连，龙脉贯通；棋盘路网，中心高爽；象天法地，因地制宜；城城相属，各具风格"的布局理念。可以说，"山水格局"一直是西安城市空间布局的自然基础，"天人合一"是城市发展的终极目标，而空间布局上强调的"等级秩序"则是统治者实现城市管理的基本策略。

七 现代西安：方形与放射形形态

新中国成立后，西安先后编制了《西安市都市发展计划》及四次城市总体发展规划。从五次规划确定的城市空间布局结构特点看，基本上是延续了古城西安的传统格局，并结合不同时期城市经济社会发展的需要，规划了与城市发展阶段相适应的城市空间布局形态。

1. 第一次都市计划确定的城市特色

新中国成立后，西安作为西北的行政中心，在适应全国重点城市大规模建设需要的背景要求下，1950年西安开始着手编制城市总体规划，即《西安市都市发展计划》。本次规划确定的城市空间格局是：在明城（老城区）西侧，修建新城，西北区行政中心设在新城内，路网结构为棋盘加放射模式。市级行政中心规划安排在旧城内，新旧城之间的地区被规划设计为城市经济中心，担负着连接新旧城之间经济纽带的功能；新城北侧为运输区，整个城市用地被绿化带环绕，形状近似矩形。城市外围东西两侧，依次规划为高教区，南北则规划为仓储区，北部和东部偏南规划了两个小型飞机场，从而形成西安的城市空间布局结构。这是新中国成立后，西安城市空间布局结构的开始。1951年6月再次修编了都市计划，将城市面积扩大到30平方公里，坚持城市各功能的有机结合，对工业区与住宅区采用混合的土地利用模式，西郊则规划为工业区。1952 年之后，在我国全面引进苏联城市规划理念的大形势背景下，西安都市计划流产（西安市规划局，2002）。

2. 西安第一次总体规划确定的空间格局

"一五"时期，在国家"变消费城市为生产城市"政策指导下，西安作为国家工业布局的重点城市，确定了"以轻型精密机械制造和纺织为主的工业城市"性质。在苏联专家指导下编制的《西安市总体规划（1953—1972）》继承和发扬了隋唐长安城的规划传统，确定的城市空间布局为：以旧城为中心，向东、南、西三个方向扩展。坚持棋盘式道路格局，形成城市道路骨架。以工业项目布局为中心，西安进入"工业城市布局"时代。旧城区采取"充分利用，基本不改建"的原则，保护古城风貌。工业区与旧城之间规划为生活区，工业区与生活区之间，设有宽 100—200 米的防护林带。

城市功能分区为：市区中心为商贸居住区，东郊纺织城、军工城，西郊电工城，南郊文教区，北郊大遗址保护与仓储区。城市建设避开周、秦、汉、唐四大遗址地区，为西安大批历史文化遗址和文物的保护奠定了基础。城市规划建设沿袭了唐长安城棋盘路网和轴线对称的整体格局，奠定了西安现代城市空间发展的基础。

西安第一次城市总体规划，是继宇文恺隋唐长安城规划后，西安城市规划史上新的里程碑。由于认识水平和形势发展变化的影响，规划中也存在不少问题。主要表现在由于城市规模扩大过快，人口规模控制不严，城市交通干道分类不明确，造成过境交通进入居住区和市中心地带，从而导致了城市供水、排水、交通、住房紧张与环境污染日益严重。

3. 第二次总体规划确定的城市空间格局

《西安市城市总体规划（1980—2000）》，是我国进入改革开放后，西安编制的第一个城市总体规划。在国家"控制大城市规模，合理发展中等城市，积极发展小城市"方针指导下，西安城市性质确定为"陕西省省会，我国历史文化名城"。在保持古都风貌基础上，逐步"把西安建设成为以轻工、机械工业为主，科研、文教、旅游事业发达，经济繁荣、环境优美、文明整治的社会主义现代化城市"。

《西安市城市总体规划（1980—2000）》提出了"保存、保护、复原、改建与新建开发密切结合，把城市各项建设与古城的传统特色和自然特色密切结合"的城市建设原则；确定了"显示唐长安城的宏大规模，保持明清西安的严整格局，保护周、秦、汉、唐的伟大遗址"的古城保护原则，强调"要把西安建成有特色的城市"。

在城市结构形态方面，确立了以明城的方整城区为中心，继承和发展唐长安城棋盘式路网、轴线对称的布局特点，以显示唐城的宏大规模，保持明城的严谨格局，保护周、秦、汉、唐重大遗址为特点，选择了新区围绕老城发展的结构模式，形成较为理想的中心城市的完整形态。城市主要向东南、西南两个方向发展，开辟新的功能区，构筑起西安现代城市的基本框架。这次城市总体规划与计划很好地结合起来，对影响城市布局和发展方向的重大建设项目，如开发利用黑河水源，将环城建设和飞机场的搬迁工程等都纳入了城市总体发展规划，构成了西安总体规划的框架基础，形成了城市建设的主体内容，对全市经济社会发展起到了决定性作用。

城市道路继续保持了棋盘式路网格局。为了更好地解决过境交通流量和旧城区的交通拥挤问题，按照现代交通组织的要求先后对路网结构进行了优化完善。促进城市发展进入"单中心、同心圆状发展"阶段。在旧城改造方面，通过将西安飞机场迁出市区，增加城北、西南、东北方向的对外公路出入口，促使城市布局和功能结构由内陆封闭型向全面对外开放型转变。总体来看，西安第二次城市总体规划，对改革开放以来的西安城市建设起到了重要的引导作用，为西安历史文化名城的保护和现代化建设指明了前进方向。

4. 第三次总体规划确定的城市空间格局

《西安市城市总体规划（1995—2010）》编制于1995年，在全面贯彻国家"控制大城市规模，合理发展中等城市，积极发展小城市"的政策背景下，西安城市发展也进入到以"开发区主导"为核心驱动时期，适应西安城市空间快速形变期发展需要而编制的一部城市总体规划。

第三次城市总体规划的城市定位更加明确，进一步突出了西安作为我国重要的历史文化名城的地位，把保持古都风貌、发展旅游业确定为西安的特色支柱产业之一，确定了"以科技、旅游、商贸为先导"的城市发展目标。城市性质被定位为"世界著名古都，历史文化名城，国家高教、科研、国防科技工业基地，中国西部重要的中心城市，陕西省省会，并将逐步建设成为具有历史文化特色的国际性现代化大城市"。提出了把西安建设成全国六大交通枢纽城市之一，构建面向国际的航空运输中心、国内重要的公路和铁路交通枢纽、西部最大的物流中心，构筑以高速公路、铁路为构架的陆空综合交通运输体系。

西安城市空间布局确定为"以明西安城方整的城区为中心，继承唐长安城棋盘式路网和轴线对称的布局特点，新区围绕旧城，发展外围组团"的结构模式，空间布局形态被确定为"九宫格局"。其中，市域形成功能各异的"大九宫格局"，主城区形成虚实相当的"小九宫格局"。城市发展依托主要交通轴为导向，以产业聚集区为实体，以生态林带形成间隔，通过发展外围三个新城，促使人口与产业向外疏散。城市中心区为唐长安城，重点发展成商贸旅游服务区；东部重点发展国防军工产业；东南部发展成旅游生态度假区；南部规划为科教科研区；西南部是高新技术产业区；西部为居住和医药无污染产业的综合新区；西北部为汉城遗址保护区；北部规划为先进装备制造业区；东北部结合浐灞河道整治，建设成为西安的高尚居住与旅游生态新区。

城市空间布局以显示唐长安城的宏大规模，保持明西安城的严谨格局为核心，构建"棋盘＋环＋放射线"的交通骨架，支持城市多心化发展，分散老城区交通压力，改善城市环境。主城区形成"两轴、三环、一高、一绕、六纵、七横、八射线加旅游环线"的道路网格局。

实行新旧分治，保护老城。保护历史文化名城，继承传统格局，划定保护重点。弱化和分离老城的行政、交通、居住等功能，强化其旅游观光、文化交流功能。改善老城区内的历史街区与建筑风貌和环境品质，降低老城内的人口密度，通过构建以公共交通为主，完善的路网体系，改善老城基础设施，提高居民宜居生活环境水平。

西安第三次总体规划提出，城市发展将由"集中布局"向"中心集团、外围组团、轴向布点、带状发展"新格局转变，形成"中心城市、卫星城、星罗棋布的建制镇"三级城镇体系；进一步发展西安高新技术产业开发、西安经济技术开发、草滩现代农业综合开发区、曲江旅游开发区、浐河经济开发区、未央湖旅游度假区以及各区县工业园区等；组团之间将通过以城市快速路实现连接，从而形成各具特色、独立发展的新城；中间地带规划为生态保护区，实现西安城市环境的逐步优化美化。

5. 第四次总体规划确定的城市空间格局

虽然第三次城市总体规划确定了"组团式"发展的布局模式，但由于市中心区城市功能和产业过于集中，基础设施建设和土地开发效益与外围组团形成了较大反差，导致中心城市发展始终无法摆脱"单一中心"的城市结构模式。进入 21 世纪，随着国家西部大开发战略的实施，关中经济区作为西部大开发的战略高地，西安作为西部大开发的桥头堡，基础设施、生态环境、科技教育等方面获得了较大的投资力度，城市建设和经济发展进入了快速发展期。为了适应西部大开发战略需要，2003 年年底西安市启动了第四次城市规划修编工作。

《西安市城市总体规划（2004—2020）》将西安城市特色定位于：古代文明与现代文明交相辉映，古城区与新城区各展风采，人文资源与生态资源相互依托，是一座具有浓郁古都风貌的现代化大城市。将西安市城市空间发展模式确定为："九宫格局，棋盘路网，轴线突出，一城多心"的空间布局模式，构筑东接临潼，西连咸阳，南拓长安，北跨渭河的空间格局。提出了"以西安古城为核心，以周边重大古迹遗址和历史山水环境为背景，以四大保护带为依托，重点弘扬周、秦、汉、唐优秀的传统历史文化，全面带动关中地区历史文化保护"的原则。提出对城市功能区进行重点调整，将西安行政中心外迁，实现保护老城、恢复唐皇城意向的目标。结合渭河及浐灞河治理，建设城市新区，拓展开发区，增设高等教育园区，建立西部商贸中心和国家级现代物流中心，发展功能齐全的空港区，建设功能完善、环境优美的居住区等发展构想。提出了扩大保护视野，更加突出历史文化名城保护，更加凸显西安的城市个性；注重生态环境保护，西安城市的个性特色；综合考虑生态适宜性、工程地质环境、资源保护等方面的因素，明确划定了禁止建设地区、限制建设地区和适宜建设地区。

第四次规划将西安市总体规划范围和总体布局分为三个层次：

一是关中城市群：以西安为中心，以西宝高速、陇海铁路和 310 国道为轴线，以高新技术产业和先进技术为特点的产业经济体系构筑关中的"一线两带"经济区，范围包括关中 8 个城市在内。

二是西咸都市圈：以"西咸一体化"为目标，打造西安都市圈，范围东到渭南，西到杨凌，北到三原，南到长安。

三是西安中心城市：以中心市区为主体，东到临潼，西至咸阳，北过渭河至三原，南到韦曲，形成"一中心+四副心"的空间结构，在继承西安传统空间布局模式的基础上，促使西安更大范围的"九宫格局"形态形成（见图7-1）。

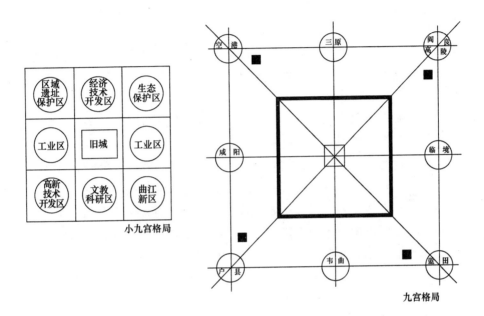

图7-1　西安大小九宫格局示意

资料来源：西安市规划局编：《西安第四次城市总体规划（2004）》。

概括起来看，西安市城市空间布局结构形成大致经历了四个阶段：

圈层布局（1953—1980年）。1949年以后，百业待兴，国家对区域经济发展做了长远的规划。"三线"建设期间，西安作为战略后方，国家在西安投资建设了国防科技工业和民用大中型企业，一大批科研院所与大专院校内迁古城，西安的科研实力、现代加工工业能力迅速增强，基础设施也有了相应的改善，使西安成为我国重要的航空、航天、电子、纺织和机械工业基地。在第一次城市总体规划的指导下，确立了东郊军工城、西郊电子城、南郊文教区和北郊仓储区的城市格局，确立了"以轻型精密机械制造和纺织为主的工业城市"的城市性质。开辟了周、秦、汉、唐四大遗址地区，秉承汉、唐长安城市规划和建设的传统，沿袭了唐长安城棋盘路网和轴线对称的整体格局，用地131平方公里。

放射形扩展模式（1981—1990 年）。20 世纪 70 年代末，改革的春风吹满神州大地，西安这座古老的城市也沐浴其中，第一次城市总体规划已经不能适应新的形势发展要求。在第二次城市总体规划指导下，在162 平方公里的用地范围内，确立了明城的方整城区为中心，继承和发展唐长安城棋盘式路网、轴线对称的布局特点，选择新区围绕旧城的结构模式。城市主要向东南、西南两个方向发展，开辟新的功能区，构筑起西安现代城市基本框架。

卫星城空间结构（1991—2000 年）。改革开放所带来的经济井喷式发展使上版规划的城市用地范围不得不做出一次又一次的调整，上版规划的城市空间布局结构已经完全不能满足城市经济发展的需要。第三次城市总体规划确定西安的城市结构和布局形态为中心集团、外围组团、轴向布点、带状发展，形成中心城市、卫星城、建制镇三级城镇体系，组团之间以城市快速路相连接，各具特色，独立发展。确定了以明西安府城的主轴线作为西安的城市中轴线，城市用地规模为 275 平方公里。在这一时期，主城区范围内，相继在城市西南和正北方向成立两个国家级开发区，即西安高新技术产业开发区和经济技术开发区，并以高新技术产业开发区为增长极，城市用地向西南方向快速扩张。

初级网络化空间发展形态（2001 年至今）。西部大开发政策实施以来，尤其是进入 21 世纪后，在科技与信息高速发展的全球经济背景下，西安经济发展实现了历史性的突破，承载巨大经济能量的产业园区在城市空间的集聚与扩张使城市空间结构不得不做出新的调整。在第四轮城市总体规划的指导下，在以前城市形态基础上，延续西安历史文脉，突破单中心的城市空间布局格局，西安城市总体布局形态为"九宫格局，棋盘路网，轴线对称，一城多心"，通过"东接临潼，西连咸阳，南拓长安，北跨渭河"的空间发展战略，发展外围新区，降低中心密度，为今后城市建设提供了发展空间。

未来大西安的空间愿景是高级网络化城市发展形态。在"关中天水经济"发展规划的指引下，西安未来要加快推进西（安）咸（阳）一体化建设，着力打造西安国际化大都市。在主城区 800 平方公里范围内，打造国家重要的科技研发中心、区域性商贸物流会展中心、区域性金融中心、国际一流旅游目的地以及全国重要的高新技术产业和先进制造业基地。

第二节　西安城市发展的动力要素

西安是一个典型的政治型城市。作为一个古代都城，其城市空间布局的演变也不同于中国任何一个城市。从周丰镐二京，到秦咸阳城、汉唐长安城，城市选址始终都位于关中平原。关中平原优越的自然条件，独特的地理环境，重要的战略区位，共同决定了这座千年帝都的命运兴衰。

一　山水格局是西安城市空间演变的基本力量

城市是在一定的自然地理环境中发育形成的。其所处的地理位置、地形地貌特点、地质水文条件、气候资源状况等自然地理要素的相互交叉组合，构成了城市存在发展的物质基础，决定了城市空间扩展的潜力、方向、速度、模式以及空间的布局形态。西安城市发展首先得益于优越的自然环境条件：

1. 天府之国，陆海之地

关中平原范围包括渭河中下游地区，南依秦岭山脉，北临北山山系，东部宽阔，向西逐渐变窄，减少为百十里宽；它西起宝鸡，以陇坻为界，东至潼关，以黄河华山为界。东西长约八百里，自古有"八百里秦川"之美誉。

关中平原自古以来就是我国重要粮食产地。河流纵横，沃野千里，加上兴修水利形成了规模宏大的灌溉网络。特别是战国末期郑国渠的开凿，大大促进了关中地区的农业发展。由于郑国渠和白渠不但可以灌溉，而且含有较多的具有增肥作用的腐殖质，对实现农业增产产生了重要作用，使关中地区成为举世公认的富饶之地（孙保沐、宋文，2008）。拥有了"天府之国，陆海之地"之美名，不但是全国的政治中心，而且成为全国的经济中心。

2. 金城千里，四塞为固

关中平原从地理环境看，四面河山环绕，山谷河畔非常适宜于设关置隘。该区域东有崤山、华山与黄河，设有函谷关、潼关与蒲津关；南有秦岭终南，设有峣关、子午关、大散关与武关；北依北山山脉，有萧关与金锁关；西控陇坻，上设陇关。关中平原四面形成的天然地形屏障，犹如一座规模庞大的自然城堡，加上在险要处设立的关隘，真可谓"四塞为固，金城千里"，为天下第一"形胜之地"。

3. 原隰相间，地面辽阔

从古都西安的选址看，都城一直都处在关中平原的中部，水路交汇之处，这里不仅资源丰饶，而且原隰相间，地面辽阔，非常适合城市建设。从古代都城城址的转移轨迹看，也基本上都是在西安的周边区域。因为有"长安八水"提供的周、秦、汉、唐都城生活和园林用水，从而滋养了肥沃的土壤和农业的高产。西安小平原是关中中部地势最为开阔的地方，而其他地方如临潼以东或周至以西，则南北不超过二三十里。可见西安周边地区，地势开阔，小平原长达百里，而且原隰相间，这些条件为进行规模宏大的都城建设奠定了物质基础。

4. 高地台塬，水草丰美

西安周边的小平原地区，是由众多的黄土台塬构成，不但土质深厚肥沃，而且水草丰美，同时地形又较高，避免了河水泛滥之灾的侵扰。古代西安都城的许多宫殿如咸阳宫、章台宫、兴乐宫、阿房宫、未央宫、大明宫等大都建在高高的台塬之上。西周的丰京位于沣水西岸，镐京则建于沣水东侧、镐水之滨，"长安八水"中的沣、镐二水决定了丰镐二京的选址。秦咸阳都城的选址则源于渭水以北咸阳塬之南，处于山水俱阳的位置。阿房宫则位于龙首塬西头，其前殿基址充分利用了本地的高岗地形。汉长安城的建设形制主要是受渭水的影响，宫殿建于台塬北侧。唐长安城位于龙首塬之间，大明宫则建于龙首塬的南麓。由此可以看出，河流与山原共同决定了古代西安都城四大城址的变迁。从西安古代都城的城市空间位移轨迹显示，其迁移方向是逐步向渭水靠近。据考证，造成其空间位移的因素除了政治因素外，城市地下水污染造成的水资源难以承载经济社会发展以及人口快速增长的需要，也是城市迁移的重要原因之一（李令福，2009）。可以说，都城选址方面追求"形胜"，是秦咸阳城创造"奇迹"与汉唐长安城实现"盛世伟业"的物质基础与空间支撑。

二 战略区位是西安城市空间演变的重要支撑

1. 位居天下上游

关中平原地处中国第二阶梯，位于黄土高原东南部，雄踞黄河中游，对下游具有居高临下之势。古人云"自古帝王者必居上游"，因此，国都的选址必须起到高屋建瓴的作用。杜佑《通典·州郡典》曰"夫临治万国，尤惜大势，秦川是天下之上腴，关中为海内之雄地"，故"秦川自古帝王都"。

2. 交通四通八达

关中平原是我国华北、西北、西南和中南地区的咽喉地带，战略位置十分重要。西北并戎狄，西南接巴蜀，东北连三晋，东南达荆楚。《战国策·秦策》记苏秦说秦惠王"关中，西有巴蜀、汉中之利，北有代马之用，南有巫黔中之限，东有崤函之固，沃野千里，地势形便，此所谓天府，天下之雄国也"。张良认为"关中左崤函，右陇蜀，沃野千里，南有巴蜀之饶，北有胡苑之利，阻三面而守，独以一面东制诸侯。诸侯安定，河渭漕挽天下，西给京师；诸侯有变，顺流而下，足以委输"。关中居天下上游之地势，位于中国第二阶梯中段的优势，使其对关东诸侯用兵，犹如高屋建瓴，势如破竹。咸阳古城位于东出函谷关与西去雍陇大道的渭河渡口上，控制着贯通关中平原东西的主要交通干道，出函谷关与诸雄逐鹿中原则更加近便，这条交通线对秦国实现统一全国的目标具有决定性意义。此外，咸阳城还控制着东南翻越秦岭至荆楚的武关大道，是与强楚争夺中南地区的重要战略要地，对统一全国也具有十分重要的作用。沿渭河东下黄河的漕运码头紧邻咸阳，由于渭河上游水沙多不适合航行，使咸阳正处在水陆津要，为关中地区的重要交通枢纽，从而具备了进退战守的重要军事位置和立国守城的政治地位，完全符合都城兴起的基本地理条件。古代渭河水量丰沛，西安以下河段可以航行大船，春秋时期著名的泛舟之役，秦由雍都向晋国运送粮食，其中走的就是渭河水路。横贯关中东西的交通大道都是沿渭河而行，可以追溯到新石器时代。长安不仅控制关中东西干道的渡口，而且也控制着东出蒲津趋向的三晋道路。沿灞水与丹水谷地东南行穿越秦岭是沟通关中与荆楚的最便捷的道路，受地形限制，这条道路只能在灞河下游与函谷道相交。由此可见，东出函谷与南下武关两条大道的交点也是确立长安城址的交通条件。西安小平原可以控制东出函谷、蒲津，南下武关，西至岐雍的多条重要交通干线。秦统一全国以后，以这几条干线为基本框架，兴修驰道、直道，形成了以咸阳为中心的全国统一的交通网（李令福，2009）。

3. 位居中国内地和中国边疆的交界地域

作为国都，维护国内统治和便于对外开拓，是国都必须同时具备的两个必不可缺的条件。古代长安，虽不是中国内地的中心，但它是在中国内地和中国边疆交界的地域的中心，是为了解决来自中国西北边疆的压力，作为中国边疆和中国内地结合部的都城。中国漫长的历史中，西安和北京的立地条件是基本一致的。都是位居中国内地和中国边疆的交界地域（李令福，2009）。

4. 位居我国现代交通中心的战略地位

城市的发展需要各种资源要素的聚集，交通条件地理的变迁是影响城市兴衰演变的重要因素。随着工业化进程的推进，便利的交通条件对于城市发展显得尤为重要。正如德国人文地理学奠基者拉采尔所言："交通是城市形成的力"（陆大道，1988）。在交通地理的大格局中，有利的门户位置对于城市的发展极为重要，就连农业时代西安的辉煌成就也与联结欧亚的"丝绸之路"不无关系。近代以来，海洋经济的兴起不仅替代了中国传统的内陆经济，而且也改变了中国的宏观交通地理。处于沿海沿江门户位置的上海、天津、广州、汉口、重庆等开埠通商城市之所以得以迅猛发展，关键还是其便捷的通海口岸位置。西安"被山带河，四塞以为固"的地理环境，在工业时代却成了制约城市发展的严重瓶颈。但后来陇海铁路的修建，则使其恶劣的自然交通环境得以改善。1934年年底陇海铁路通车后，西安一举成为中原进入西南、西北的咽喉要道，"成为东南工商制造品输入及西北农畜产品输出之门户"（铁道部业务司商务科编，1944）。可见交通枢纽地位的确立，再次使西安拥有了战略门户的区位优势，并给西安的经济社会快速发展提供了强大动力，促使西安近代工业开始了全面起步。新中国成立后"一五"、"二五"和"三线建设"时期，西安作为我国的战略大后方，被国家确定为工业城市后，先后进行了大量的工业项目布局和投资，一大批沿海企业和科研院所的大规模"内迁"，使西安先后建成了西郊电工城、东郊纺织城，以及后来的南郊军工城、大学城等，从而奠定了西安现代工业的基础。

20世纪90年代，随着改革开放逐步向内陆的推进，2000年我国实施的西部大开发战略，使西安凭借独特的区位优势，一跃成为西部大开发的三大战略高地之一，战略地位得到不断提升。以高速公路、铁路、航空为核心的基础设施建设得到了快速发展，作为亚欧大陆桥的重要支点，多条铁路、公路、航线、管线在西安交会，形成了"米"字形四通八达的交通网络，成为我国内陆最大的交通通信中心、全国交通通信大通道的重要枢纽和西部地区连通东中部地区的重要门户，促使其聚集人财物的能力得到不断提升。而城市内部快速轨道交通的建设，更是大大增强了城市空间的对外拓展能力，成为推动城市空间发展的重要推动力。

　　5. 我国区域协调发展的战略支点

　　亚欧大陆桥（中国段）是一条贯通我国东西的经济带。改革开放以来，在国家区域优先发展政策引导下，在国家出口导向战略作用下，东部形成了以制造业为主的产业体系，西部形成了以资源开发为主体的产业结构类型；东部沿海地区经济快速发展，地处内陆的西部地区发展缓慢，东西部差距日益扩大，区域发展失衡已经严重影响社会稳定。21世纪以来，开始实施西部大开发战略，加强东西部的合作与交流，需要寻找一个战略支点。西安地处东西结合部，在区域发展中承东启西的战略地位，是最佳中介地，可以成为我国未来的先进制造业中心。金融危机之后，随着我国发展战略由出口导向向内需拉动型战略的转变，西安在我国实现内需型战略主导下的"承东启西"战略价值将更加凸显。

　　目前，以西安为中心的关中经济区是新亚欧大陆桥的核心增长极。新亚欧大陆桥经济带是我国生产力布局的主轴线之一，它长达4100多公里，直接贯通我国西北、中原和东部沿海地区。在新亚欧大陆桥经济带上，关中经济区地处中西部结合带，核心城市西安是该路桥经济带上综合竞争力最强的城市。目前已经成为西北地区的交通中心、金融中心、科教中心、技术研发中心和制造业中心，城市的综合服务能力和对外辐射能力不断增强。国际港务区的建设，将会使西安在整个新亚欧大陆桥的中心集聚作用和对外扩散能力得到进一步加强，真正成为大陆桥发展的核心增长极。

　　以西安为中心的关中城市群是黄河中上游最具活力和潜力的经济区。目前，黄河中游有中原城市群、太原城市群、关中城市群三个大的经济区。中原城市群规划较早，就当前实力来看强于关中城市群，太原城市群也处于启动阶段，但整体实力不如关中城市群。但是从发展趋势来看，关中城市群必将成为这三个城市群中最具活力和潜力的经济区。

第一，关中城市群地处黄河中游的中心，能够更好地发挥承上启下的作用，利用城市及城市群之间的共赢合作，实现自身的发展。第二，从产业分布上来看，关中城市群对产业的支撑作用更加有力，可以形成五条极具发展潜力的产业带：①彬长—山西一线的煤化工产业带；②西起宝鸡的岐山、凤翔，东至西安高陵、阎良，形成关中农产品加工与物流产业长廊；③沿陇海线形成高新技术和装备制造业产业带；④沿秦岭北麓形成生态农业旅游产业带；⑤构建以陇海线沿线地区为核心的现代立体物流产业带。第三，关中地区是黄河中游最具科研实力和人才优势的区域，关中地区的高新技术产业发展水平居于黄河中上游几个经济区的首位，是关中城市群发展的重要活力源泉。

以西安为中心的关中经济区是新时期推进西部大开发的重要载体。西部大开发战略实施以来，西部地区的经济发展成效明显，不仅经济总量得到了大大提高，工业化进程明显加快，而且人民生活水平和生态环境建设的改善更加明显。但是存在的问题是西部大开发进程较慢，东西部差距仍在不断扩大，西部大开发缺少重点区域的突破等问题。以西安为中心的关中经济区作为西部地区的重要桥头堡和西部地区最具实力的城市区域，对整个西部发展具有重要的引领作用，将成为西部大开发战略推进的重要突破口，成为协调促进西北地区与西南地区经济协调发展的重要平台与载体，并最终推动西部大开发实现全面突破。正是由于关中经济区在新时期的战略地位，为未来的发展带来了机遇。

三 政治地位是西安城市空间演变的核心力量

规划是政治家意志的体现。不同政治制度背景下，其城市空间发展的动力机制会大相径庭。西安是西周、秦、西汉、新、前赵、前秦、后秦、西魏、北周、隋、唐等十三个朝代的都城，历时 1000 余年，是我国历史上建都朝代最多，建都时间最长的一个城市，是我国历史上的政治中心。据资料表明，19 世纪初期，在大约拥有 3000 或 3000 以上人口的 1400 个城市中，至少有 80% 是县衙所在地，而在人口超过 1 万的城市中，大致有一半是府或省治所在地。行政力量是政治型城市发展的核心动力，政治中心对资源配置具有强大的聚集力（吴珂，2009）。

作为首屈一指的全国行政中心地位，西安享有至高无上的行政地位。凭借着行政力量的权威性，享有对全国人力、物力、财力的调配权利，实现了政治、经济、文化的大繁荣，创造了"汉唐盛世"。甚至，汉王朝先后征用30余万人修筑长安城，建置诸如号称"天府陆海"的"三辅"（即京兆尹、左冯翊、右扶风）等陵县、陵邑作为其卫星城，以及从关东地区迁徙包括王公贵族、文人雅士在内的大量移民充实京都及京畿地区即为明证。为解决唐长安城的供给问题，甚至能够"常转漕东南之粟"以保障帝都西安。正是有了如此的资源配置能力，才为汉唐长安发展成为当时世界上规模最大、最繁华的都市奠定了基础。此外，行政力量配置资源的能力同时也吸引了各地资源向行政中心集中，形成了集聚效应。

由于各种资源要素总是向有利于其发展和扩充的地点集中，因此拥有众多行政机构与人口的行政中心城市便成为其首选。唐长安即是在政治中心的基础上又叠加成为经济中心和文化中心。此时的西安已成为交通频繁、宾客辐辏、商业繁荣的国际性大都会，所谓"财货二百二十行，四面立邸，四方珍奇，皆所积集"。由此可见，汉、唐长安城均凭借其作为中华帝国行政中心的地位，不仅拥有特殊的聚集效应，而且还享有调配全国人力、物力、财力的能力以保障京城的发展。在如此强大的行政力量推动下，西安的发展达到了鼎盛阶段。

"安史之乱"后，随着全国政治经济中心的南移，西安逐渐丧失了在全国的行政中心城市地位，也失去了作为政治中心所拥有的行政聚集能力，西安开始走上了缓慢的持续性的衰落阶段。因此，历经五代、北宋、金、元、明、清各代，西安已从国都沦落为关陇地区的政治首府和各王朝镇抚西北及控扼西南的军事重镇。西安的城市功能也仅以政治、军事为主，而其城市等级则降为中国内陆的区域行政中心。曾经是世界第一大都市的西安，在近代甚至沦落为一个普通的中等城市，其汉唐雄风更是一去不复返。

四　开发区政策是城市空间发展的主导推动力

近代之后，伴随着现代化的步伐，中国进入城市早期现代化发展新时期，城市发展动力机制发生了巨大转变，城市发展规律由行政中心城市优先发展转到经济优先。以市场经济为核心的经济力量成为推动城市发展的主要动力，尤其是作为早期现代化本质的工业化是直接推动城市发展的核心动力。正如法国著名历史学家保尔·芒图在其享誉经济史"经典"的《十八世纪产业革命》中写道："本书每一页上都可能有其名字的那些城市，皆归功于大工业。"（保尔·芒图，1983）工业化已经成为经济发展、现代化和城市兴衰的直接推动力。

西安的城市化起步于 20 世纪 50 年代。"一五"时期，在国家"变消费城市为生产城市"政策指导下，以工业项目布局为中心，西安进入"工业城市布局"时代。西安城市总体规划（1953—1972 年）提出了以旧城为中心，向东、南、西三个方向扩展，市区中心为商贸居住区，东郊纺织城、军工城，西郊电工城，南郊文教区，北郊大遗址保护与仓储区。奠定了西安单中心圈层化发展的空间布局基础。改革开放后，由于国家建设的重点在沿海，西安地处内陆，城市发展主要是新区围绕老城发展，城市化发展比较缓慢。

20 世纪 90 年代以来，在国家开发区政策引导下，西安依托良好的工业基础和雄厚的科教实力，进入以"开发区主导"为核心驱动的城市化发展阶段。1990 年成立了西安高新技术产业开发区，1992 年成立了西安经济技术开发区。自此，西安城市空间形态开始跳出唐长安城，依托开发区向西南和正北方向延伸。这两个开发区成为西安城市空间形态演变的重大引力。

西安第三次城市总体规划（1995—2010 年）确定城市发展"新区围绕旧城，发展外围组团"的建设原则，城市外围规划了 9 个组团，3 个新城，优化城市空间结构，促使城市向多心化发展。提出了建设东部军工产业区、东南曲江旅游生态度假区、南部文教区、西南高新技术产业区，西部综合新区、西北部汉城遗址保护区，北部装备制造业区，东北部结合浐灞河道整治，建设成高尚居住和旅游生态区。沿"米"字形方向，西安城市发展开始进入以开发区为平台向外扩展，城市化发展进入快速发展期。

进入 21 世纪，随着国家西部大开发战略的实施，西安成为西部大开发的桥头堡。国家在基础设施、生态环境、科技教育等方面投资力度的加大，西安城市建设和经济发展进入开发区与新区引领下的快速发展期。在加快高新技术开发区、经济技术开发区向城市新区发展的同时，新成立了曲江新区、阎良航空基地、西安航天基地、国际港务区以及众多的产业园区，规划建设了西安行政中心、城市高铁客运站。尤其是世园会的申办成功，加快了渭河综合治理、浐灞河湿地改造，大大改善了城市北部的发展环境，从整体上引导城市重心向北转移。随着西安浐灞生态区、曲江文化新区、国际港务区、航空航天产业基地等国家级开发区的建设，西安的城市空间开始沿"米"字形扩展。伴随着城市基础设施建设的逐步向外推进，大量产业项目在开发区的进驻，城市空间形态快速演化。目前，西安北部依托国家级西安经济技术开发区已经跨过渭河发展；东北部依托国家级浐灞生态区已经跨过浐河和灞河向东扩展；东部通过西安国际港务区不断向东拓展；西南方向依托西安高新技术产业开发区的两次扩区，城市空间逐渐与长安区以及西安大学城相接形成大片的城市拓展空间；东南方向依托国家级曲江文化新区、国家级西安民用航天产业基地，实现城市空间的不断向外扩展；西部通过大兴新区的建设、汉长安城遗址保护区的开发，实现城市空间的拓展以及与咸阳的一体化发展。此外，西安正加快城市地铁与轻轨等轨道交通建设，未来 10 年，西安将拥有两条"十字形"的地铁主线路，到 21 世纪中叶，将形成由 6 条地铁组成的城市快速轨道交通线网，引导城市空间布局结构不断优化，促进城市化继续保持快速发展势头。但从近 10年西安城市空间拓展的结果看，北郊的经济活动日趋活跃，城市空间扩展明显快于其他方向（见图 7 - 2）。

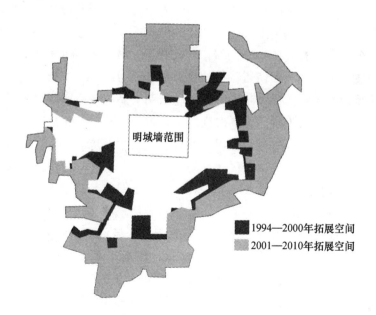

图 7 - 2　西安第三次城市总体规划以来城市空间拓展情况

资料来源：根据西安市四次总体规划资料绘制。

五　华夏传统文化对空间布局特色的塑造力

1. 中国传统文化理念对城市空间特色的决定作用

关中地区是华夏文明的重要发祥地，西安是中国历史文化的荟萃之地，是 13 个王朝古都所在地，周秦汉唐盛世文化的诞生地，城市空间布局形态完全是在集权政治的规划指导下建设的一座政治型城市。西安三千年的建城史，一千年的建都史，其规划思想融合儒家、道家、法家等经典思想于一身，其城市空间形态上深受中国传统文化的影响，其棋盘式路网与空间上的轴线对称布局、里坊制度等体现了统治者的等级观念与秩序理念；西汉长安城的"斗"形布局手法，体现了中国传统文化的"天人合一"观念。

2. 文脉传承与遗址保护对空间特色的塑造力

当代先进国家或地区的城市化实践表明，文化发展是人类城市化演化的核心，文化力在城市空间演变过程中具有重要的引导功能。如意大利的文艺复兴式庭院、法国的巴洛克式庭院、英国的田园风光式庭院，再配上园林、绘画、雕塑等现代艺术，使城市显示出浓厚的文化色彩和艺术魅力。一个城市的对外形象，不仅表现在鳞次栉比的高楼大厦和车水马龙的经济交流，更重要的表现是其深厚的文化底蕴和浓郁的文化内涵。一个城市只有具备丰富的城市文化内涵，才会有鲜明的城市个性、独特的城市风格，从而获得特殊的魅力和吸引力。一个城市文化与其他城市文化的差异越大，城市的特色就越鲜明，品牌效应就越强烈。如法国巴黎城市文化的追求是世界时尚之都、浪漫之都、文化之都、欧洲经济之都，真实反映了巴黎以浪漫个性对现代化的追求。

以西安为核心的关中地区遗存的历代各类大遗址，是中国最具代表性的历史文化资源，体现了当时科技、文化发展的最高水平，是当时中华文明辉煌成就的印证，承载着丰富的历史信息和文化内涵。这些大量珍贵的历史文化遗产和丰富的人文自然资源，传承着中华文明的文脉，记录着中国从黄帝文明到"周礼"文化，再逐步形成了以汉唐文化为核心的民族文化体系，是中华民族文化和精神的象征。如果说当代中国的政治中心在北京、经济中心在上海，那么历史文化中心或者说民族文化核心就在西安。西安作为中华文化圈核心区的事实，正被越来越多的世人所认可（赵荣，2012）。为了保护西安市域范围内大量的历史文化遗存，从 20 世纪 80 年代初，西安市编制第二次城市总体规划时就提出了"显示唐长安城宏大规模，保护明清西安城的严整格局，保护周秦汉唐重大遗址"的古城保护原则，实施了保护城墙、疏浚城河、打通环城路、修建环城公园的"四位一体"的古城垣整体保护工程，开始了保护文物与现代化城市协调建设的发展之路。第三次、第四次城市总体规划又相继提出了延续"长安龙脉"、"九宫格局"的城市空间格局。通过保护这些历史文化遗存，传承历史文脉，西安的古城文化特色逐步显现。

3. 文化旅游项目建设对空间特色的彰显力

进入 21 世纪之后，围绕唐大雁塔 1 平方公里的范围，开始了大雁塔广场的建设，拉开了曲江文化新区建设的序幕，在这里，通过恢复曲江池的水系、湖面等生态修复工作，建设了大唐芙蓉园与曲江池遗址公园两大景区，打造了大唐不夜城；以此为依托，发展成为 20 平方公里的国家级文化新区，曲江新区依托古迹名胜，借助历史盛名，恢复生态环境，建设现代新城的经验，成为之后西安依托文物古迹建设新城的样板。大明宫遗址是唐代的大型遗址。规划面积达 18.6 平方公里的大明宫国家遗址公园，将遗址保护改造与展示盛唐文化特色相结合，集文化、旅游、商住、休闲为一体，是具有世界意义的文物保护示范工程，是西安市环境最好的城市中央公园。西安还建设了小雁塔公园、西安博物院，钟鼓楼之间的地下空间开发，不但打造了西安第一个高端商业品牌，而且其地面广场的绿化成为市民及游客观光休闲的空间；大唐西市局部遗址的保护性建设，开辟了西安新的文化市场；正在进行的汉长安城遗址保护与汉城湖的建设，为西安打造又一个特色文化空间；在终南山楼观台建设的道文化景区与楼观古镇的建设，为西安打造了一个新的田园化绿色空间。浐灞生态区的建设以及 2011 年西安世界园艺博览会的成功举办，提升了西安生态文化空间的知名度；欧亚经济论坛永久会址的设立、丝绸之路文化之旅的开启，迎奥运盛大文艺晚会的举办，临潼华清宫《长恨歌》的上演，《大唐歌舞》的再现，大唐不夜城音乐厅、歌舞剧院、美术馆一系列文化活动的开展，使西安城市文化复兴不再是一句口号。随着西安各类博物馆、遗址公园等大量文化设施的恢复建设，依托文化形成的各具特色的文化空间，众多的文化盛事，以及多层次的文化活动，成为西安城市空间的特色与亮点。文化力对西安城市空间形态的强化作用日益明显。

4. 多元文化交融对空间特色的创造力

进入知识经济时代，文化的引导作用日益加强。历史文化、现代居住文化、生态休闲文化三大文化特色，日益成为一个城市吸引海内外优秀人才投资、创业、居住与生活的重要内容。尤其是经济全球化、国际化、信息化、网络化背景下，经济与文化"一体化"趋势日渐明显，通过激活文化资源，大力发展文化产业，通过科技与文化的"合璧"，构建独具特色的文化产业体系，推动城市产业高级化发展，提升城市的能级，已成为城市发展的潮流趋势。目前，文化产业已成为发达国家或发达城市促进经济社会发展的"助推器"。无论是西方的国际化大都市巴黎，还是国内的国际化大都市北京与上海，文化力在城市空间上的影响力都在不断强化。

西安是国家首批确定的创新型城市之一，是国家低碳城市试点城市，国家战略确定的第三个国际化大都市，国家智慧城市试点城市。西安拥有80多所高等院校、100多个国家级和省级重点科研院所、100多万科技人才，科教实力雄厚，综合实力居全国前列；西安拥有我国唯一的父亲山"秦岭"，拥有母亲河最大的支流——渭河。西安以创新为动力的知识经济的快速发展，以生态保护为核心的大秦岭保护、渭河综合治理及河湖水系改造，将大大促使城市现代生态文化建设。以传统文化、现代文化、生态文化为核心的西安多元文化的交融，必将成为西安城市空间特色化发展的创新动力。

总体上看，西安城市空间演变的动力体系为：山水格局是西安城市空间演变的基本力量，战略区位是城市空间发展的重要支撑，政治地位是城市空间演变的核心力量，开发区政策是新时期城市空间的主导推动力，华夏传统文化是城市空间特色塑造的内在动力。

第三节 西安大遗址保护的实践

西安地区文化遗产丰富，从国家到地方对于西安地区的文化遗产保护一直都十分重视。从20世纪80年代开始，西安市对城墙进行全面修缮，保持了明城（老城区）的严谨格局。秦始皇兵马俑、半坡遗址、碑林、城墙、大慈恩寺（大雁塔）、荐福寺（小雁塔）、兴庆宫等重要文物区域实施保护并陆续建设成旅游景区，成为宣传展示西安古都特色的重要窗口。对于西安历史文化街区和历史建筑、传统民居采取积极保护措施，在旧城区划定三片传统历史街区（北院门、书院门、三学街）予以整体保护。在老城区实施了钟鼓楼广场，西大街改造等一系列与古城保护相关的项目，凸显城市特色，使古城风貌保护与现代化建设有机融合。

同时还结合唐延路拓宽改造工程，将唐长安城西南城墙遗址建设成为街心公园；结合曲江新区建设，建成了曲江池遗址公园；结合城市发展建设，鼓励民间资本投入，在唐代西市遗址上建成了大唐西市遗址博物馆；结合大绿工程，开展杜陵万亩生态林区建设；结合城市综合改造，建设乐游园（青龙寺遗址）公园；结合团结水库水环境综合治理，实施了汉长安城东南部 6.3 公里城墙保护展示工程，形成了 850 亩的汉城湖水面和 1031 亩的园林景观，成为集城市防洪、园林景观、水域生态、文物保护和都市农业灌溉为一体的城市改造综合区域。

这些工程的实施，使文物保护工作从被动的抢救性保护转变为主动保护，从局部保护转变为全面保护，从单纯的本体保护转变为涵盖周边环境的综合性保护，从专一的文物保护工程转变为推动城市发展、改善民生的文化工程，成为得到全社会广泛理解和参与的文化公益事业，也提升了西安旅游及相关产业的发展，以文物景点为核心的旅游产业正逐渐成为西安的支柱产业，西安在国内外的文化影响力也进一步扩大。

博物馆是文化遗产集中保护展示的最佳场所。为了保护好和展示好历史文化资源，2009 年年初，西安市提出了建设"博物馆之城"战略构想。2010 年 5 月，出台了《关于大力发展博物馆事业的实施意见》，确定了建设百座博物馆的目标。目前，已有博物馆 100 座。博物馆的种类也由原来较为单一的历史类发展为文物历史、革命旧址、故居民宅、自然科学、文学艺术、军事科技、民风民俗等多种类互为补充的新格局，并且出现了以大唐西市博物馆、关中民俗博物院等一批在全国具有一定影响力的民办博物馆群体。以国有博物馆为主体，行业博物馆为骨干，民办博物馆为补充，各种所有制并举、门类新颖齐全、布局科学合理、内容丰富多彩的"博物馆城"新格局已基本建立。全市各类免费开放博物馆已达 64 座。

目前，西安市有汉长安城未央宫遗址、唐长安城大明宫遗址、大雁塔、小雁塔、兴教寺塔 5 处遗产成功列入《世界遗产名录》，但还有明德门遗址、含光门遗址、延平门遗址、天坛遗址、大唐西市遗址、兴庆宫遗址、大清真寺、草堂寺鸠摩罗什舍利塔等一批也是相关丝路遗产点。随着丝绸之路的顺利"入遗"，我们相信，历史悠久的丝路文化和古城长安的迷人魅力必将在新时期发挥其独特的作用，成为令世人向往的西安城市形象轮廓，并在打造西安成为丝绸之路经济带新起点和把西安建设成为具有历史文化特色的国际化大都市建设中起到不可替代的作用。对于西安这座文化遗产富集的城市而言，保护利用好文化遗产，更是我们义不容辞的使命。

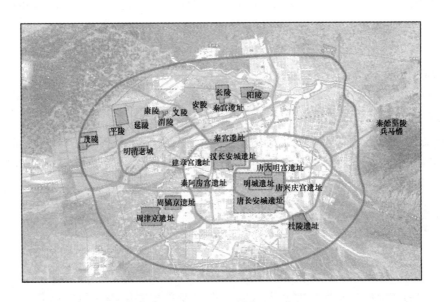

图 7－3　西安主要大遗址空间分布

资料来源：《西安市国际化大都市发展战略规划（2009—2020）》。

一　西安大遗址概况

作为举世闻名的历史文化名城，西安不仅有辉煌的建都史，更重要的是具有无与伦比的完整性和延续性相一致的文化资源。根据文物普查统计，西安地区登记在册的文物点达 2944 处，其中全国重点文物保护单位 51 处，陕西省文物保护单位 82 处，西安市（县）文物保护单位 230 处。1972 年 11 月 16 日，联合国教科文组织大会第 17 次会议，在巴黎通过的《保护世界文化和自然遗产公约》对遗址的定义是："从历史、美学、人种学或人类学角度看，具有突出、普遍价值的人造工程或人与自然的共同杰作以及考古遗址地带。"西安整个市域范围内，国家级遗址有 59 处。大遗址的概念主要运用于文化遗产保护领域，指文化遗产中规模大、文物价值突出的大型文化遗址、遗存和古墓葬。大遗址是祖先以大量人力营造，并长期从事各种活动的遗存，是大规模的文化及环境遗产。大小是相对而言，特别是随着范围和分类的变化更是如此。我国历史上周、秦、汉、唐都曾建都于西安，一般认为，西安大遗址除了以周丰镐遗址、秦阿房宫、汉长安城、唐大明宫这四大遗址外，还包括了部分秦陵、汉陵为代表的大遗址。可以说，大遗址是西安这座历史文化名城的主要内涵。

二 城市总体规划实施整体保护

都市圈范围内的大遗址保护是一个动态发展过程，随着都市空间的不断拓展，新的大遗址不断被纳入城市发展版图之内，从而产生二者如何在空间上协调发展的问题。作为我国重要的历史文化名城，西安城市发展历程与大遗址保护工作密切相关，其所经历的四轮城市总体规划更是将如何处理历史遗产保护与城市发展关系作为重点研究对象之一。

1. 西安市第一次城市总体规划（1953—1972 年）

西安第一次城市总体规划学习参考苏联城市规划的理论和经验，继承发扬了隋唐长安城的规划传统，坚持棋盘式道路格局，形成城市道路骨架。对于旧城采用"充分利用，基本不改建"的原则，以保护古城风貌，并以旧城区为依托，主要向东、西、南三个方向扩展，形成了东、西郊工业区和南部文教区。规划考虑保护汉长安城和唐大明宫遗址和铁路在城北穿越城市等因素，铁路以北不做大的扩建，在一定程度上保护了汉长安城遗址和大明宫遗址的完整性。然而，受当时社会背景的影响，在"消费城市变生产城市"理念的指引下，明城墙遗址范围内，工厂与居住区混杂、交通拥挤、房屋破旧、市政设施不全，为后来明城墙遗址区的风貌整治埋下了隐患。

2. 西安市第二次城市总体规划（1980—2000 年）

20 世纪 70 年代末，随着社会的变迁和城市规模的扩大，第一次城市总体规划已经不能适应新的形势发展要求。在第二次城市总体规划指导下，在 162 平方公里的用地范围内，确立了明城墙范围内的方整城区为中心，继承和发展唐长安城棋盘式路网、轴线对称的布局特点，选择新区围绕旧城的结构模式。城市主要向东南、西南两个方向发展，开辟新的功能区，构筑起西安现代城市基本框架。第二轮城市总体规划在保护古都风貌的基础上建设现代化城市的指导思想，确定了"显示唐长安宏大规模，保护明清西安城的严整格局，保护周秦汉唐的重大遗址"的古城保护原则，先后开展了巨大的环城建设、大雁塔曲江风景区和骊山风景区的保护与开发工程，实施了修葺古城墙、疏浚城河、打通环城路、改造环城林、修建环城公园的古城垣整体保护工程。针对明城墙遗址区内工厂与居住区混杂等问题，工厂采取关、停、并、转、迁的方法进行调整，严格控制旧城区人口，降低人口密度，逐步改善遗址区环境。然而在旧城改造过程中，本应保留的历史街区和民居院落被与古城风貌极不协调的建筑取代，成为西安历史文化名城保护工作的遗憾。

3. 西安市第三次城市总体规划（1995—2010 年）

随着改革开放和城市建设的发展，出现了许多新情况和新问题，原规划确定的城市性质、城市规模和规划布局等已不能适应西安经济发展的需要。80 年代后期，随着新兴的高新技术产业开发区、经济技术开发区和旅游开发区的规划建设，使西安人口、用地规模突破了原规划确定的规模，经济布局也发生了重大变化，不仅引起城市外在形态的变化，而且在城市规划理念和内容诸多方面也需要更新和发展。按照新版城市总体规划强调西安历史文化名城的保护，要从城市发展战略、规划布局、城市设计等方面统筹考虑，采取综合措施，使保护与建设相结合，促进历史文化遗产的保护。本轮规划继承隋唐长安城规划的结构形态，选择了新区围绕旧城发展的结构模式，确立了中心集团、外围组团、轴向布点、带状发展的形态布局，将整个市域划分为中心城市、卫星城、建制镇三级城镇体系。针对旧城区建筑密度过大，园林绿地过少，环境质量和交通拥挤等问题，总体规划严格控制中心集团规模，通过对中心集团的调整和改造，将部分功能转移到二环、三环之间，从而降低中心集团特别是旧城区的人口密度和建筑密度。然而规划实施与城市环境的改善仍然是一个漫长的过程，由于明城墙遗址区即老城区内所承担的城市职能仍显过于密集，老城区内交通拥堵和环境质量差等问题依然存在，不少新建筑高度、体量、风格和色调与古城风貌格格不入。第三轮城市总体规划虽然明确了大明宫遗址区和汉长安城遗址区文化遗产地位，但是随附着在遗址区的城中村人口密度的增加及民房建设强度的加大，对遗址本体的破坏愈演愈烈，遗址保护与城市发展的矛盾也越来越尖锐。

4. 西安市第四次城市总体规划（2007—2020 年）

在第四轮城市总体规划的指导下，在以前城市形态基础上，延续西安历史文脉，突破单中心的城市空间布局格局，西安城市总体布局形态为"九宫格局，棋盘路网，轴线对称，一城多心"，通过"东接临潼，西连咸阳，南拓长安，北跨渭河"的空间发展战略，发展外围新区，降低中心密度，为今后城市建设提供了发展空间。西安历史文化名城整体保护以城市协调发展为目标，坚持保护优先，有机更新的原则，强调注重对历史文化遗产的保护，加强对历史文化资源的整体保护，弘扬优秀传统文化，重点保护传统空间格局与风貌、文物古迹、大遗址等，妥善处理好城市建设与历史文化名城保护的关系。在明城墙范围内，保护和恢复历史街区、人文遗存，形成一环、三片（北院门、三学街、七贤庄历史文化街区）、三街（湘子庙街、德福巷、竹笆市）和文保单位、传统民居、近现代优秀建筑、古树名木等组成的保护体系，合理调整用地结构，改善老城城市功能，增强老城活力，通过一系列保护措施，逐步改变老城有古城墙而无古城的局面，构建具有古城特色的和谐西安。

三 因地制宜推进多元保护模式

西安大遗址保护工作一直走在全国的前列。按照国家关于重点推动大遗址保护、建立西安大遗址保护示范区的计划，西安先后实施了一大批大遗址保护展示工程，遗址公园建设这一大遗址保护利用的重要模式，在全市得到了深入发展，并在全国具有一定的影响力。

有关方面对此概括为：以汉杜陵遗址公园为代表的"退耕还林模式"，以唐长安城延平门遗址公园、曲江遗址公园为代表的"市民公园模式"，以大唐西市遗址博物馆为代表的"民营资本投资模式"，以唐大明宫国家遗址公园为代表的"集团运作模式"，以及以汉城湖水域治理为代表的"大项目推进模式"。

1. 退耕还林模式

汉杜陵遗址公园位于西安市的东南角，区域南北长约 8.1 公里，东西宽约 3.85 公里，区域总面积为 20.9 平方公里。杜陵因地处台塬地貌，属温带半湿润大陆性季风气候，四季冷暖干湿分明，适宜植物生长。从 2000 年开始，雁塔区在杜陵塬地区实施了万亩都市森林项目，并已经由政府出资植树造林，建成了生态经济林 11000 亩，其中生态林5600 亩，果林 5200 亩；种植各类苗木 160 多个品种，合计 540 多万株，形成了千亩示范生态园、千亩银杏林、千亩柿子林等森林景观。以此为基础，汉杜陵遗址公园形成以核心文化展示区、杜陵汉代文化综合体验区、明十三陵（明秦王）遗址公园为三大板块的布局格局。

汉杜陵遗址公园立足有效保护遗址、夯实生态基础、优化区域功能、启动旅游项目、强化管理措施的思想，通过实现绿地与古文化遗址结合，为公众提供了众多的绿色休闲空间，更重要的是更好地保护了文物遗址的本体和历史环境风貌。杜陵以其独特的生态优势、区位优势，在未来西安城市绿地系统中承担更为重要的角色，也成为建设"生态化"西安重要组成部分。同时，因其在遗址文化、城市景观、生态建设等方面有其独特的优势，能够满足人们对户外休闲活动的空间环境质量的需求，成为西安城市居民高品位的户外休闲旅游主要目的地。

2. 市民公园模式

唐长安城延平门遗址公园是市民公园模式的典型代表。唐长安城延平门遗址公园以严格保护地下城门遗迹和城外壕沟遗迹为目的，在遗址上方建设延平门广场，在遗址正上方等比复制城门遗址供人观赏，适当地方亦可复制展现城门包城砖结构，城门道内的城门门限遗迹和车辙痕迹亦应适当表现；在广场东南隅放置延平门整体建筑复原模型，模型比例为 1∶10 左右，材质为石雕或者铜铸，供游人想象延平门原本面貌；遗址周边 5 米范围内禁止种植大型乔木和根系发达的花灌木。

从使用功能上说，本遗址公园建成后基本上实现了遗址保护与展示、为周边居民提供休闲健身的带状绿化公园两大功能。首先，从保护的角度来说，该公园对城墙、城门、壕沟等遗址要素的地域空间进行了严格的建设控制保护，并对地下遗存实行了原封不动的保存方式；着重对邻近城墙的城市空间要素，按照原有形制和尺度进行了象征性恢复和表现，将单纯的城墙遗址保护工作，上升到城市空间架构的恢复与展示，当然这一切都是在有限的规划空间中进行的，并没有与周边开发区现代化的建设产生矛盾与冲突。其次，对于周边居民，遗址公园是一个非常实用的休闲健身公园，带状的步行道及连续的开放空间适合各种休闲健身活动，这也是遗址公园的又一个非常现实的社会功能，对于提升高新技术开发区的环境品质和文化底蕴有着重要的贡献。最后，该带状公园作为连续的大规模开放空间，也是周边开发区重要的避难场所和重要疏散场所，在城市防灾体系建设中发挥着重要作用。

3. 民营资本投资模式

西安大唐西市遗址博物馆的建设和运营是"民营资本投资模式"的典型代表。大唐西市博物馆的投资主体是西安大唐西市文化产业投资集团有限公司，是目前全国唯一一家由民营企业投资建设的遗址博物馆，具有保护、展示西市遗址和反映丝路文化、盛唐商业文化、市井文化珍贵文物的功能，已成为城市客厅和重要的公益性文化基础设施，也是我国民间资本保护国家历史文化遗址的首例和典范。

大唐西市集文物保护、文化展示、商旅开发为一体的综合运作模式，是陕西非公有制经济发展文化产业的成功范例。项目占地约500亩，总建筑面积135万平方米，总投资80亿元人民币，规划建设有大唐西市博物馆、金市广场、国际古玩城、国际旅游纪念品交易中心、西市城购物中心、丝绸之路风情街、丝绸之路中央商务区、五星级酒店、国际会展演艺中心、大型人文住宅等业态。

4. 集团运作模式

集团运作模式即为曲江模式。曲江集团以"文化＋旅游＋城市"的发展模式，在平衡环境保护、民生改善的同时谋求城市发展，在谋求城市发展的过程中谋求保护好历史文化遗产和发展文化产业，改善城市居民的生活质量。即寓历史文化资源保护于开发利用之中，以开发利用促进历史文化资源保护，实现文化资源保护和城市建设、经济发展和民生改善的"双赢"。大明宫遗址公园是曲江集团开发运作的项目之一，该项目的开发建设不仅保护了被城中村严重破坏的大遗址本体，更彻底改变了10万余名"道北"群众的生产和生活面貌，为破解城市现代化和大遗址保护和谐发展的世界性难题做出了重要贡献。

大明宫遗址是1961年国务院首批公布的重点文物保护单位，是国际古遗址理事会确定的具有世界意义的重大遗址保护工程，是丝绸之路整体申请世界文化遗产的重要组成部分。多年来由于大遗址保护工作的缺失，大明宫遗址上被密密麻麻的棚户区所覆盖，恶劣的居住环境、混乱的社会治安使大明宫所在的"道北"成为城市中名副其实的"贫民窟"。2006 年，曲江集团投资达 120 亿元，用两年多的时间将大明宫遗址区 3.2 平方公里内 350 万平方米建筑物全部拆迁。在遗址外新建移民安置区，使几十年来一直居住在生活基础设施严重落后和环境脏、乱、差的 10 万余名低收入普通群众住上了生活设施完善、宽敞明亮的城市新居，彻底改善了遗址区群众的生活条件和遗址及其周边城市环境，并成为融合大遗址保护、教育、科研、游览等多项功能的城市公共文化空间。大明宫遗址区保护成为带动西安率先发展、均衡发展、科学发展的城市增长极，成为西安未来城市发展的生态基础、最重要的人文象征，并成为世界文明古都的重要支撑，进一步提升西安的城市特色。

5. 大项目推进模式

汉城湖水域治理是大项目推进模式的典型代表。汉城湖水域原为团结水库，位于汉长安城遗址东南部，过去曾经垃圾遍布，臭气熏天，严重破坏了汉长城遗址区文化环境，曾被称为"西安最脏角落"之一。为了保护汉长安城遗址，改善区域环境，提升区域品质，西安市决定实施团结水库水环境综合治理。汉城湖水域治理采用了黄土回填夯实的方案，以确保汉城湖左侧水岸线距离城墙保持 30—50 米的距离；在城墙遗址外保留 3 米巡查通道，并用透视篱墙与汉城湖园区进行隔离，确保游人不对城墙夯土层造成损坏；同时在城墙内侧建设宽度为 300—500 米的城墙保护绿化景观林带，彻底改善汉城墙的周边环境。并在汉城湖湖底防渗处理方案上进行了多次优化，不铺设防渗材料，只是用黄土进行夯填，覆盖天然河道矿卵石，使城墙遗址区地下水位不会发生变化，以确保城墙遗址不裂缝、不下沉，达到有效保护的目的。

经过治理后的汉城湖景区拥有长 6 公里、面积 850 亩的水面，景观绿化 1031 亩，总库容 137 万立方米，70 多个景点点缀在湖两畔，集防洪保安、文物保护、水域生态、园林景观为一体，以水文化、汉文化展示为主题的旅游新景区。作为城市发展的又一杰出力作，汉城湖水域治理项目改善了城市人居环境，以汉城湖为核心形成西安新的生态居住圈，更是在文化角度上为汉文化的传承与发展做出了巨大的贡献。

第四节　西安都市圈发展的态势

一　战略定位

按照《关中—天水经济区发展规划》提出的把西安都市区建设成为国家重要的科技研发中心、区域性商贸物流会展中心、区域性金融中心、国际一流旅游目的地、全国重要的高新技术产业和先进制造业基地的目标，以及未来都市区在区域承担的职能和作用。西安都市圈未来发展定位为世界东方历史人文之都，国际一流旅游目的地，科技、教育、交通、高新产业具有世界地位的中国内陆国际化大都市。

按照丝绸之路经济带建设的新要求，西安未来的发展将围绕打造丝绸之路经济带新起点目标，全面推进国际化大都市建设。

未来西安都市圈发展将围绕上述定位，以建设国际化大都市为目标，以打造丝绸之路经济带新起点为核心，发掘城市内涵，提升城市品质，重构城市空间格局，实现城市的快速发展。

1. 加快国家级西咸新区建设，推进西安国际化大都市建设进程

西安、咸阳两市是关中城市群的核心，西咸新区位于陕西省西安市和咸阳市建成区之间，是国务院批复的国家级新区。区域范围涉及西安、咸阳两市所辖7县（区）23个乡镇和街道办事处，规划控制面积882平方公里。西咸新区是关中—天水经济区的核心区域，区位优势明显、经济基础良好、教育科技人才汇集、历史文化底蕴深厚、自然生态环境较好，具备加快发展的条件和实力。西咸新区将作为我国深入实施西部大开发战略的重要举措，探索和实践以人为核心的中国特色新型城镇化发展道路，推进西安、咸阳一体化进程，把西安建设成为富有历史文化特色的现代化城市、拓展我国向西开放的深度和广度发挥积极作用。

2. 建设渭河城市核心区，塑造国际化大都市形象

以泾渭新城及空港新城带动城市空间向北跨越渭河，使渭河两岸成为集金融商务、会议展览、文化产业、商业旅游、休闲娱乐为一体的大都市核心区带。

依托文化及生态资源，发展西咸新区，成为生态、文化、旅游、居

住、新兴产业为一体的城市新区,塑造大都市现代化城市形象。

3. 提升都市区的国际通达性,建设现代国际交通中心

进一步强化西安咸阳机场的枢纽功能,加强铁路枢纽建设,强化以西安为中心的陕西省"两环六辐射三纵七横"高速公路网。依托"空港新城"和"国际港务区"及相关产业优势,使西安都市区成为面向世界的交通枢纽。

4. 传承历史文化,彰显华夏文明,打造世界东方历史人文之都

进一步挖掘炎黄文化的传承脉络,依托史前、周、秦、汉、唐文化积淀,传承和创新秦风唐韵、佛道宗教等历史文化,大力弘扬现代文化,彰显华夏文明,努力将西安都市区打造成为世界东方历史人文之都。

5. 加强旅游资源整合,建设国际一流旅游目的地

加强旅游资源整合,优化旅游环境,突出人文旅游精品,打造山、水旅游品牌,增加休闲、度假内容,建设国际化的旅游基础设施和旅游服务体系,使西安都市区成为国际一流的旅游目的地。

6. 依托秦岭绿色生态资源,恢复"八水绕长安"河湖系统,建设生态宜居城市

充分利用秦岭绿色生态资源和丰富的水资源条件,精心打造"八水"生态景观带、湖泊湿地生态园区,强化城市绿色开敞空间,进一步调整工业布局,加强都市农业的发展和农业生态产业园的建设,使城市发展与生态承载力相协调。在全面提升都市区自然生态水准和人文社会环境的基础上,使其成为在国内外有很强吸引力的内陆生态型宜居城市。

二 发展目标

未来西安都市圈将传承城市历史文化底蕴,延续城市发展空间脉络,依托交通区位、科研教育等资源禀赋及以渭河、秦岭、"八水绕长安"为特色的生态格局,彰显十三朝古都的历史人文特色和现代大都市的城市景观风貌,科学构建国际化大都市空间结构。

以主城区和卫星城为都市区城镇体系基本格局;加快主城区北跨、东拓、西接、南融的步伐;以西安钟楼南北线为中轴,以渭河水脉贯穿东西,以秦岭和渭北为两大生态风光带,构建"一轴、一河、两带"的大都市空间结构。

以悠久璀璨的华夏文明为灵魂,以山川秀美的大秦岭为屏障,以

"八水绕长安"的生态景致为胜景，以便捷高效的交通体系为支撑，把西安国际化大都市建设成为一座历史底蕴与现代气息交相辉映的东方人文之都，一座人文资源与生态资源相互依托的魅力和谐之都。

2020年，都市圈综合经济实力实现跨越，城镇化水平有新的提高，城镇结构得到优化，基础设施建设有新的突破，主城区城市空间框架基本形成，重要建设区域和重点建设项目基本完成，国际化大都市初具规模。

2020年，规划都市圈总人口1280万人，其中城镇人口1110万人。城镇化水平达到86.7%。

到2020年，规划主城区总人口850万人，建设用地850平方公里。

表7－1　　都市圈主要发展指标

指标分类	指标分类	指标名称	目标
经济指标	GDP指标	GDP总量	1万亿元
		人均GDP	8万元/人
		服务业增加值占GDP比重	60%
		单位工业用地增加值	30亿元/km²
社会人文指标	人口指标	总人口	1280万人
		城镇化水平	86.7%
	教育指标	高中阶段教育毛入学率	90%
		高等教育毛入学率	70%
	居住指标	低收入家庭保障性住房人均居住用地面积	20m²/人
	就业指标	预期平均就业年限	25年
	公共交通指标	公交出行率	50%
	公共服务指标	各项人均公共服务设施用地面积（文化、教育、医疗、体育、托老所、老年活动中心）	8m²/人
		人均避难场所用地	1m²/人
资源指标	水资源指标	万元GDP耗水量	10m³/万元
	能源指标	单位GDP能耗水平	1.2tce/万元GDP
		可再生能源使用比例	20%
	土地资源指标	人均建设用地面积	107m²/人

续表

指标分类	指标分类	指标名称	目标
环境指标	生态指标	绿化覆盖率	60%
	污水指标	污水处理率	95%
		资源化利用率	80%
	垃圾指标	无害化处理率	95%
		垃圾资源化利用率	50%
	大气指标	SO_2、CO_2 排放削减指标	30%

三 空间布局

1. 城镇空间结构

西安都市圈未来将确立区域整体发展理念，支撑做大做强西安国际化大都市，并通过主城区与外围地区的分工互补，实现西安主城（含咸阳）的功能升级、空间优化和生态可持续，并积极带动更大区域共赢发展。

以主城区为核心，中心城镇为节点，快速骨架交通体系为依托，构建都市区城镇发展格局，形成"一轴、一环、八辐射"的城镇空间结构。"一轴"：沿陇海线的城镇经济发展轴；"一环"：以关中环线为纽带的城镇发展密集区；"八辐射"：以高速公路和铁路为依托的中心城区辐射带。

2. 主核心城区

西安都市圈核心城区将西安、咸阳总体规划中的六村堡（丰渭新区）、新筑（国际港务区）、机场（空港新城）、渭北生态产业带（渭北综合商务区）、西咸新区纳入主城区，并新增建设用地将超过约100平方公里。在文化产业国际化战略背景下，以最具影响力的周、秦、汉、唐文化为基础，将厚重的东方文化与众多文化遗产遗迹相结合，形成文化产业聚集区，实现由"文化资源大省"向"文化产业强省"的转变，促进历史文化的传承与发扬，彰显华夏文明。

第五节　构建大遗址保护与西安都市圈空间和谐的机制

一　加强大遗址保护立法

针对大遗址保护问题的复杂性和特殊性，国家应该制定《大遗址保护管理条例》，将大遗址保护纳入有法可依、有章可循的轨道。地方法规从1995年起施行的《四大遗址保护管理条例》距今时间较早，如该条例第22条第3款规定，擅自在重点保护区内挖沙、取土、挖建池塘和打井修渠的，按挖掘量每立方米处以50元罚款。该规定显然已严重滞后于现实发展，远远不能适应大明宫遗址保护改造的要求，需要尽快对《条例》进行修订。

由于大遗址保护面临省级人口调控、征地、移民、拆迁、环境整治、土地利用调整、经济结构优化升级等复杂问题，国家应该出台配套政策来协调和处理这些问题。

二　为大遗址保护用地开辟"绿色通道"

建议国家文物局、国土资源部，尽快为大遗址保护用地开辟"绿色通道"，置换土地用途，减少审批程序，解决地方用地额度对遗址用地的过分限制。在土地利用调整方面，理想的做法是把大遗址保护与国家和地区社会经济发展规划结合起来，与国家西部大开发政策结合起来，既可避免重复建设，又有利于文化保护和土地利用效益最大化。

三　建立和健全大遗址保护财政保障机制

大遗址保护投入属于国家公益性投入，需要各级政府承担保护责任。建议国家建立大遗址财政保障机制，按照中央和地方财政分级负担合理划分中央和地方各级政府在大遗址保护上的权利、责任和义务，共同在各自的财政预算中为大遗址保护提供必要的经费支持。此外，在大遗址财政保障机制建设方面，可考虑的方案有：建立大遗址保护专项资金；发行国债和彩票；出台鼓励社会积极投入大遗址保护的政策。

四　在全社会范围内设立不同层次的大遗址保护基金

建议国家文物局利用自身对社会资金的动员能力，倡导并设立国家大遗址保护基金，同时借鉴国外经验，出台相应政策，比如向非营利基金提供捐助可享受有关税收减免等，鼓励社会组织和个人就遗址保护基金提供捐赠。

五 加强大遗址保护的理论研究和技术研究

大遗址保护离不开科学的理论指导和技术支撑，理论研究包括大遗址与经济社会和文化发展的关系、大遗址的价值评估体系、保护状况评估体系、保护规划的指导思想和基本原则等。技术研究包括保护措施、保护技术和方法、工程管理、保护规划技术标准或指标体系、保护工艺和材料等。为了加强我国大遗址保护，必须加强对大遗址保护理论和技术的研究，为大遗址保护提供理论保障和技术支撑。

第八章 国家大遗址片区——西安都市圈遗址保护与文化繁荣

第一节 西安都市圈文化赋存概况

一 西安都市圈文化资源丰富

以西安为中心的关中—天水经济区，是华夏历史文明的发源地。中国历史上最强盛、最富庶、最开放的朝代均建都于此，中国政治、文化、经济典章制度都创建于此。从周代的礼制、秦代封建制度的建立，通过汉代的进一步完善，到唐代达到中国封建制度的巅峰；与此同时，其经济、文化、艺术等各方面都不断发展，从秦代文字的统一，到汉代的大赋，至唐代的诗歌，推动中国的文学艺术走向世界，产生了广泛的影响，至今还无法逾越。此外，还有建筑艺术尤其是中国的都城规划与建设范式，曾达到世界的高度并影响深远。西安作为拥有3100多年建城史、1000多年的都城史的世界历史文化名城，是与雅典、罗马、开罗并列的世界四大古都。至今，西安诸多历史遗存仍见证着中国历史的辉煌，如周丰镐遗址、秦阿房宫遗址、汉长安城遗址、唐大明宫遗址等以及遍布西安的历史文化遗存，都在见证着中国悠久的历史文明。以西安为中心的关中地区遗存的大量历史文化遗产，使关中成为世界少有的古文化"天然历史博物馆"，领衔世界的中华文化胜地，展示中华传统文化的最佳区之一。

西安是与雅典、罗马、开罗齐名的世界四大历史文化名城之一。悠久的历史，灿烂的文化，给西安城市留下了大量的历史遗存和丰富多彩的文化遗产。其中，较为重要的古遗址约80处，包括周丰镐京遗址、秦阿房宫遗址、秦始皇陵、汉长安城遗址、霸陵、杜陵、隋大兴城、唐长安城遗址、唐大明宫遗址、明清西安城城垣等。这些大量珍贵的历史文化遗产，高等级的文物资源、古城遗址、历史悠久的寺院、庙宇、帝王皇妃臣子陵墓等，在全国具有至高性和唯一性，是人类古代东方文明的典型代表；这些历史遗存是当时中华文明辉煌成就的印证，被称为中国"天然历史博物馆"，记录着中国从黄帝文明到"周礼"文化，逐步形成了以汉唐文化为核心的民族文化体系，是中华民族文化和精神的象征。西安古城承载了中国社会演进的历史和中华民族优秀文化传统的形成，积淀了中华五千年丰厚的历史人文底蕴，其典章制度、历史遗存、文化影响不仅在中国具有至高性与世界唯一性，而且是中华民族庞大根脉的主体所在，是最具东方文化特征的历史文化古都，被誉为中国历史的底片、中国文化的名片和中国精神的芯片。西安历史文化资源的至高性、唯一性、国际性、世界性特点，是西安最具特色的城市主题文化，这也是西安建设国际化大都市的文化基础。

目前，西安已建成或在建的重要旅游景区有六大类：一是历史遗存类旅游景区，如"世界第八大奇迹"秦始皇陵兵马俑及秦陵遗址公园、汉城遗址公园、唐城墙遗址公园、唐兴庆宫遗址公园等；二是博物馆类旅游景区，如陕西历史博物馆、西安碑林博物馆、西安历史博物院、汉阳陵博物馆、半坡遗址博物馆、大唐西市博物馆等；三是古建类旅游景区，如唐华清宫及骊山景区、唐大小雁塔景区、唐太极宫遗址上的西安古城墙及环城景区、明钟鼓楼、长安城墙遗址公园等；四是宗教文化类旅游景区，如佛教六大祖庭（慈恩寺与兴教寺、兴善寺与青龙寺、草堂寺、香积寺、净业寺、华严寺与至相寺）和悟真寺、卧龙寺，道教的楼观台、八仙宫、重阳宫，伊斯兰教大清真寺以及地域神祇文化代表都城隍庙等；五是山岳生态景观类旅游景区，如秦岭的太白山、翠华山、南五台、朱雀森林公园、王顺山森林公园、太平森林公园等；六是主题类旅游景区，如曲江大唐芙蓉园及景区、唐大明宫国家遗址公园、浐灞园艺博览园、西大街古建一条街、民俗博物院等。同时也开发了一些著名的演艺类旅游产品，如《仿唐乐舞》《长恨歌》《梦回大唐》《梦回长安》等。韩城、洽川等；西线的法门寺及佛教文化景区、乾陵、昭陵、茂陵等；北线的黄帝陵、玉华宫、延安革命遗址、壶口瀑布等；南线的瀛湖、南宫山、汉中三国文化、长青—华阳古镇、金丝峡等。这些重点旅游产品、旅游景区板块，其核心部分都是国家级的文物、文化、自然保护重点项目，有的已经列入世界文化遗产名录。西安及其周边形成的如此大规模、高档次的人文和自然旅游产品，在世界上都是少有的。目前，西安城区及周边地区已经形成了一个圈层结构的旅游空间大格局。在以古城为中心的半小时至 1 小时车程半径内，是以古代城池、宫殿遗址、帝陵和陪葬坑、宗教建筑、历史博物馆、城市景观、旅游综合服务、都市购物娱乐为特色的古都综合旅游板块；在 1—2 小时车程半径内，是历史文化、宗教文化、民俗文化、山水休闲、生活体验旅游为特色的郊区旅游板块；在 2—3 小时车程半径内，已经形成了山水人文景观的旅游辐射互动区。西安及周边地区是一个极具发展潜力和提升空间的旅游大网络，为西安建成国际一流旅游目的地城市奠定了最丰富、最稳定的旅游大平台和旅游经济圈。在国家旅游局最重视的国际旅游产品中，西安始终与北京、上海、桂林一起被全世界视为中国旅游最佳黄金线路的 4 个城市。随着西安国际航空港 3 号航站楼的建设与投入运营，城市地铁的加快建设，西安旅游将再次实现新的跨越。

二　西安都市圈是我国大遗址密集片区

西安最有代表性的文化遗产资源是历代遗存的各类都城遗址，特别是中国历史上周、秦、汉、唐四个王朝都城遗迹的周丰镐遗址、秦阿房宫遗址、汉长安城遗址和唐大明宫遗址四大遗址更突出表现了中国灿烂的文化。这些遗址较完整地保存有大量的地上、地下文物遗存，是非常珍贵的历史遗产，如汉长安城遗址和大明宫遗址已被列入世界文化遗产预备名录。

1. 周丰镐遗址

丰京和镐京是周王朝的都城，丰镐是西周文王所建丰京和武王所建镐京的合称，是中国古代历史上在西安建立的第一个都城。丰镐遗址现位于西安长安县马王镇、斗门镇一带的沣河两岸，遗址范围包括客省庄、马王村、张家坡、新旺村等，总面积约 25 平方公里，内有村庄 33 个，人口约 11 万。

公元前 11 世纪中期建立西周王朝首都丰京和镐京，是当时周王朝的政治、经济、文化中心，存在了近 300 年的时间。丰镐经过周人的建设，成为当时全国最大的政治经济、文化、中心，诞生了影响后世三千余年的礼乐、等级制度等西周文明。在西周末期，由于战火四起，二京被焚掠为一片废墟，从此逐渐湮没。甚至唐、宋以后，丰镐遗址已不为人知。

丰镐两京是西周王朝近 300 年间经济、文化的中心，丰镐遗址为探讨西周宗法制度、礼制的变化、祭祀及葬俗积累了重要资料。

2. 秦阿房宫遗址

阿房宫是中国历史上第一个统一的多民族封建国家——秦王朝的政令中心所在，是在西安建立的第二个都城。秦阿房宫遗址现位于西安西郊约十五公里的三桥镇一带，地跨未央区和长安区，地上所存遗迹主要为"阿房宫前殿"遗址、"上天台"遗址、"磁石门"遗址、"烽火台"遗址四部分组成，保护范围 15 平方公里，内有村庄 33 个，人口约 2 万。

阿房宫前殿是秦始皇举行朝会、庆典等重大事务的地方，与后代太极殿的作用相一致，是国家举行重大活动的正式场所。自秦始皇统一中国以后，就在渭河以南的上林苑中开始营造阿房宫，其在位时只完成了前殿部分建筑。秦二世继续修建，直至秦亡也未竣工。后项羽入关，阿房宫惨遭焚毁。阿房宫遗址现存的前殿遗址是目前所知中国乃至世界古代历史上规模最为宏大的夯土台基。

3. 汉长安城遗址

汉长安城遗址是西汉王朝的都城遗址，是中国古代在西安建立的第三个都城。汉长安城遗址现位于西安城西北约 5 公里处未央区汉城乡，总面积 65 平方公里，内有行政村 54 个，人口 5 万余。

汉长安城的修建始于公元前 202 年，先后修建了长乐宫、未央宫、武库、太仓和北宫。公元前 190 年西城墙和北城墙修筑完工。在汉武帝时期第二次大规模修建了建章宫，城北修建了明光宫和桂宫，城外起上林苑、开凿昆明池，汉长安城的建设此时达到顶峰。西汉末年，长安城南郊修建了明堂、辟雍、宗庙等礼制建筑，连同修复重建的秦汉之际的官社、官稷等构成了都城完整的礼制建筑群。唐时汉长安城属于禁苑，后逐渐废弃并沦为农田。它是我国古代第一个建制完整、功能齐备的统一帝国的都城。

汉长安城不仅是当时中国政治、经济、文化的中心，而且也是东西方"丝绸之路"的起点，与当时西方的历史名城罗马齐名。在西安定都的 13 个王朝中有 9 个以汉长安城为都，因此汉长安城是中国历史上建都朝代最多、使用时间最长的都城。其作为都城的历史近 350 年，实际使用年代近 800 年。

4. 唐大明宫遗址

唐大明宫遗址是唐代主要的皇宫遗址，现位于西安市自强东路以北，玄武路以南范围内，总面积 3.5 平方公里，内有村庄 5 个，人口4000 余。

唐大明宫初建于唐太宗贞观八年，是唐代主要的朝会之所，成为唐王朝的统治中心和国家象征。自高宗以后唐诸皇帝便常居大明宫听政。大明宫一度也是黄巢农民起义军大齐政权的政令中心，广明元年，黄巢起义军攻进长安城，在含元殿举行即位大典，登丹凤门大赦。中和三年离开大明宫，经禁苑光泰门东退。大明宫毁于唐末，其烧毁的年代，从文献记载来看，大致在唐末的僖宗与昭宗之间的几次人为火灾焚烧，至此著名的大明宫沦为废墟。

大明宫遗址是研究唐代历史和中国古代宫殿建筑艺术的重要实物资料，是我国目前遗存最好的中古时期的宫殿遗址。

三　西安都市圈大遗址地位具有至高性

西安大遗址在国内拥有举足轻重的地位。周、秦、汉、唐是中国历史上鼎盛时期的几个朝代，四大遗址作为各个朝代的都城，是当时中国的政治、经济、文化中心。其蕴藏着多样的文化遗存，体现了中国古代经济、科技、文化等方面发展的最高水平。例如汉代是我国封建社会前期经济发展的高峰期，是上承周、秦，下启隋、唐的关键时代。作为汉代都城的汉长安城，中国古代在西安定都的 13 个王朝中就有 9 个以汉长安城为都，它是著名的"丝绸之路"的起点，在我国古代文明史上具有特殊重要的地位，是中华民族具有核心地位的重要历史文化遗产；秦王朝是中国历史上第一个统一的、多民族的国家，为中国文明史的发展奠定了良好的基础，而秦阿房宫前殿遗址便成为其代表。另外，秦阿房宫的北阙门——磁石门，在中国乃至世界历史上尚属首创，反映了秦国高超的科学技术水平。由此可见，西安大遗址在社会文化、礼制、中国古代城市的产生和发展乃至整个中华文明的起源及发展方面都具有十分重要的历史和科学价值，在国内大遗址中占有举足轻重的地位，目前国家文物局已将西安地区列为国家优先保护的三大重点地区之一，而对大遗址的保护更为重视。

西安大遗址对国外也具有极为深远的影响。首先，西安大遗址拥有悠久的历史和深厚的文化积淀。自公元前 11 世纪西周建都丰镐算起，西安已有 3000 余年的城市发展史。周、秦、汉、唐等 13 个王朝在此建都，历时 1100 余年，在人类社会发展史上有着十分重要的地位。这使西安享有"天然历史博物馆"的美誉，与西方的开罗、雅典、罗马并称为世界四大文明古都。而大遗址作为西安历史文化的代表，更是对西方古都文明甚至现代文明产生重要影响。其次，西安大遗址的宏大规模在世界上都是不多见的，也是极具价值的。如现存的阿房宫前殿遗址是目前世界古代历史上规模最为宏大的夯土台基；汉长安城是我国古代第一个建制完整、功能齐备的统一帝国的都城，是当时世界上规模最大的城市，面积相当于西方古罗马城的 3 倍。最后，西安大遗址蕴含了深远的建筑和科技价值，对其他国家产生了重大影响。如汉长安城作为土木结构的建设代表，对中国传统城市及日本等国产生了深远影响，日本的京都即仿唐长安城所建；秦阿房宫的北阙门——磁石门，其作用类似于现代的安全检查门，这在世界历史上尚属首创，对西方国家科技相关领域的发展提供了借鉴经验。

第二节　西安文化遗址产业化发展历程

新中国成立以来，根据产业化阶段，西安市文化遗址产业化主要经历了景点建设、景区开发和集群化推进三个阶段。

一　文化遗址产业化的初级阶段：景点建设

该阶段是西安市文化遗址产业化的初级阶段，主要期限是新中国成立初至"八五"时期。新中国成立后，西安被国务院确定为国家历史文化名城。根据相关要求，西安围绕丰富的文化遗址，先后对古城墙、大雁塔、小雁塔等著名文化遗址进行专业性保护，并以遗址为中心，进行景点建设，发展旅游业。该阶段，文化遗址产业化特征主要是以保护为主，景点开发较为简单，旅游收入主要以门票收入为主，门票收入资金额度不大，保护性资金主要以政府无偿拨付为主。

二　文化遗址产业化的发展阶段：景区开发

"九五"至"十五"时期，是西安市文化遗址产业化发展的主要阶段。"九五"以来，西安市以文化遗址为重点的旅游产业逐步进入快速发展时期。围绕西安新的发展定位，旅游业被确定为城市发展的主导产业。据此，这一时期对文化遗址旅游产业进行了重点培育，文化遗址景区逐步扩大，单一的以遗址保护为重点的遗址景点发展逐步向以遗址保护与综合利用为主的方向转变。此时，西安兵马俑遗址景区、西安护城河改造、城墙遗址保护等一批标志性景区工程开始建设，这些景区成为西安文化旅游一道亮丽的风景线，既为西安居民提供了休闲娱乐场所，同时带动酒店、餐饮、纪念品、旅行服务、旅游购物等关联产业快速发展，成为西安旅游业发展的重要支撑。其中，文化遗址产业化呈现系列标志性开发景区。对西安小雁塔公园、西安博物院、钟鼓楼之间的地下空间开发，不但使其地面广场的绿化成为市民及游客观光休闲的空间，还打造了西安第一个高端商业品牌；大唐西市局部遗址的保护性建设，开辟了西安新的文化市场；汉长安城遗址保护与汉城湖的建设，为西安打造又一个特色文化空间；在终南山楼观台建设的道文化景区与楼观古镇的建设，为西安打造一个新的田园化绿色空间；大明宫国家遗址公园规划面积达 18.6 平方公里，将集遗址保护改造与展示盛唐文化特色相结合，形成了集文化、旅游、商住、休闲为一体，是具有世界意义的文物保护示范工程，是西安市环境最好的城市中央公园。

三　文化遗址产业化的发展新阶段：集群化推进

随着西部大开发战略的实施，西安成为国家首批确定的创新型城市之一，国家低碳城市试点城市，国家智慧城市试点城市，国家确定的第三个国际化大都市，西安城市的战略地位不断提升，产业结构升级不断加快。围绕遗址保护、旧城改造、新区建设，西安遗址文化产业快速发展。以传统文化、现代文化、生态文化为核心的多元文化的交融，以传统工艺和现代科技相互渗透，以集群化推进为主要形式，逐步成为西安文化产业发展的创新动力。尤其是围绕唐大雁塔 1 平方公里范围内大雁塔广场的建设，拉开了曲江文化新区建设的序幕。以此为依托，曲江新区通过遗址保护与国家级文化新区建设，依托古迹名胜，借助历史盛名，恢复生态环境，建设现代新城的经验，成为之后西安依托文物古迹建设新城的样板。

浐灞生态区的建设以及 2011 年西安世界园艺博览会的成功举办，提升了西安生态文化空间的知名度；欧亚经济论坛永久会址的设立、丝绸之路文化之旅的开启，迎奥运盛大文艺晚会的举办，临潼华清宫

《长恨歌》的上演,《大唐歌舞》的再现,大唐不夜城音乐厅、歌舞剧院、美术馆一系列文化活动的开展,使西安城市文化复兴不再是一句口号。随着西安各类博物馆、遗址公园等大量文化设施的恢复建设,依托遗址保护形成的各具特色的文化空间,众多的文化盛事,以及多层次的文化活动,成为西安城市文化建设的特色与亮点。作为我国大遗址密集片区,西安遗址文化产业的集群化发展已经初具规模,"曲江"作为我国文化产业品牌的知名度与市场影响力不断提升,文化产业正在成为西安的特色支柱产业,引领西安国际化大都市的产业升级,遗址保护模式的机制体制创新,从整体上提升了西安历史文化名城和国际化大都市的文化形象。

第三节 西安遗址文化产业化发展面临的问题

新中国成立后,尤其是改革开放以来,西安市遗址文化产业发展取得了巨大成就,为全国文化遗址保护与合理利用探索出了多种可供借鉴与参考的经验和模式。然而,西安都市圈遗址文化产业发展依然面临诸多问题,成为制约遗址文化产业发展的主要障碍。

一 遗址的密集性与规格的高等级性给遗址保护带来严重困难

西安都市圈文化资源丰富,是我国大遗址密集片区,文化遗址数量大、规格高、分布广,且以砖木土质结构为主,保护技术难度较大。在国家文物保护资金有限,地方文化遗址保护经费支持严重不足的条件下,文物保护压力极大。现实中,数量不少的文化遗址实际遭到自然、建设、盗掘和保护性破坏,亟待保护,甚至一些级别不低的文化遗址由于资金、技术等因素,遭到严重破坏,形势严峻。因此,作为全国少有的高规格文化遗址资源密集区,西安如何有效地保护众多的文化大遗址,已经成为目前西安政府在经济、社会、文化、城市建设发展过程中面临的一项艰巨而重大的任务。

二 资金需求的巨大性与维护的持续性导致的区域过度商业化矛盾突出

文化遗址资源本属国家所有,文物保护是国家不可推卸的责任和义务。但国家文化遗址保护性支出极为有限,远远不能满足遗址保护的需要。而西安市地方财政总量有限，难以支撑巨额保护性开支，导致文化遗址保护裹足难进，举步维艰。在此背景下，引进社会资本，形成合理的商业化模式，探索遗址保护与产业互养联动，和谐发展的新方法成为当前最为有效的遗址保护模式。目前，西安已经探索出了以曲江核心区和大唐西市为代表的文化遗址保护与产业同步发展的新模式，创建了一种成功解决遗址保护资金来源问题的商业化模式。然而，在城市近郊、远离都市文化遗址保护与开发过程中，尚未形成很好的遗址保护与文化产业和谐发展的模式，存在过度商业化的倾向。这种境况的形成，有其深刻的商业化逻辑，但这种"重开发、轻保护"的错误观念和做法，割裂了遗址文化内核与产业发展的内在关联关系，造成关联产业文化与文化遗址内涵错位或背道而驰，形成遗址资源的"文化污染"和"景貌破坏"，最终导致遗址保护与文化产业和谐发展难以持续。因此，合理引进社会资本，促进形成科学化的保护投资体系和多元化的投资保护主体，是最终实现文化遗址保护和产业和谐发展的重中之重。

三　文化遗址保护与遗址区村民生活、生产存在尖锐矛盾

西安地区文化遗址广泛密集分布于城郊，与村庄重叠分布，和村民生活、生产区域高度重合。文化遗址保护与村民生活、生产存在尖锐矛盾，对文化遗址的保护和文化产业和谐发展造成较大影响，突出表现在以下三个方面：一是部分文化遗址保护需要村民迁移，而搬迁安置补偿带来巨大经济费用负担。二是文化遗址保护过程中，建设文物保护性设施和实施保护性措施对村民的生活和生产收入造成一定影响，遭到村民的强烈反对。三是诸多文化遗址保护用地的当前土地性质是农用地，属集体所有。而文物刚性保护用地，虽在文物法层面具有法律支持，但是在土地法层面缺乏法律依据。在物权法颁布和当前国家高度重视农民权益背景下，如何清晰界定文物保护用地权限和协调农民权益成为遗址保护与民生、经济发展至关重要的问题。

四　遗址文化资源的共性所导致的遗址文化产业发展模式趋同化现象严重

文化遗址产业化的方向、内容和形式与文化遗址内涵、区位和当地区域经济基础紧密相关。在以"遗址＋旅游＋地产"为特征的西安曲江核心区产业化成功模式的带动示范下，这一模式迅速地复制并呈现疯狂发展。然而，在商业利益的刺激下，"醉翁之意不在酒"，遗址开发

利用既缺乏对遗址文化的深掘和个性认知，又缺乏对当地经济根植性的研究与预判，导致文化遗址产业化出现遗址产业内容普遍化、产业形式公园化、盈利模式地产化的产业趋同现象。这种形式单一、内容重复、缺乏特色、了无生机的遗址产业化模式最终难逃失败的命运。

五　各级政府文化遗址保护权责不清，管理体制僵化

文物法明确规定文化遗址属于国家所有，但是对于国家、省市、县区各级政府在文化遗址保护中的具体权限和职责缺乏明确划分。这导致文化遗址保护实践中，存在责任模糊、权责不清等问题。一是在当前财政分权制度条件下，文化遗址保护领域内，存在财权上移、保护事权下放的不合理倾向。具体体现是国家对文化遗址投资严重不足，而相关法律对地方政府财政支持遗址保护缺乏法律依据。二是在中央、省市共管过程中，文物部门与当地政府建设、环保、文化、旅游等部门存在沟通不畅、责任推诿等现象。三是管理体制僵化。文化遗址保护主体依然以国有单位为主，民营经济几乎被排斥在文化遗址保护之外。而德国和大唐西市文化遗址保护的经验表明，国家是文化遗址的所有权主体，但其具体经营保护不一定要由政府具体执行，在国家监管条件下，民营经济也是文化遗址保护的重要依赖力量。政府的职责是加强文化保护标准的制定，强化对文化遗址保护的监管，而这方面恰恰是政府的短板和弱项。四是管理权限高度上移，地方政府在文化遗址管理创新方面面临多重压力和困难，限制了体制创新和突破的手脚。

第四节　西安遗址保护与文化产业和谐共生机制构建

站在新的历史起点上，审视西安国际化大都市建设，科学处理大遗址保护与城市发展的关系，充分展现西安浓厚的历史文化底蕴、独特的自然风貌和大都市现代化气息。保护发展文化遗产，建设中华民族共有的精神家园，必须针对目前大遗址保护过程中存在的多头管理、经费短缺、人力不足等问题，从构建大遗址保护与文化产业和谐共生机制入手，积极探索遗址保护的长效机制和开发模式。

一　建设大遗址特区进行统一保护与开发

西安文化遗址极为丰富，数量之多，规模之大，规格之高，世之罕见。在实现中华民族伟大复兴，提高国家文化软实力，加快推进西安国际大都市建设大背景下，西安作为中华文明的中心发祥地，地位毋庸置疑，扮演之角色无可替代。因此，国家、省市应该站在传承发扬中华民族文明，建设丝绸文化之路新起点的高度，将西安整体列为国家大遗址保护特区，对西安文化遗址资源进行有效整合，实施整体保护，对遗址文化产业结构与空间进行总体设计，整体有序推进；重点给予特区资金和政策支持，在文化遗址保护与文化产业发展方面给予先行先试权，突破文化体制障碍，探索文化遗址保护与产业和谐发展新机制。

二　创建科学有效的遗址保护投融资机制

一是国家加大对文化遗址保护的投资力度。适应大遗址保护资金需求，增加或扩大国家对遗址保护专项资金的规模，建立每年高于年度文化投入资金增速的文化遗址保护资金持续增长机制。二是积极引导地方政府增加大遗址保护经费投入，要求省、市、县区将文化遗址保护任务列入地方政府经济和社会发展规划，并制订相应的投资资金计划。三是积极吸收社会资本投资文化遗址保护与开发。西安历史文化遗存极为丰富，文物遗址的保护管理和合理利用需要大量的人力、物力、财力，完全由政府包揽是不现实的。各级政府应主动引导和支持民间资本参与各类文物遗址的开发、保护和利用，使之成为推进西安文化遗址保护与开发的一支重要力量。

三　构建遗址保护与关联产业良性互动关系及有效的产业化模式

一是正确认识文化遗址保护与产业发展的关系。文化遗址保护与关联产业和谐共生是相互促进、互辅共进的持续发展关系。文化遗址是遗址关联产业持续发展的物质载体，是关联文化产业的灵魂和核心，只有保护好文化遗址，才能实现文化关联产业的持续发展。文化关联产业是文化遗址保护的重要资金来源和经济支撑，合理的文化遗址开发利用能保障遗址保护持续投入，实现文化遗址的有效保护。二是引导文化遗址投资主体加强对遗址文化的深掘和个性认知，强化对当地经济根植性的研究和预判，对文化遗址保护进行科学规划，对遗址关联产业结构、产业内容和产业化形式进行精心设计和谋划，选择科学有效的产业化模式。引导企业实施创新创意战略，鼓励企业广泛采用信息、声光电、数字等高科技手段，对文化遗址进行科学保护，推进传统文化产业转型升级。以内容优势赢得产业发展优势，注重挖掘遗址文化资源、提升文化创意、打造文化品牌，增强文化创意对各产业领域的渗透，纵向使最新的文化创意和设计理念延伸到文化产品和服务生产、制作、传播、营销的全过程，推进文化价值链高端演进，增加产业链价值；横向加速遗址文化与房产、旅游、演艺、商贸等产业融合，形成现代、高端、多元化产业体系和产业形态，提升遗址文化产业链增值空间。

四 构建文化遗址保护与文化产业和谐运行的有效机制

一是充分发挥市场机制的作用。在文化遗址保护领域，实施制度创新，以遗址保护外部（正）收益内化等方式，创建市场机制发挥作用的条件，引入市场机制，发挥市场机制对资源的配置作用。在遗址文化关联产业领域，要以企业为主体，自主经营、自负盈亏，发挥价格机制、供求机制对文化产业资源和市场的调节运行作用。二是完善政府协调机制，强化政府监管与服务职能。政府要将文化遗址基础设施纳入市政规划体系，并予以优先解决，为关联文化企业创业提供良好的投资环境；要建立文化遗址保护企业遴选标准与程序，创建规范的行业准入机制；要制定遗址保护的标准与要求，建立遗址保护的动态监控与管理机制；要合理界定古玩交易的界限与范围，引导规范市场发展；要打击倒卖文物不法行为，查处假冒伪劣产品，维护文化市场经营秩序；要创新行业人才交流机制，鼓励政府、事业单位系统在岗管理、技术人才到企业任职，加大民营企业人才培养力度。三是发挥中介组织的组织协调作用。鼓励引进诸如文化投资咨询、文化信息服务、文物鉴别与评估、检测检验、文化遗址保护协会、文化遗址开发投资商会等提供市场服务、保障市场运行、行业自律等各类中介组织，充分发挥其在政府与企业桥梁和纽带联系、行业诚信建设，行业自律、行业交流、跨领域合作的作用和职能。

五 遗址产业化过程中构建以市场为主、政府协调为辅的利益分配机制

一是构建市场化的利益分配机制。通过制度创新，将文化遗址保护责任和遗址开发收益权一并转给企业，鼓励企业通过市场化经营发展文化遗址关联产业，形成合理的遗址保护成本补偿机制和正常的产业利益回报机制。二是创建政府利益协调机制。政府通过奖励、补贴、税收优惠、公共购买等政策，向企业收益倾斜，增强企业适应能力，降低企业经营风险，引导企业投资文化遗址保护与利用领域。政府通过博物馆免费、门票补贴等政策，维护消费者公共文化消费权益，构建公众公共文化消费补偿制度。三是妥善处理文化遗址保护、民生与经济发展三方关系，构建和谐利益分享机制。充分尊重各方，尤其是遗址区农民权益，广泛调动各方积极性，自由参与，共担保护职责，共享保护权益。

第九章　国家大遗址片区——西安城乡统筹发展案例研究

第一节　西安城市化发展历程

　　城市化是一个农村人口向城市人口、农业用地向非农用地、第一产业向第二、第三产业转变的过程，是一个综合的、复杂的人口、经济、空间三位一体的过程。经济是城市化的驱动力，表现为产业的集聚和经济总量的增加；城市化的行为主体是人，表现为人口在城市的聚集和城市化水平的提高；而空间是人口和产业聚集的载体，表现为城市空间的扩张。因此，通过对不同阶段西安经济发展、城市化水平以及城市空间结构的梳理，能全面反映西安城市化发展的历程。西安的城市化经历了新中国成立后的"一五"、"二五"和"三线建设"时期，20世纪80年代的改革开放时期，21世纪的西部大开发时期。城市规模迅速扩大，城市人口快速增长。

一　工业化建设时期（1949—1978年）

　　"一五"时期西安被国家确定为工业化建设重点城市之一，全国156个重点建设项目，安排在西安的就有17项，项目之多居全国各大城市之首。一批机械、纺织、航空、电力设备、仪器仪表及国防工业大型骨干企业的兴建，为西安经济发展奠定了物质技术基础，初步形成电工、纺织、军工和飞机制造等工业区。由此奠定了西安作为全国新兴工业城市、科研和高等教育基地的基础，构筑了五大城市功能分区的骨架，建成东郊的军工城和纺织城，西郊的电工城，南郊的文教城，北郊的文物保护区和城内的行政商业居住区，形成一个特大城市的雏形。在国民经济调整时期，随着一批国防科技工业企业建成投产，以及科研院所和大专院校内迁，西安的科技实力、现代加工工业能力迅速增强，基础设施也有了相应的改善，从而成为我国重要的航天、航空、电子、纺织和机械工业基地，壮大了城市的工业实力，基本确立了以军工、纺织、机械为主的产业体系。西安工业化总量扩张阶段大致分为四个时期：

（1）1949—1980年。西安与全国的情形一样，生产和建设遭受严重的干扰和破坏，直接表现为市场供应紧张、百姓生活困难，国民经济停滞不前，尽管如此，古城人民仍以各种不同的方式不懈地努力，把损失减少到最小限度。据统计，"文化大革命"的10年期间，全市生产总值年均递增5.1%，工农业总产值年均递增5.9%。1969—1974年"三线"建设期间，全市认真贯彻中共中央"调整、改革、整顿、提高"的方针。通过调整，成效显著。全市国民经济焕发出新的生机。"五五"时期，全市生产总值年均递增6.0%，全市社会消费品零售总额年均递增9.0%，农民人均纯收入年均递增6.0%。

（2）1981—1990年。全市经济在经过前几年的调整后，进入快速发展阶段。农村全面实行家庭联产承包责任制。这一改革极大地调动了广大农民的生产积极性，粮食生产取得突破性增长，全市生产总值年均递增9.7%，社会商品零售总额年均递增14.7%，农民人均纯收入年均递增29.4%，城镇居民人均生活费收入年均递增11.6%。

（3）1990—2004年。西安市又迎来了新一轮发展高潮。按照江泽民同志"以科技、旅游、商贸为先导，把西安建设成一个社会主义的外向型城市"的题词精神，经济发展连续7年保持高速增长。全市生产总值年均递增达13.8%，提前6年实现了经济总量翻两番的目标。

（4）2004—2009年。进入21世纪，西安GDP呈指数增长趋势，如图9-1所示，尤其是进入2004年GDP破千亿元到2009年的2520亿元，更是保持年均18.3%的增长率。从2004年到2008年，GDP增长速度越来越快，2008年更是达到26.1%的增长率，2009年，受世界金融危机的影响，增长率较上年略有降低。

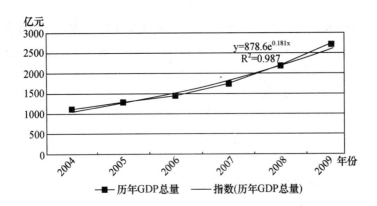

图 9 - 1　2004—2009 年西安历年 GDP 总量及指数

二　城市化推进时期（1978—2000 年）

改革开放以后，西安进入产业结构不断优化、产业深度聚集、城市功能进一步完善的重要时期，成为著名国际旅游城市和全国重要的新技术产业基地。通过以新区带动战略为突破口，促进体制机制不断创新，充分发挥板块经济的驱动作用，相继建设了"五区一港两基地"，即高新技术开发区、经济技术开发区、曲江新区、浐灞生态区、西咸新区、国际港务区、阎良航空基地、国家民用航天基地，把经济发展、城市功能完善和城市框架扩大有机结合起来，促使西安的城市规模得到迅速扩张，奠定了城市空间和产业布局的基本架构，创造了以开发区为先导带动区域整体发展的西安发展模式。通过开发区建设，西安城市化建设实现了突飞猛进，城市化水平居于中西部领先地位。

自 1952 年以来的西安城市化发展历程是曲折推进的过程。新中国成立初期，西安现代意义上的城市化还处于起步状态；之后 20 多年的计划经济时期，城市化进程时断时续曲折推进；改革开放之后，城市化才逐渐步入稳步上升发展时期。

（1）第一阶段：城市化快速推进期（1952—1957 年）。从 1952 年开始近 5 年的时间城市化水平提高了 11.1 个百分点，城市化水平年增长速率平均为 2.22%。这一时期，西安城市化水平速率的提高与国家"一五"计划的实施有关。"一五"计划时期，陕西工业规模急剧扩大，生产迅速发展，先后建成投产的大中型企业有 28 个，其中国家重点工程 12 个。陕西工业和第三产业的巨大发展推动了西安城市化水平的快速提高。

（2）第二阶段：城市化进程停滞期（1958—1978 年）。1958—1978 年，近 20 年城市化水平基本保持不变，在十年"文革"期甚至有降低的趋势，这与当时流行的城镇知识青年上山下乡以及严格的户籍管理制度有关。

（3）第三阶段：城市化稳步上升期（1978 年至今）。改革开放 30 多年西安经历了一个稳定的城市化发展过程，改革开放给西安的社会经济发展带来了机遇，也促使西安城市化水平的提高。西安 1980 年城市化水平为 33.8%，2011 年城市化水平为 70.1%，31 年城市化水平提高了约 37 个百分点，城市化水平年增长率为 1.2%。

三　新型城市化时期（2000 年以来）

进入 21 世纪，西部大开发战略实施，西安作为西部大开发的桥头堡，通过基础设施建设和生态环境改善，科技教育的投入，西安进入了新的发展时期，城市地位不断上升。2009 年关中—天水规划提出建设西安国际化大都市，西安的城市化建设进入到以统筹城乡发展为标志的新型城市化阶段。通过大、中、小城市与小城镇协调发展进而实现城乡统筹发展，是中国新型城市化战略的核心，在主城区产业、功能、格局不断完善，资源外溢效应日益显著的情况下，西安逐步转向以副中心城市建设、组团发展、重点镇建设为抓手的"新型城市化"发展时期，提出了以形成大、中、小城市和农村"结构有序、功能互补、整体优化、共建共享"的区域经济一元化体系，以寻求梯度合理分布、资源空间优化和系统运行流畅的新型城市发展目标。这就意味着城市化的内涵扩展到传统城市之外的区域体系中，推进城乡统筹发展成为实现新型城市化的重要标志。

第二节　西安实施城乡统筹的实践路径

从国内外的主要经验来看，实现城市化的主要措施包括：工业化的推动，城市交通体系的引导，行政区划的调整，城市经济与政治中心的分离，区域的整体开发等。本书将从三个方面对西安的城乡统筹实施路径进行分析和探讨。

一 城中村改造

"城中村"是指城市发展的进程中，由于农村土地全部被征收，农村集体成员由农民身份转变为居民身份后，仍居住在由原村改造而演变成的居民区，或是指在农村村落城市化进程中，由于农村土地大部分被征用，滞后于时代发展步伐、游离于现代城市管理之外的农民仍在原村居住而形成的村落。城中村改造正是要改变这种土地浪费利用的现状，改变市民脏、乱、差的居住环境，将村民变为居民，提高城市的整体发展水平。

《西安市人民政府关于加快城中村改造工作的意见》（市政发〔2005〕92 号）文件规定的城中村是指：在城市规划区范围内失去或基本失去耕地（人均耕地 0.3 亩以下）的村庄。

根据马克思主义地租理论，城市区位对级差地租具有决定性影响，而住宅用地级差地租产生的条件主要是交通、繁华度、环境等区位条件。"城中村"改造就是通过实现级差地租 II 来获取收益，即通过追加投资或提高交通通达程度等手段来增加收益。这是城中村改造的动力。新古典主义城市地租理论代表人物马歇尔等人提出地租实际上是一种分配工具，总是把土地分配给出价最高者，即最高租金原则。[1] 不同的产业，由于生产过程的特殊性，对土地位置、敏感程度和竞争能力的要求不同。一般商业企业的竞争能力最高，工业企业次之，居住用地最低。当在完全竞争的条件下，会促使商业用地向市中心聚集，将工业用地和居住用地向市郊迁移。也就是说通过城市改造项目对土地进行置换后，城市土地利用结构将得到优化，城市土地的集聚效应最大化，每一块土地地尽其用，土地处于高度资金集约化的利用状态。1826 年德国经济学家杜能提出了农业区位地租理论[2]，探讨距离城市远近的地租差异，即所谓的区位地租。他认为，离中心城市越近，集约化程度越高；离中心城市越远，经营越粗放。显然，集约化程度与离中心城市的距离成反比。西安市城中村改造用地性质基本上以商业用地和居住用地为主，改造后将产生巨大的经济社会效益。

西安城中村形成时间长、村民数量多、土地使用情况复杂、村庄分

---

① 马歇尔：《经济学原理》（第 1 版），华夏出版社 2005 年版。

② ［德］杜能：《孤立国同农业和国民经济的关系》，商务印书馆 1986 年版。

布分散,是典型的内陆地区城中村类型。其中,碑林区、新城区、莲湖区、雁塔区、未央区、灞桥区、长安区、临潼区、阎良区九区和高新技术产业开发区、经济技术开发区、曲江新区、浐灞生态区四个开发区人均耕地 0.02 公顷以下城中村 326 个,人口 46 万人,各类土地 1.14 万公顷。西安的城中村改造从区位上主要呈现出"以二环以内村为主,逐渐向二环以外村子扩展"的发展格局,主要经历了三个阶段。

第一阶段,2002—2005 年,起步阶段。2002 年,在对全市城中村进行详细调查摸底的基础上,研究制定了城中村改造规划,计划利用 10 年到 15 年的时间,将当时全市 326 个城中村全部改造完毕。

第二阶段,2005—2007 年,探索阶段。2005 年 8 月《西安市人民政府关于加快城中村改造工作的意见》(市政发〔2005〕92 号),确定了城中村改造的总体思路:在充分尊重村(居)民意愿的情况下,按照"一村一案"的要求,全面推进"四个转变"(即集体土地转为国有土地、农民转为居民、村委会转为居委会、农村集体经济转变为城市混合经济或股份制经济),此后西安市城中村改造工作正式启动;2006年,西安市组建局级建制的西安市城中村改造办公室,开展全市城中村改造工作;2007 年,《西安市城中村改造管理办法》(以下简称《办法》)出台并实施,成为当时国内首个以政府规范性文件形式发布实施的城中村改造办法。《办法》确定了"政府主导、市场运作、改制先行、改建跟进、整村拆除、安置优先"的原则,初步形成了西安市城中村改造模式。

第三阶段,2007—2011 年,全面发展阶段。按照"政府主导,以区为主"的原则,启动了 143 个城中村的改造工作,基本完成二环路以内 72 个村(其中,碑林区 28 个、新城区 9 个、雁塔区 1 个、莲湖区 18 个、未央区 16 个;涉及农业人口 2.75 万户共 9.836 万人,集体土地 2.3 万亩左右,其中建设用地 1.8 万亩,耕地 0.5 万亩,人均耕地 0.08 亩)的改造工作。

二 开发区建设(城市新区)

开发区建设与城市发展有着十分密切的关系。从城市功能的角度来看,开发区是城市的延伸和提高;从地域空间来看,开发区则是对城市的扩大和再开发;从城市化的角度来讲,开发区是城乡统筹发展的先导区,是撬动城乡统筹发展的战略支点。开发区依靠其强大的体制机制优

势和技术创新力，成为各地工业化和城市化的主要载体，而"开发
区—工业化—城市化"的发展路径，成为许多地区城市化快速发展的道
路。西安快速城市化的过程就是一个范例。

三　城镇化发展（组团开发）

城镇化，是统筹城乡发展的基本承载方式。所谓"城镇化"，就是
指农村人口不断向城镇转移，第二、第三产业不断向城镇聚集，从而使
城镇数量增加，城镇规模扩大的一种历史过程。它一方面表现在人的地
理位置的转移和职业的改变，以及由此引起的生产方式与生活方式的演
变；另一方面则表现为城镇人口和城市数量的增加、城镇规模的扩大以
及城镇经济社会、现代化和集约化程度的提高。

20 世纪末以来，中央和各地政府都把加快城镇化进程作为城乡统
筹发展解决"三农"问题的一项十分重要的战略任务来对待。自胡锦
涛同志十七大报告提出"要走中国特色城镇化道路，促进大、中、小
城市和小城镇协调发展"后，城镇化实践在全国各地陆续展开。2010
年中央一号文件中，更是提出"积极稳妥推进城镇化，提高城镇规划
水平和发展质量，当前要把加强中小城市和小城镇发展作为重点"。西
部大开发以来，西安进入以"大西安"建设带动和辐射周边地区的城
乡统筹发展。

从城市化的基本规律来看，城市化率沿着"S"形曲线变动：城市
人口超过 30%，城市化进入加速期，城市化进程明显加快，直到城市
人口超过 70%。在此过程中，其人口迁移主要呈现出以下几个特点：
农村进入城市、小城市进入大城市、大城市城区迁入大城市郊区和大都
市圈形成（见表 9 - 1）。

西安目前正处于第三、第四阶段的临界点：2005 年西安市城市化
率为 63.3%，2010 年达到 70%，到 2015 年城镇化率要达到 75%。作
为继北京、上海之后国家层面上确立的第三个国际化大都市，现阶段西
安不仅存在规模较大的中心城市的城市化过程（即城中村改造），而且
农村城镇化、区域城镇化的趋势也将愈加明显。根据《西安国际化大
都市（2009—2020）城市发展战略规划》，西安国际化大都市区总面积
为 9036 平方公里，现状总人口 965 万人，其中城镇人口 632 万人，城
镇化水平 65.5%，至 2020 年，规划都市区总人口 1280 万人，其中城
镇人口 1110 万人，城镇化水平将达到 86.7%。未来一个时期西安市将

着力打造大都市的城市空间发展体系，进一步推进城市发展空间向更大范围拓展，逐步形成一城多核组团发展的国际化大都市体系结构，加快推进城镇化，是西安市实现城乡统筹的重要战略举措。

表9-1　　　　　　　　　　城市化发展阶段

阶段	城市化水平	人口流向	城市发展特点
第一阶段	<50%	农村进入城市为主	小城市迅速形成
第二阶段	>50%	小城市进入大城市为主	大城市优先增长
第三阶段	<70%	大城市城区迁入大城市郊区为主	大城市郊区化
第四阶段	>70%	大都市圈形成	都市圈形成

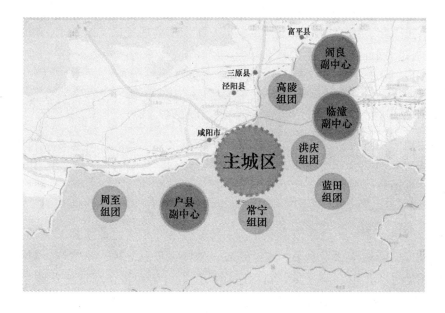

图9-2　"十二五"期间西安国际化大都市建设空间布局

第三节　西安大遗址片区城乡统筹发展的模式评估

一　城中村改造模式

主要有三种模式：政府主导型改造模式、村民主导型改造模式和开发商主导型改造模式。目前西安市主要有以下六种改造模式。

（一）由村集体经济组织自筹资金实施的自我改造

如西安市莲湖区李家庄、五一村等城中村均采用了这种模式。这种改造模式的实施步骤一般为：第一步，对城中村改造项目进行立项；第二步，制定城中村改造工作方案；第三步，实施城中村无形改造，即农民转居民、村委会转居委会、成立股份公司等；第四步，办理土地确权手续，将集体土地依法转为国有建设用地，剩余土地纳入政府储备用地；第五步，组织实施拆迁；第六步，建设新的居民区；第七步，组织村民进行回迁，并对村民房屋进行产权登记。

（二）政府通过土地一级开发实施的城中村改造

西安大兴新区白家口村综合改造采用这种改造模式。这种改造模式的实施步骤为：第一步，项目立项；第二步，建设用地预审；第三步，农用地转用报批；第四步，实施城中村无形改造，即农民转居民、村委会转居委会、成立股份公司等；第五步，组织实施拆迁；第六步，就地或异地建设新居民区；第七步，组织村民进行回迁。

（三）政府以基础设施建设为载体和目的的城中村改造

如西安唐延路道路拓宽中的新桃园村改造即采用此种模式。这种改造模式的实施步骤为：第一步，基础设施建设项目立项；第二步，对建设用地进行预审；第三步，农用地征地报批；第四步，进行无形改造，即农民转居民、村委会转居委会、成立股份公司等；第五步，城中村拆迁并补偿村民；第六步，就地或异地建设新居民区；第七步，组织村民进行回迁。

（四）通过招商引资"土地+资金"合作实施的城中村改造

如西安碑林区西何家村采用此种改造模式。这种改造模式的实施步骤为：第一步，城中村改造项目进行立项；第二步，与开发商签订招商引资协议；第三步，制定城中村改造工作方案；第四步，进行清产核资；第五步，实施城中村无形改造；第六步，集体土地确权，确定城中村改造用地范围后，由政府将剩余土地纳入储备；第七步，投资商在城中村改造用地范围内，建设新的居民点；建设完安置房后，由改造后的股份制企业向国土部门申请转让综合改造用地剩余土地，此部分土地价值即为投资商建设安置居民的投资；第八步，组织实施拆迁安置；第九步，组织实施居民回迁；第十步，投资商与国土管理部门依法签订土地出让合同，并缴纳受让土地出让金，取得国有土地使用权；第十一步，开发商办理商品房开发手续，依法实施房地产开发。

（五）项目建设单位为实施经营性项目进行的城中村改造

如西安大唐西市建设东桃园村采用这种改造模式。此类方式是按照招商、拆迁、土地确权和审批等法定程序，将原集体所有土地转为国有建设用地，以划拨方式留足村民的生产活动综合安置用地后，剩余的土地依法通过招、拍、挂方式，出让给开发商一定面积的国有建设用地使用权。改造步骤与上面第四种改造模式相同。

（六）政府为兴建公共管理与公共服务事业实施的城中村改造

如西安市安定村为建设儿童公园进行的城中村改造等。这种改造模式的实施步骤与第三步改造模式的实施步骤相同。

二　新区统筹发展模式

（一）曲江文化新区模式

曲江新区作为被陕西省、西安市确立的以文化产业和旅游业为主导的城市发展新区，依托陕西、西安大文化、大旅游、大文物的天然优势，实施"文化立区、旅游兴区"的战略，成为西安建设国际化现代化大都市的重要支撑。

2002 年，曲江新区设立为国家级文化产业示范区，其一期规划建设为 16 平方公里，涉及大雁塔村、北池头村、南窑村、新小寨、瓦胡同、曲江池西村、曲江池东村等 15 个村的整体搬迁安置，产生失地农民 2.5 万人，将分别安置在雁湖、雁鸣两个大型现代化社区。2009 年，西安市委、市政府已经研究通过了《曲江新区新扩区域规划》，曲江新区的面积将扩大到 40.97 平方公里，比原有管辖面积扩大一倍。涉及雁塔区曲江街道办三兆村、余王埪、五典坡、黄渠头、缪家寨、金浮沱、羊头镇、裴家崆、春临村 9 个村庄的拆迁安置，造成失地农民 5408 户，

18533 人。在统筹城乡一体化发展的背景下，如何从新的高度、新的发展视角，研究和解决该区域失地农民可持续发展问题已变得日益紧迫。

近期，曲江新区将以二期扩区为契机，规划建设出版传媒产业园区、会展产业园区、国际文化创意园区、动漫游戏产业园区、文化娱乐产业园区、国际文化体育休闲区、影视娱乐产业园区、艺术家村落等九大文化产业园区，着手打造文化产业门类最齐全、规模最大、效能最优的国家级文化产业示范区，到 2013 年，曲江新区及其辐射区入区文化企业争取达到 1000 家，从业人数达到 10 万人，文化产业年产值达到 50 亿元，成为中国文化产业发展第一级。

曲江新区，作为西安"五区一港两基地"规划中的一个重要的战略地位，是一个文化产业聚集区。目前，通过一期的开发建设，曲江已经成为西安最具活力的区域，正进入快速发展期。区域内发展环境优越，发展机会很多，失地农民商业化、市民化意识较强，具备就近就业创业的良好基础与条件，缺乏的只是主动就业的动力与压力。随着曲江二期的开发建设，各类文化产业园区的发展，以旅游文化为核心的第三产业，具有广阔的就业空间。如果政府通过加大产业规划引导与就业指导、专业技能培训，提高创业扶持力度，就可以促使失地劳动力成为社会宝贵的人力资源，参与到区域经济建设中去。

（二）曲江新区城乡统筹发展绩效评估

曲江新区二期是西安市提升城市品质、打造国际化大都市的重点工程。该区域的开发建设将涉及 5408 户、18533 农村人口的征地拆迁。为此，2010 年，本书对曲江二期开发范围内的 9 个村庄，分别开展了座谈会、问卷调查、参与式小组访谈和个案深访等多种形式的调研，对曲江二期产生的失地农民进行可持续发展评估，对今后的城乡统筹工作提出借鉴。

1. 村庄基本情况

曲江新区将规划建设为文化休闲产业园、文化创意产业园、动漫产业园三个文化产业园区。受曲江二期开发影响的 9 个村子里，三兆村、余王堡、五典坡属于文化休闲产业园，金浮沱、羊头镇、裴家崆、春临村属于文化创意产业园，黄渠头和缪家寨属于动漫产业园。其中，以三兆村土地面积最大、人口数量最多，并且有汉宣帝杜陵和花灯制作等价值较高的历史遗存，辖区内还有西安市最大的火葬场。其余羊头镇、五典坡、裴家崆、余王塥等村庄建设情况较为一般。服务配套方面，以上9个村都有小学、幼儿园，仅春临村有一所中学（52中），其他基本上是以村委会等农村行政管理设施为主。各村的基本人口和收入情况如表9-2所示。

表9-2 各村的基本人口和收入情况

	总人口（人）	土地总面积（亩）	主要收入来源
五典坡	541	1033.7	以打工为主，出租土地占总面积的1/3强
三兆村	5260	9092.02	花灯制作、土地租金、农家乐三部分，占总体收入的比重依次为6:3:1
余王塥	1414	1682.26	以运输收入与外出务工为主，部分土地租金
黄渠头	1472	1841.036	出租房屋，打工，奶牛养殖
缪家寨	2091	2424	土地租金，出租房屋，打工
羊头镇	690	1294.05	出租房屋，外出打工，村集体开发商品楼
裴家崆	2156	2837.45	种树，租房，农家乐
春临村	1909	1347.07	种树，租房，农家乐
金浮沱	3590	2229	运输，农家乐，出租土地

按照曲江二期开发规划，为了保存在现代城市化进程中的历史记忆，村庄改造过程中将保存部分现有村庄名字作为社区的名称。如黄渠头村属于动漫产业聚集区，规划后更名为黄渠头片区；缪家寨村规划后为出版传媒中心，三兆村规划后为杜陵邑小镇，作为旅游小镇将与历史相结合，将花灯与三兆的名称保留，五典坡村规划后在杜陵邑小镇内，余王塥以聚落村庄的形态改造成为艺术家村。羊头镇村、春临村、裴家崆村规划为国际创意产业区，金浮沱村规划后在欢乐世界片区，在城市建设中以街道名称或者广场名称保留。

2. 村民生产生活现状

调查结果显示，受访户中35.1%的家庭自己种植承包地，30.5%的家庭承包地已出租转为非农用途，26.4%的家庭承包地已转包（或出租等）但仍为农用，还有8%的家庭承包地撂荒（如图9-3所示）。

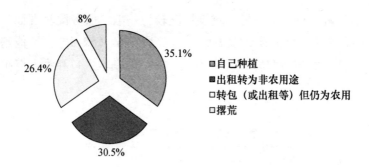

8%

35.1%

26.4%

30.5%

■ 自己种植
■ 出租转为非农用途
□ 转包（或出租等）但仍为农用
□ 撂荒

图 9 - 3   承包地目前使用状态

在从事非农生产经营的家庭中，有 32.6% 的家庭从事运输业或建筑业，21% 的家庭从事其他类型工业（如花灯制作等手工业），分别有 7.2% 和 6.5% 的家庭经营农家乐或农产品加工业，从事其他各种各样服务业的家庭有 44.9%。

由此可以看出，曲江二期开发区域内，农户直接从事传统农业生产的比例已经非常低，这一群体已不再是传统意义上的面朝黄土背朝天的庄稼汉，其生产经营向第二、第三产业发展的程度已经很深，这一点同样体现在其收入结构方面。

受访家庭平均年收入 19544.02 元，其中土地种植收入 1007.14 元，土地出租或转包收入 799.08 元，房屋出租收入 2488.04 元，村集体收入分红 393.29 元，工资或打工收入 12859.15 元，养殖收入 301.68 元，做生意收入 1073.07 元，投资性收入 2.53 元，其他收入 620.04 元。从收入结构来看，工资或打工性收入在总收入中的比例是最高的，占 66%；其次是房屋出租的财产性收入，占总收入的 13%；土地种植收入和做生意收入并列第三，各占 5%，土地出租或转包收入紧随其后，占 4%（如图 9 - 4 所示）。也就是说，工资性收入是该地区家庭收入的主要来源，其次是房屋出租收入。房屋租金收入排名靠前也是国内大城市近郊农户收入的一个共同特征。

从支出结构来看，受访家庭平均年支出 17703.46 元。其中，年支出中，农业生产支出 440.92 元，做生意支出 902.11 元，教育支出 4063.69 元，医疗费 2377.4 元，生活费 9418.82 元，其他支出 500.52 元。如图 9 - 5 所示，支出结构中，生活费支出和教育支出是最大的两笔。

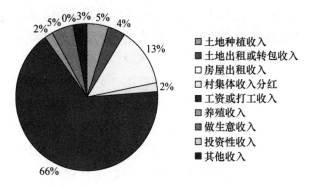

图 9 - 4　收入结构

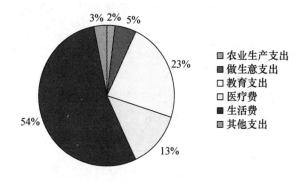

图 9 - 5　支出结构

3. 村民主观意愿评估

在大规模问卷调查分析的基础上，根据目前曲江二期征地拆迁工作的进展情况，分别选择了已经完成拆迁的金浮沱村、即将实施拆迁的缪家寨村、已经列入拆迁计划的春临村、三兆村，针对处在不同阶段村民所面临与关注的问题，分别进行了参与式小组访谈与个案深度访谈。其中包括金浮沱村村民小组访谈，缪家寨村村干部小组访谈，金浮沱村、春临村、三兆村三个村的村民个案深访，访谈的结果真实客观地反映了曲江二期开发范围内农民对拆迁的主观意愿，为本书的研究提供了大量翔实、鲜活的一手资料。通过对三个阶段调查资料进行梳理，将现阶段村民关注的主要问题归纳为以下几点：

（1）过渡期安置问题。根据对缪家寨村干部和金浮沱村村民的小组访谈的情况，村民们普遍表示房租太贵、过渡费太少、适合的房子不好找，金浮沱村村民大部分租住在长安区、北里王和东韦，缪家寨村民大部分搬至离原村比较远的地方，最近的在西影路、理工大等，仅占总人数的10%左右。以金浮沱村为例，该村是调查期间唯一一个已经完成拆迁的二期村庄，目前村民处在过渡期，对其生存现状进行研究对于大部分未拆迁的二期村庄具有现实的指导意义。该村拆迁前村民收入普遍来源于打工和出租房屋，集体收入的部分还有土地租金和农家乐。拆迁后，村民一方面失去了原先的租金收入；另一方面由于安置房还未建成，还要支付一部分房租费用。主要表现在目前曲江二期周边地区（如长安区）租房均价在9元/平方米，一个普通的四口之家，按照西安市2009年的人均住宅居住面积为28.51平方米计算，需要租住一个114平方米的房子，共计1026元，而过渡期的补偿标准是每人每月200元，四个人就是800元。由于目前南郊面临好几个村的整村拆迁，房源比较紧张，房租也水涨船高，具体表现在南郊的房价几乎涨了一番，目前每人每月200元过渡费在周边租房根本不够，要租一个90平方米的单元房需要1000元左右。因此大部分的四口之家选择的租住面积为40—60平方米，加上必须缴纳的水电、物业费，房租价格大多被控制在700元以内。

（2）劳动力就业问题。通过对个案深访进行深入研究后发现，目前曲江二期范围内村民收入对租金收入（土地和房屋）的倚重程度是比较高的。例如，缪家寨年均租地收入为3000元/人，其他受访案例则是从1000元到12000元不等。拆迁后，村民收入不可避免地会在一定程度上受到影响，这也就是目前村民们的担忧所在。与此同时，村民们也在思考解决问题的办法："靠补偿款生活，主要因为就业状况并不理想：大部分人都闲着，其中主要是40岁以上年龄段的人，年轻人赋闲主要是因为适合的就业机会少"，"未来没地了，房子没了，要想有饭吃，必须安排工作，或者做生意"。对于具体的措施，村民们也有自己的想法："希望能够解决40岁以上人的就业问题，要进行岗位安置，让没技术的人做些保洁之类的工作也行"，"必须进行无偿技能培训，尤其是对年轻人，要就近解决就业问题"，"对贫寒家庭（可怜人、特殊情况）要有照顾"。

（3）子女教育问题。拆迁后子女教育问题也是村民关注度最高的问题之一，主要表现在入学难和借读费用高。拆迁后孩子面临转学的问题，周边学校要么因为招生名额已满拒绝接收，要么就是要缴纳高额的借读费。例如金浮沱村村民子女主要在航天小学借读，借读费是 3 万元每人，幼儿园的花费是每月 400—1200 元，民办的相对便宜，但像"三宝双喜"幼儿园这类学费就比较高。

将三个阶段的调研结果综合起来看，村民产生这样的实际问题是有依据的。第一，从问卷调查的结果来看，就业收入与房租收入是目前村民收入的两大主要来源，合占其总收入比重的 79%，而在家庭支出结构中，子女教育费和医疗费两项支出达到了 36%，仅次于生活费（54%），是家庭中最大的两项支出。第二，从小组访谈和个案深访的结果来看，村民们对于拆迁的主观意愿也反映了前文所论述的失地农民在可持续发展中面临的主要问题，虽然在具体问题的表现形式上略有差异，但主要原因还是在于补偿标准低、就业渠道窄、社会保障少、培训服务不足等。因此，课题组认为应适度增加拆迁安置费用，完善拆迁的后续服务配套措施，创造更多的就业岗位，大力开展就业培训，提供更多的就业创业机会，在统筹城乡一体化发展的背景下，扩大社会保障覆盖面和提高保障水平，使其能够在稳定的心理状态下实现从村民到市民的身份转变，同时更加和谐地融入城市经济、文化、生活的方方面面。

4. 可持续发展影响评估

从已有的研究和现实情况来看，土地被征用后，农民的可持续发展将面临经济、社会、环境、文化融入四大领域的问题。

（1）经济影响。根据国务院发展研究中心课题组对国内四个城市失地农民综合调研显示，工资和劳动报酬收入在征地前后一直是家庭的主要收入来源，总体而言，征地后家庭收入普遍提高。本次课题组在曲江的调研也印证了类似结论。

从一、二期的数据比较来看，可以看出拆迁前后村民收入水平的变化情况。一期约有七成受访户月均收入水平主要集中在 801—2000 元，占总样本数的 70.83%，按照所占比例排序前三位依次是 801—1200 元与 1601—2000 元并列第一、1201—1600 元和 401—800 元，分别为 25%、20.83% 和 16.67%，而收入在 3000 元以上的比例则占 12.5%。与此同时，二期尚未进行征迁的受访户中，其月均收入水平占总样本数的比例前三位的排序依次是：801—1200 元、1201—1600 元和 401—800 元，分别为 38.4%、18.2% 和 15.3%，3000 元以上的比例仅为

2%，与一期相差 10 个百分点。如图 9-6 所示，在 401—1200 元，一、二期月均收入比例相差不大或二期远高于一期，随着收入区间水平的提高，一期与二期逐渐拉开差距，表明二期村民收入平均水平较一期要低。

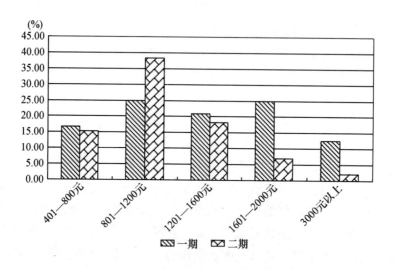

图 9-6 一、二期居（村）民月均收入对比

通过考察家庭收入结构的变化可以发现产生这一现象的原因。事实上，在前面的研究中我们已经指出，工资性收入是一、二期居（村）民家庭的主要收入来源，这是两者的共同点，不同之处在于：首先，房屋出租是导致财产性收入变化的主要原因。作为西安市近郊，背靠曲江，原住居民安置小区内的出租住房可以获得比未拆迁的城中村中更高的租金，调查中 23% 的一期家庭对外出租住房，对家庭收入的贡献达 21%，而二期 30.88% 的房屋出租收入对家庭收入的贡献仅 13%。其次，由图 9-7 可以发现，一期居民做生意的比例明显较高，主要是获得补偿款后，不少家庭将其用于做生意的资本金，从而带动该项收入在家庭总体收入中比例的提高。在此分析的基础上，即使二期村民在征迁后损失了 4%—5% 的土地收益，但其由于安置房出租、安置款投资或创业所形成的收入来源多元化的格局将会较快弥补这一损失，并在一定程度上使家庭收入有较大幅度的增长。

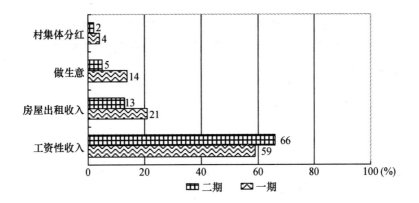

图 9 - 7　一、二期家庭主要收入对比

　　分析仅到这里是不够的，因为上述结论有一个重要的假定前提，即基本的工资性收入变化幅度不大，但这又直接取决于其失地后的就业状况。从目前曲江二期村民的现实情况来看，情况并不乐观。一方面，农民失地后大量转向第二、第三产业，但劳动力市场对其吸纳能力并未随之增强，老年人和没有技能的人的失业率就会上升。另一方面，根据本次调研的结果，在具有非农工作的人当中有 42.4% 在本村范围内就业，整村拆除后，村内企业被迫关闭或搬迁，那么这部分人将陷入无岗可就的境地。

　　综上所述，尽管我们认为征迁后村民的收入长期趋势是增长的，但其前提条件是保证和促进失地农民充分就业，使其有长期稳定的收入，这才是保证失地农民可持续发展的重点。因此，加大就业将成为二期开发过程中，需要对失地农民关注的一个重点内容。

　　（2）社会保障。根据《曲江新区规划范围内被征地农民养老保险工作实施方案》（雁政发〔2009〕44 号），目前主要由雁塔区劳动和社会保障局为曲江新区规划范围内的被征地农民办理参保手续。按照"需求资金开发区支付、区县经办、区域统筹解决、随征地步骤实施"的原则，采取"养老、转小、缓中间"的办法，由曲江新区管委会全额承担符合参保范围的参保人员养老保险费用及财政补助资金支出，并以上年养老保险待遇兑付资金为基数，预付雁塔区 3 年的养老保险待遇兑付资金；由雁塔区相关业务部门具体经办并负责养老金兑付工作，根据曲江新区管委会征地工作的进展，由曲江新区管委会按照条件成熟一人，办理参保一人，兑付一人养老待遇的办法实施。2009 年下半年以来，曲江范围内已办理完参保手续的被征地农民每月领取的养老金为 260 元。

尽管如此，本次调查中仍有 63.5% 的被访农户认为社会保障是其失去土地后最为担心的问题。主要原因在于：农民失地后获得一次性货币补偿，丧失了拥有土地所带来的一系列保障权利，如生活保障、就业机会、资产增值、财富积累等，同时又无法享受与城市居民同等的社会保障权利，使失地农民成为既有别于一般农民，又不同于城市居民的群体。由于在就业、收入等方面存在不稳定性，部分失地农民家庭靠补偿款来维持生计，这种依托家庭保障的模式越来越显示出极大的脆弱性。因此，社会保障的可获得性就成为影响失地农民可持续发展的一个重要因素。

（3）环境影响。拆迁后，农户居住环境将发生很大变化。根据本次调查结果显示，受访家庭平均拥有宅基地面积 230.79 平方米，房屋总建筑面积 304.97 平方米，房屋平均为 1.85 层，91.9% 的房屋是砖混结构，有 30.9% 的家庭有对外出租的房屋。拆迁后，按照曲江二期村庄拆迁安置小区总建筑面积 103 万平方米、5678 户的总安置户数计算，平均每户的房屋总建筑面积为 181.4 平方米，明显低于本次调查的 304.97 平方米的户均水平。

另外，拆迁后村民将搬入规划整齐、治安良好、水电气一应俱全的现代化住宅小区，生活环境会有明显的改善。与此同时，由于二期目前主要是未开发的农村地区，各项服务配套很不完善。而在完成拆迁后，按照曲江二期发展规划，村民们将在社区服务、医疗卫生、教育、体育休闲等方面享受到成熟优质的城市生活环境。具体如下：

社区服务设施：在国际创意片区、杜陵邑小镇和黄渠头片区共设置 3 处社区服务中心，可与卫生服务站及其他管理用房形成社区管理服务中心，设助残、家政服务、计划生育宣传咨询等社会救助和便民利民服务项目。

医疗卫生设施：利用现有的正和医院，另外在新开门南路西侧，拟新建一所 700 床综合性医院。同时，结合社区服务中心设置社区健康服务中心 3 处。

教育设施：二期规划区内配置 1 所完全中学，2 所高中，4 所初中。

按照相关标准的居住生活配套设施配置。

体育休闲设施：沿创意谷布置2处体育设施用地，内设体育运动场、体育运动馆、篮球场以及休闲场所等设施。同时结合绿地的建设，在各功能组团内布置体育设施。

交通状况在安置后也会得到改善。依据《西安市城市快速轨道交通线网规划》，有4条轨道交通线路通过曲江新区，二号线、三号线、四号线、五号线，共有13个地铁站点。尤其是地铁四号线，还专门设立了金浮沱站。因此，可以看出，二期安置小区的宜居指数是比较高的。

（4）文化融入。农民失去土地后会面临文化适应的问题。从文化人类学的视角看，农民集中居住的过程实质上就是农民作为移民对于新环境的文化适应过程。因此，曲江失地农民同样面临着城市文化融入与文化适应问题。但由于曲江新范围内各村子距离城市远近不同、村民文化基础差异等，该区域失地农民在融入城市文化方面也将存在一定差异。首先，从区位上来看：羊头镇、裴家崆、春临村、金浮沱、黄渠头、缪家寨等几个村离城市较近，村民商业意识、文化思想观念与城市文化已有较高的融合度，征地拆迁后适应起来也会比较快；三兆村、余王堡村大部分村民具有长期的经商、打工、搞运输等基础，接受城市文化观念相对也较好，五典坡距离城市位置相对偏远，相对其他几个村民，村民的城市文化意识相对弱一些，其城市价值观的培育过程会慢一些。其次，从不同年龄阶段来看：由于教育水平和社会资源等因素的限制，大多数失地农民靠出卖劳力谋生（比如去集贸市场卖菜、摆小摊、打工等），因此年龄（排除疾病因素）将直接影响其生活状况和适应性强弱。老年人在生产、生活方式上大多保持农村的传统习俗，融入城市文化难度大、适应期会较长一些，其情感和心理的认同过程将较为缓慢；中年人由于上有老下有小的现实处境而不得不主动地适应社会环境变迁；青年人接受的教育普遍比父辈要好，生活方式也较为现代，村庄意识、乡土观念日渐淡漠，其适应能力是失地农民群体中最强的；少年儿童由于生活没有独立，生活方式、价值观念和行为方式正在形成阶段，其生活水平和融入程度则主要取决于父母有意识的引导和教育。

总体上看，随着西安城市化进程的推进，城市近郊村民生产方式的转变和城中村经济的发展客观上使曲江二期范围内的村庄居民已经具备了一定的城市融入基础，因此未来其适应期不会持续太长时间。但由于曲江新范围内各村子距离城市远近不同、村民文化基础差异等，该区域失地农民在融入城市文化方面也将存在一定差异。但从研究和解决问题的角度出发，由于不同区位和年龄的失地群体在融入城市文化的过程中所表现出的特征是有差异的，这就提醒相关部门在政策设计的过程中应予以区别对待。

（三）曲江新区城乡统筹发展绩效评估结论

总体而言，二期涉及的村庄基本上是以村委会等农村行政管理设施为主，农户直接从事传统农业生产的比例已经非常低，表明这一群体已不再是传统意义上的面朝黄土背朝天的庄稼汉，其生产经营向第二、第三产业发展的程度已经很深，工资性收入是该地区家庭收入的主要来源，其次是房屋出租收入。从支出结构来看，生活费和教育费均是一、二期受访户家庭支出最大的两笔，其中，一期居民的生活费平均达到20482.83元，大幅超出二期居民9418.82元的水平，反映出拆迁后失地家庭的生活成本大幅攀升。但总体来看，主要有以下几点：

（1）充分尊重农民的历史记忆。现状村庄历史悠久，为了保存在现代城市化进程中的历史记忆，曲江二期规划在村庄改造过程中将保存部分现有村庄名字作为社区的名称。如黄渠头村规划后更名为黄渠头片区，属于动漫产业聚集区；缪家寨村规划后为出版传媒中心，三兆村规划后为杜陵邑小镇，作为旅游小镇将与历史相结合，将花灯与三兆的名称进行保留，五典坡村规划后在杜陵邑小镇内，余王堡以聚落村庄的形态改造成为艺术家村。羊头镇村、春临村、裴家崾村规划为国际创意产业区，金浮沱村规划后在欢乐世界片区，在城市建设中以街道名称或者广场名称保留。

（2）能够保障收入水平持续增长。目前，二期开发涉及村庄的农户直接从事传统农业生产的比例已经非常低，其生产经营向第二、第三产业发展的程度已经很深，农户家庭对种植收入的依存度相对较低，工资性收入是该地区家庭收入的主要来源，其次是房屋出租收入。在保证充分就业的情况下，征迁后损失的4%—5%的土地收益，将会被财产性收益的增加（安置房出租）和安置款投资创业所形成的收入来源多元化的格局所弥补，因此，短时期的收入降低不会阻挡二期失地农民整体收益水平增长的长期趋势。

（3）通过制度创新促进社保政策完善。为解决曲江新区规划范围内被征地农民养老问题，共建雁塔和曲江两区和谐稳定的社会环境，根据《西安市人民政府关于新征地农民养老保险有关问题的通知》（市政发〔2008〕84号）文件精神，雁塔区和曲江新区共同出台了《曲江新区规划范围内被征地农民养老保险工作实施方案》（雁政发〔2009〕44号），因地制宜、大胆创新，建立了失地农民社会保障的"曲江模式"。按照"需求资金开发区支付、区县经办、区域统筹解决、随征地步骤实施"的原则，采取"养老、转小、缓中间"的办法，由曲江新区管委会全额承担符合参保范围的参保人员养老保险费用及财政补助资金支出，由曲江新区管委会按照条件成熟一人，办理参保一人，兑付一人养老待遇的办法实施。合理地解决了曲江新区规划范围内被征地农民的养老保险问题，也为在全市范围内合理解决开发区被征地农民养老保险问题探索出了一条新路子。

（4）居住生活环境将得到极大改善。按照曲江二期发展规划，拆迁后村民将搬入规划整齐、治安良好、水电气网一应俱全的现代化住宅小区，生活环境会有明显的改善。与此同时，由于二期目前主要是未开发的农村地区，各项服务配套很不完善。而在完成拆迁后，按照曲江二期发展规划，村民们将在社区服务、医疗卫生、教育、体育休闲等方面享受到成熟优质的城市生活环境。虽然单元居住面积与农村生活相比会有所减少，但由于环境改善，宜居指数较高，其整体生活状况将获得极大改善。

（5）城市文化融入基本没有障碍。总体上看，随着西安城市化进程的推进，城市近郊村民生产方式的转变和城中村经济的发展客观上使曲江二期范围内的村庄居民已经具备了一定的城市融入基础，因此未来其适应期不会持续太长时间。但从研究和解决问题的角度出发，由于不同区位和年龄的失地群体在融入城市文化的过程中所表现出的特征是有差异的，这就提醒相关部门在政策设计的过程中应予以区别对待。

三　大遗址特区模式

汉长安城是中国历史上第一个国际大都会和当时世界上规模最大的都城，是中国历史上建都朝代最多、历时最长的都城，是汉民族文化形成过程中的中心，是我国迄今规模最大、保存最为完整、遗迹最为丰富、文化含量最高的都城遗址，1961年被国务院列为第一批重点文物保护单位的"国家级"大遗址。其城垣内面积 36 平方公里，加上建章宫等遗址，遗址保护总面积达到 65 平方公里，占西安四大遗址保护总面积 108 平方公里的 60%，占到未央区全区的 1/4。

（一）意愿调查

为了切实做好汉长安城遗址保护与都市圈和谐发展研究工作，陕西省社会科学院"文化繁荣背景下遗址保护与都市圈和谐共生机制研究"课题组成员于 2013 年 3 月 6—16 日，分成四个小组分别到东席村、西席村、曹家堡、吴高墙、相家巷、六村堡等 30 多个村子就遗址区居民生活状态以及对遗址保护、区域发展、搬迁的态度等进行了入户抽样问卷调查，并通过访谈的形式，对部分村民进行了深度调查。本次入户调查共访问了 344 户居民，调查结果在某种程度上反映了汉长安城遗址区农民目前的发展现状。样本基本构成情况如表 9 - 3 所示。

表 9 - 3　　　　　　　　　　调查样本构成情况

变量		频数	比例（%）
年龄	16 岁以下	1	0.3
	16—25 岁	49	14.2
	26—35 岁	81	23.5
	36—45 岁	66	19.2
	46—55 岁	56	16.3
	56—65 岁	61	17.7
	65 岁以上	30	8.7
性别	男	189	54.9
	女	155	45.1
受教育水平	不识字或识字较少	16	4.7
	小学	38	11
	初中	168	48.8
	高中、中专	89	25.9
	大专	20	5.8
	大学本科及以上	13	3.8

我们将从经济、环境、社会、对搬迁的态度以及对遗址保护态度五个方面，对汉长安城遗址区居民生产生活状态进行综合评估。

1. 经济方面

受访人家庭及就业状况：受访家庭平均有 4.86 口人，其中，具有非农户口的 0.46 人，目前在上班（从事非农工作）的人数 2 人，由此表明，遗址区 99% 以上的居民仍然是农民身份，就业率仅 41.2%。受访人中 48.8% 的人只有初中文化程度，高中、中专学历的占 25.9%，大专的占 5.8%，本科及以上的仅占 3.8%。可以看出汉长安城遗址区居民文化程度普遍较低。

遗址区居民所从事的职业主要是农民、个体经营者、临时工、工人。25.6% 的受访者无收入，他们主要是老人和妇女。25.3% 的受访者月平均收入在 1001—2000 元，他们主要是临时工和普通工人。76.5% 的居民是在区内上班，21.5% 的居民是在区外市内上班。可见汉长安城遗址区居民就业状况不佳，无业和临时工居多，且收入偏低。

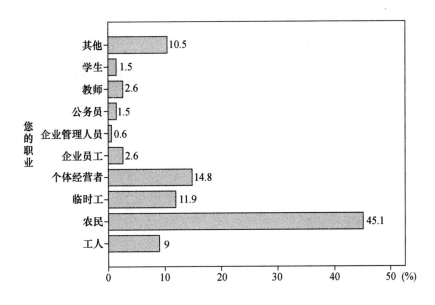

图 9 - 8　遗址区居民就业状况调查

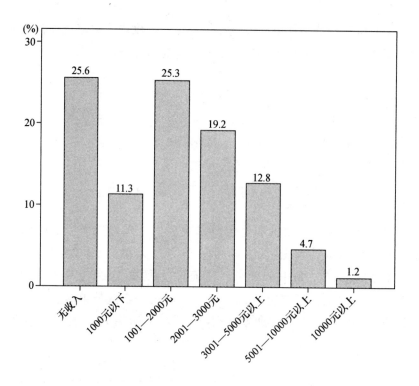

图 9 - 9 遗址区居民个人月平均收入调查

受访人家庭年收支情况：受访家庭平均每月收入 7540.625 元，平均每月支出 2651.599 元。工资性收入与房屋出租收入是家庭主要收入，生活费支出和教育支出是家庭支出的主要部分。按家庭人口平均下来遗址区居民人均月收入仅 1551.6 元，支出仅 546 元。与未央区、西安市、周边居民相比，45.9% 的居民认为经济状况一般，30.2% 的居民认为经济紧张，23.8% 的居民认为经济较宽裕。由此可以看出，汉长安城遗址区居民收入普遍偏低，经济较为紧张。

2. 环境方面

受访人住房面积：35.5% 的受访家庭住房面积为 200—400 平方米，人均 41.15—82.3 平方米；31.4% 的家庭住房面积为 400 平方米以上，人均 82.3 平方米以上，可见遗址区家庭以及人均住房面积较大。

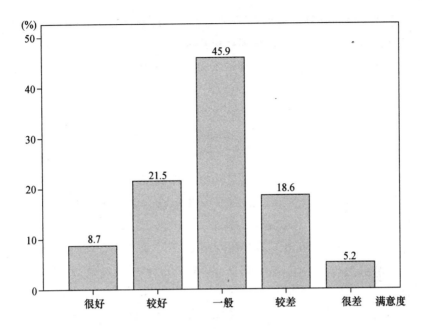

图9-10　遗址区居民经济宽裕度调查

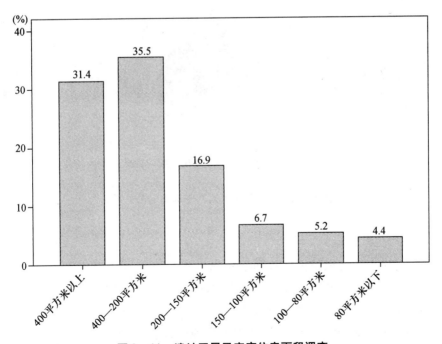

图9-11　遗址区居民家庭住房面积调查

受访人居住环境：5.52%的村民对居住地整体评价是很好，37.5%的村民评价是较好，45.64%的村民评价是一般，8.14%的村民认为村子比较差，3.2%的村民认为村子很差，可见遗址区大部分村民对居住地总体评价还算满意。

A. 市政设施：41%的村民对村子市政设施的评价是一般，认为市政设施不够完备的比认为完备的要多1.4个百分点，说明市政设施不够完备。

B. 环境卫生：30.8%的村民对村子环境卫生的评价是一般，认为环境卫生干净的比认为较差的要多1.8个百分点，说明环境卫生状况一般。

C. 道路交通：30.8%的村民对村子道路交通的评价是一般，认为交通不够顺畅的比认为顺畅的要多14个百分点，可见村子交通较为拥挤。

D. 治安状况：69.5%的村民认为社会治安状况达到一般及以上水平，30.5%的村民认为社会治安状况不太好。

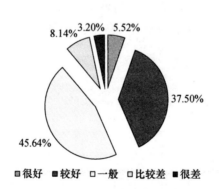

图 9 – 12 遗址区居民对村子环境的总体评价

3. 社会方面

受访人社会保障情况：问卷结果显示，遗址区居民99%以上仍然是农民身份，96.5%都参加了新农合医疗保险，38.95%的受访者参加了养老保险，几乎覆盖了全部60岁以上的老人，还有个别受访者享受低保，仅有3.49%的受访者参加了失业保险，1.74%的受访者参加了工伤险，1.16%的受访者参加了生育险。认为社会保障没达到满意度的占26.17%。总体来看，汉长安城遗址区居民参加商业保险的意识还比较淡漠，积极性不高。

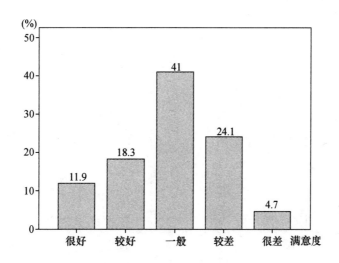

图9－13　遗址区居民对居住区周边市政设施完备度的评价

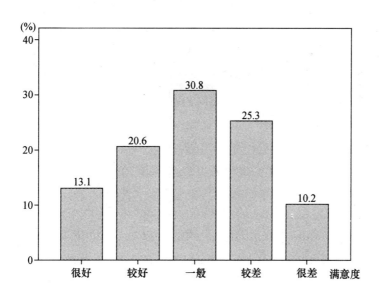

图9－14　遗址区居民对周边环境卫生干净度的评价

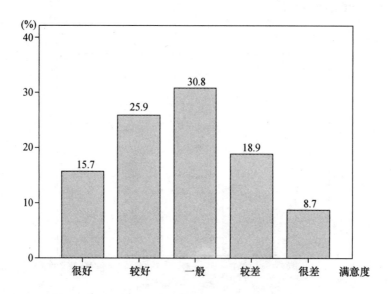

图 9 – 15　遗址区居民对周边道路交通顺畅度的评价

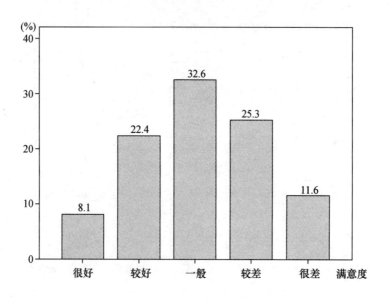

图 9 – 16　遗址区居民对遗址区社会治安安全度的评价

表9-4　　　　　　　　遗址区居民对享受社会保障情况的评价

目前享受的社会保障	频率	百分比（%）
医疗保险	332	96.50
养老保险	134	38.95
失业保险	12	3.49
工伤险	6	1.74
生育险	4	1.16
其他	12	3.49

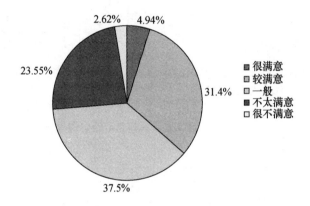

图9-17　遗址区居民对享受社保的评价

受访者生活满意度，主要从四个方面评估：

A. 日常心情。受访人日常心情愉悦的占43.6%，日常心情一般的占28.78%，心情较为苦恼的占27.61%。

B. 精神面貌。46.2%的受访者认为遗址区村民较为勤劳，也有22.7%的受访者认为遗址区村民较为懒惰。

C. 日常生活。72.97%的村民认为买菜购物还算方便，仅27.03%的村民认为买菜购物不便；53.5%的受访者认为邻里关系较为密切，23.3%的受访者认为一般，23.3%的受访者认为邻里关系比较疏远。

D. 村子管理。30.8%的受访人认为村子管理较为规范，39%的受访人认为村里规范程度一般，30.2%的受访人认为村子管理不规范，比较凌乱；26.2%的受访者认为社区活动较多，29.4%的受访者认为社区活动一般，44.5%的受访者认为社区活动较少。

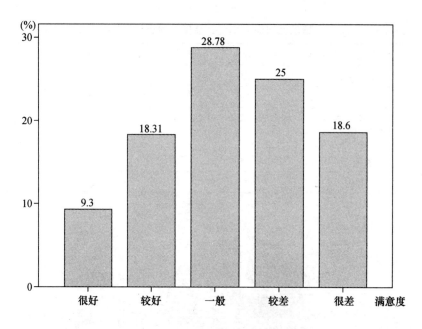

图9-18　遗址区居民日常心情愉悦度

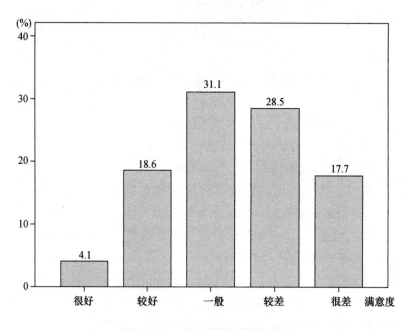

图9-19　遗址区居民精神面貌

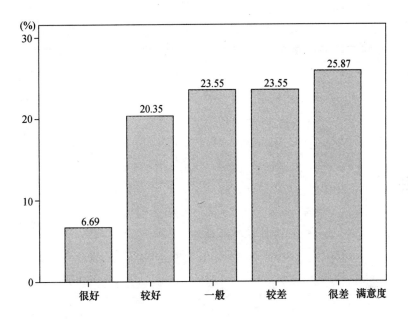

图 9 - 20　遗址区居民日常购物方便度

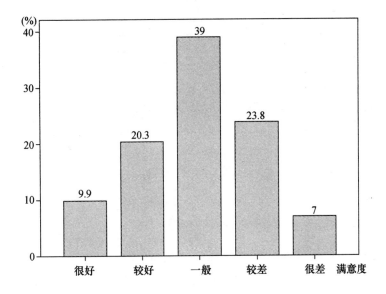

图 9 - 21　遗址区村子规范化管理状况

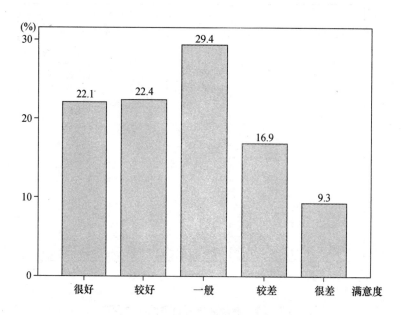

图 9 – 22　遗址区居民社区活动频繁度

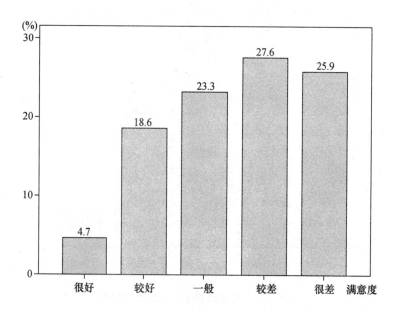

图 9 – 23　遗址区居民邻里关系密切度

4. 对搬迁的态度

受访人是否愿意搬迁：仅有 6.1% 的受访者非常愿意搬迁，22.67% 的受访者比较愿意搬迁，12.5% 的受访者态度保持中立，19.77% 的受访者不太愿意搬迁，33.14% 的受访者明确表示不愿意搬迁，5.81% 的受访者认为说不清。可见 50% 以上的受访者表示不同意搬迁，仅有 28.77% 的受访者有搬迁意愿。

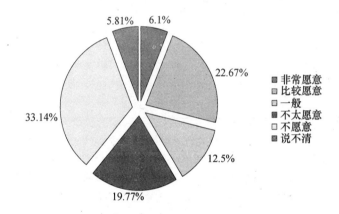

图 9-24 遗址区居民对搬迁的态度

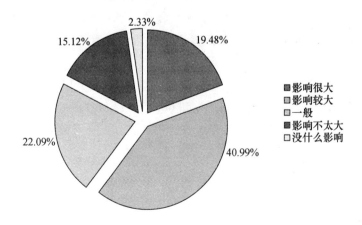

图 9-25 拆迁对遗址区居民的影响度调查

搬迁的主要影响：19.48% 的村民认为搬迁对生产生活的影响很大，40.99% 的村民认为影响较大，22.09% 的村民认为影响一般，15.12%

的村民认为影响不太大，只有2.33%的村民觉得没什么影响。具体来讲，受访者认为造成较大影响的主要是工作就业、生活质量，这两项均超过50%，其次是精神心理、邻里关系、子女教育、角色转换等，对家庭关系的影响相对较小。

表9-5　　　　　　　　搬迁对遗址区居民的影响度调查　　　　　单位:%

	工作就业	家庭关系	邻里关系	精神心理	生活质量	子女教育	角色转换
影响很大	23.3	5.8	13.1	12.2	16.6	15.1	11.0
影响较大	29.1	13.4	28.2	34.9	35.8	28.2	30.2
一般	23.5	26.2	22.1	27.3	28.2	21.2	27.0
影响不太大	17.2	29.7	24.1	12.2	11.6	20.6	16.3
没有影响	7.0	25.0	12.5	13.4	7.8	14.8	15.4

在访谈调查中，多数村民反映，目前居住区生活用品比较便宜实惠，距离城市较近，交通成本低，孩子入托在村子里，上学就在附近，就医也很方便，家庭开支少，而且会有一些房租收入。而安置小区相对过去村子，离城较远，住进楼房后，取暖费、电费、水费、物业费、天然气费等日常开支增大，交通成本、孩子入托或上学成本、赡养老人成本等都会大幅度增加。而且楼房不如自家房子住着舒服，生活成本也高，祖祖辈辈都住在这里，现在拆迁了，楼房只有70年产权，子孙后代怎么办？这些原因使村民不愿意搬迁。

搬迁过程中主要关注的问题：安置补偿标准和拆迁安置措施最受关注，受关注的比例分别占82.27%和66.57%；其次是拆迁后的生活来源，受关注比例为54.94%，养老医疗等社会保障关注比例为48.26%；最后是工作就业、何时搬进新居、新房居住条件等，受关注比例相对较小的是集体分红和购物不便。

表9-6　　　　　　遗址区居民在拆迁中关注的主要内容调查

	频率	比例（%）
安置补偿标准	283	82.27
拆迁安置措施	229	66.57

续表

	频率	比例（%）
养老医疗等社会保障	166	48.26
房屋拆迁后的生活来源	189	54.94
工作就业	135	39.24
何时搬进新居	92	26.74
新房居住条件	127	36.91
交通不便	81	23.55
集体分红	53	15.41
原有生活方式改变	76	22.1
购物不便	31	9.01
其他	3	0.87

需要政府提供哪些帮助：受访者中选择需要政府提供就业岗位和改善生活条件的各占55.8%，需要就业创业技能培训的占37.2%，需要财政金融支持的占34.88%，需要产业项目带动的占18.9%，选择其他的占6.1%，这部分村民主要关注养老等相关政策措施。可见遗址区居民认为拆迁会影响到工作，最需要政府提供帮助的地方就是提供就业岗位和培训，改善村民生活条件，完善养老等社会保障体系。

表9-7　　遗址区居民在拆迁中需要政府提供的帮助调查

主要内容	频率	比例（%）
提供就业岗位	192	55.8
就业创业技能培训	128	37.2
改善生活条件	192	55.8
财政金融支持	120	34.88
产业项目带动	65	18.9
其他	21	6.1

受访者对补偿款的打算：46.8%的受访人家庭打算将拆迁安置所得的货币补偿款用于日常生活消费和房子装修等，44.8%的家庭打算用补偿款做生意，10.5%的家庭打算将补偿款用于股票、基金等金融资产投

资，还有 3.5% 的受访人表示没有想好用途。由此可以看出，相当一部分遗址区居民愿意将补偿款用于投资理财或做生意，这种意识逐渐提高；同时很多村民对未来缺乏理性的预期，仅仅想到要把补偿款用于生活消费。

表 9-8 遗址区居民获得补偿款后的主要用途调查

分类	频率	比例（%）
存银行	124	36.0
用作日常生活消费	161	46.8
盖房	15	4.4
做生意	154	44.8
用作养老医疗等社会保障	64	18.6
金融投资	36	10.5
其他	12	3.5

5. 对遗址保护的态度

对遗址保护的了解认知程度：52.03% 的受访者对汉长安城遗址区文化遗产保护的情况、相关知识、含义不太了解，37.21% 的受访者比较了解，6.10% 的受访者完全不了解，4.65% 的受访者非常了解。

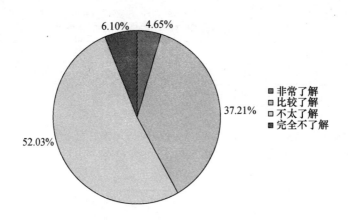

图 9-26 遗址区居民对遗址保护的态度调查

受访者对遗址保护的态度：71.8% 的受访者认为遗址保护是有必要

的，15.1%的受访者认为无所谓，只有5.2%的受访者认为没有必要进行遗址保护和改造。48.5%的受访者认为遗址保护限制了汉长安城遗址区域的发展，63.4%的受访者认为日常生产生活影响到了遗址保护工作，43.31%的受访者对汉长安城遗址保护工作的前景比较乐观，8.72%的受访者对汉长安城遗址保护前景非常乐观。

表9-9　　　　遗址区居民关于遗址保护的影响状况调查

是否认为遗址保护限制了该区域的发展

		频率	百分比（%）	有效百分比（%）	累积百分比（%）
有效	是	167	48.5	48.5	48.5
	否	88	25.6	25.6	74.1
	不好说	89	25.9	25.9	100.0
	合计	344	100.0	100.0	

是否认为日常生产生活影响了遗址保护

		频率	百分比（%）	有效百分比（%）	累积百分比（%）
有效	是	218	63.4	63.4	63.4
	不清楚	73	21.2	21.2	84.6
	否	53	15.4	15.4	100.0
	合计	344	100.0	100.0	

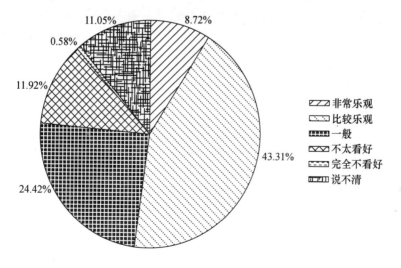

图9-27　遗址区居民关于遗址保护前景的看法

受访者认为遗址保护的主要目的：66%的受访者认为遗址保护的主要目的是保护文物古迹，43.9%的受访者认为遗址保护的主要目的是提高人民生活水平，41.6%的受访者认为目的是改善区域环境，38.7%的受访者认为目的是发展旅游业，34.6%的受访者认为目的是传承历史文化，22.1%的受访者认为是为美化城市风景，18.3%的受访者认为是为促进区域发展，16.3%的受访者认为是为统筹城乡发展，10.5%的受访者认为是为便于城市管理。

表9-10 遗址区居民关于遗址保护的目的认知

	频率	比例（%）
保护文物古迹	227	66.0
提高人民生活水平	151	43.9
改善区域环境	143	41.6
发展旅游业	133	38.7
统筹城乡发展	56	16.3
促进区域发展	63	18.3
美化城市风景	76	22.1
传承历史文化	119	34.6
便于城市管理	36	10.5

对于遗址区域开发关注的主要内容：78.2%的受访者关注搬迁群众的安置工作，60.5%的受访者关注政策是否透明、公平，42.4%的受访者关注申遗区的征地搬迁，34.3%的受访者关注遗址区经济能否发展，25.3%的受访者关注申遗区居民情绪，24.4%的受访者关注遗址区公共服务设施能否改善，24.1%的受访者关注城市绿化与环境整治，18.3%的受访者关注历史文化古迹的保存，15.1%的受访者关注保护区发展规划，10.8%的受访者关注保护区建筑风格。

表9-11 遗址区居民对遗址区域开发关注的主要内容

	频率	比例（%）
申遗区征地搬迁	146	42.4
政策透明、公平	208	60.5
居民情绪	87	25.3

续表

	频率	比例（%）
搬迁群众的安置	269	78.2
经济能否发展	118	34.3
历史文化古迹的保存	63	18.3
保护区建筑风格	37	10.8
保护区发展规划	52	15.1
公共服务设施	84	24.4
城市绿化和环境整治	83	24.1

受访者对遗址保护的评价：对于汉长安城的遗址保护工作，只有2.9%的受访者觉得很满意，23%的受访者认为比较满意，34%的受访者认为一般，17.2%的受访者认为不太满意，11.6%的受访者认为不满意，11.3%的受访者说不清。对于西安整体文化遗产保护工作，只有4.9%的受访者认为很好，34.6%的受访者认为比较好，30.2%的受访者认为一般，13.7%的受访者认为不太好，2.6%的受访者认为很差，14%的受访者认为说不清。

表9－12　　　　　对汉长安城遗址保护工作的评价

		频率	百分比（%）	有效百分比（%）	累积百分比（%）
有效	很满意	10	2.9	2.9	2.9
	比较满意	79	23.0	23.0	25.9
	一般	117	34.0	34.0	59.9
	不太满意	59	17.2	17.2	77.0
	不满意	40	11.6	11.6	88.7
	说不清	39	11.3	11.3	100.0
	合计	344	100.0	100.0	

表9－13　　　　　对西安文化遗产保护工作的评价

		频率	百分比（%）	有效百分比（%）	累积百分比（%）
有效	很好	17	4.9	4.9	4.9
	比较好	119	34.6	34.6	39.5
	一般	104	30.2	30.2	69.8

续表

		频率	百分比	有效百分比	累积百分比
有效	不太好	47	13.7	13.7	83.4
	很差	9	2.6	2.6	86.0
	说不清	48	14.0	14.0	100.0
	合计	344	100.0	100.0	

受访者认为遗址保护面临的问题：47.7%的受访者认为汉长安城遗址区面临的主要问题是管理混乱，40.7%的受访者认为保护宣传力度不够，36.6%的受访者认为缺乏有效的保护机制，29.9%的受访者认为环境管控不力，26.2%的受访者认为缺乏资金，24.4%的受访者认为基础设施不完善，15.7%的受访者认为缺乏科学规划。14.2%的受访者认为是传统文化与现代文化的冲突。可见管理不到位、保护宣传力度不够、环境管控不力成为汉长安城遗址保护的三大主要问题。

表9-14　　　　　　　　对遗址保护面临问题的评价

	频率	比例（%）
缺乏有效的保护机制	126	36.6
传统文化与现代文化冲突	49	14.2
保护宣传力度不够	140	40.7
缺乏资金	90	26.2
基础设施不完善	84	24.4
环境管控不力	103	29.9
管理混乱	164	47.7
缺乏科学规划	54	15.7
其他	11	3.2

受访者的参与意愿：16.28%的受访者非常希望参与遗址保护工作，54.07%的受访者希望参加遗址保护工作，16.28%的受访者表示不一定参加，10.17%的受访者没有明确表示，仅有3.2%的受访者明确表示肯定不会参与汉长安城遗址保护工作。25%的受访者更希望通过公益活动方式参与，22.7%的受访者更希望通过旅游服务方式参与，16.6%的

受访者希望通过环境保护方式参与，可见，汉长安城遗址区村民对遗址保护工作的参与意愿很高。

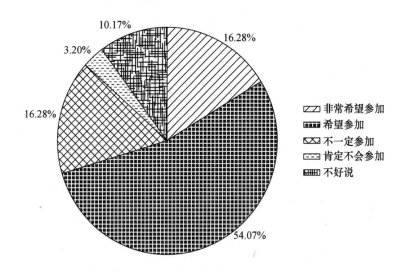

图 9 - 28　遗址区居民关于参与遗址保护的意愿调查

表 9 - 15　　　　　　　　希望通过何种方式参与遗址保护

	频率	百分比（%）	有效百分比（%）	累积百分比（%）
遗址区旅游服务	78	22.7	22.7	22.7
遗址区环境保护工作	57	16.6	16.6	39.2
遗址区公益活动	86	25.0	25.0	64.2
不好说	122	35.5	35.5	99.7
合计	343	99.8	99.8	

（二）对遗址保护工作的建议

受访者主要提出以下几点建议：

（1）鼓励居民参与遗址保护，对于遗址保护希望成立公司，村民以入股形式参与保护和开发。

（2）希望加大对政府及村上相关政策、措施、规划的宣传力度，及时公布，保证政策透明、公正。

（3）加大资金投入，或政府成立专门机构对外筹集资金。

（4）关注老、弱、病、残的社会保障，关注年轻人的就业，进行职业培训或提供就业岗位，通过各种方式提高农民收入。

（5）希望提高拆迁安置补偿标准，给予遗址区村民更多实惠。

（6）学习北京、深圳、苏州的模式（模式介绍），发展汉长安城遗址区。

第十章 国家大遗址片区——西安生态城市建设的实践

西安是我国古代文明的重要发源地之一，作为十三朝古都，大遗址数量多、面积大、分布广、级别高，在现代化的建设中，遗址区已经与城市的发展融为一体。同时，西安作为我国五大遗址保护片区之一，在遗址保护与城市的社会、经济以及生态环境如何和谐共生发展的实践探索中也发挥着至关重要的作用。尤其是进入 21 世纪，随着中国城市化发展逐步进入"人口转移型"与"结构转换型"并存的新型城市化发展阶段。由于我国城市化与工业化发展阶段的区域差异，城市转型发展的实践探索各不相同。但适宜居住无论何时都是和谐城市的重要特征。尤其是在遗址密度高的城市地区，体现城市建设和发展从"以物为中心"向"以人为中心"的转变，构建生态宜居城市，需要对城市的管理者和决策者提出更高的要求。

西安是西部区域中心城市，世界历史文化名城，也是我国国家级开发区最多的城市。先后被国家确定为低碳城市、生态城市、智慧城市试点城市。2009 年被国务院确定为继北京、上海之后的第三个国际化大都市。新中国成立 60 多年来，西安的城市转型与绿色发展，在我国具有一定的典型性。本章从产业升级、城市化轨迹、城市特色塑造等方面，对西安城市转型与绿色发展实践进行分析总结，希望为我国城市转型与绿色发展提供参考。将西安市作为大遗址片区的整体来研究，建立评价指标体系，分析遗址片区与城市发展相契合的生态宜居城市建设路径，从而营造人文、绿色的宜居环境，增加人们的舒适度和幸福感。

第一节　西安城市发展的足迹

一　产业发展轨迹：高端产业注入—特色产业培植—多元产业发展

新中国成立后，西安通过"一五"、"二五"和"三线建设"，奠定了现代工业的基础，经过改革开放后国企改革与传统产业改造，以及20世纪90年代以后的开发区建设，逐步实现产业结构升级与现代产业体系的构建。

（1）20世纪50年代，通过产业注入实现产业跨越。"一五"、"二五"及"三线建设"时期，以西安为中心的关中地区是国家建设的重点。这一时期，国家在西安及其周边地区布局了大量的机械、电子、纺织、能源工业，使西安成为以飞机、兵器、输电设备、自动化仪器仪表等为主的制造业基地，西郊崛起的"电工城"成为全国最大的电力机械工业基地，西安纺织城成为西北地区最大的纺织工业基地，新建、扩建或迁建了像西安交大、西北工业大学等一批高等院校，使西安成为除北京、上海外全国高等院校最集中的城市。20世纪60年代"三线建设"时期，中央在陕共安排了400多个项目，全部固定资产投资累计完成220亿元。投资建设的重点是国防科技工业、民用机械工业、能源工业和铁路。这些投资和项目的80%以上集中布局在以西安为中心的关中地区，使西安成为以航天、航空、电子为主的国防科技工业基地，形成了包括科研、设计、试验、生产的完整的航天工业体系，形成了从电子元器件、仪器仪表、专用设备到整机生产的完整的电子工业体系，成为全国机床工具、重型机车、电气机械、仪器仪表、工程机械工业基地。经过这一时期的建设，西安成为国家重要的以机械、电子、纺织、国防科技工业为主的工业基地，由一个消费城市逐步变身为实力雄厚的工业城市。

（2）改革开放后，用高新技术改造提升传统产业。改革开放以后，西安利用科技优势，加快用高新技术改造传统产业，以电力机械、飞机、汽车、机床工具、工程机械、制冷设备、纺织机械等为重点，积极引进国外先进技术嫁接改造国有大中型企业，通过对国有企业改革与资产重组，推进产业升级和产品结构调整，使优势产业得到迅速发展；通过军工企业的体制机制创新，建成了包括航天、航空、兵器、船舶、核工业的完整的生产科研体系，形成了中程轰炸机、大型运输机、固液体火箭发动机和常规兵器五大科研生产基地。20世纪90年代后，在国家开发区政策的引导下，西安凭借着优越的区位条件和较强的科技实力、雄厚的工业基础，成立了国家级高新技术开发区、西安经济技术开发区，进入了开发区建设为特色的板块经济时代。以高新技术和先进制造技术为先导，依托开发区和众多的科技工业园，以及大量的国防科技企业、高新技术企业，西安加快信息化建设，依托强大的国防科技工业，加快高新技术向民用民品转移，向传统产业渗透，带动传统产业技术升级和产品结构调整，促进产业结构不断优化升级。

（3）进入21世纪，培育多元产业促进结构优化。2000年以后，在国家西部大开发战略引导下，西安加快基础设施和生态环境建设，进入开发区飞速发展时期。经济技术开发区升级为国家级，设立了国家级曲江文化新区、国家级浐灞生态区、国家级航空产业基地、国家级航天产业基地、西安国际港务区等，这些特色鲜明的产业板块（见表10－1），成为引领西安产业结构优化升级的龙头，引领西安绿色发展方向（见图10－1）。

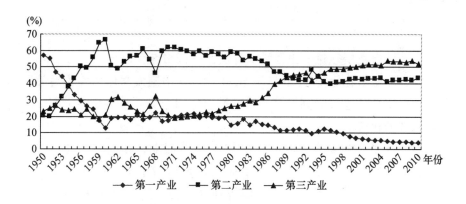

图10－1　西安产业结构的演变

表10－1　　　　　　　　　西安的开发区及产业特色

名称	成立时间及规划面积	发展定位
国家级高新技术开发区	1991年3月成立，规划面积107平方公里	高新技术、现代服务、先进制造、生物医药

续表

名称	成立时间及规划面积	发展定位
国家级经济技术开发区	1993 年成立，2000 年升为国家级，2002 年设立出口加工区。规划面积 71 平方公里	高新技术、先进制造、现代服务业出口加工等
国家级曲江文化产业示范区	2002 年成立，核心区 40.97 平方公里，发展区 150 平方公里	文化产业、旅游产业区等为主的城市新区
国家级阎良航空高技术产业基地	2004 年 8 月成立；2010 年 6 月升级为陕西航空经济技术开发区，规划面积 40 平方公里	航空技术研发、人才培养、装备生产及整机制造、零部件加工、航空服务
国家级浐灞生态区	2004 年 9 月成立，规划面积 129 平方公里	流域综合治理与生态建设的生态型城市新区
国家航天科技产业基地	2006 年成立，规划面积 23.04 平方公里	航天民用、半导体器件、新材料、新能源等
西安国际港务区	2010 年成立，规划面积 44.6 平方公里	中国大型国际陆港、全球商贸物流中心、西部服务业示范园区
丰渭新区	2010 年成立，规划面积 195 平方公里，其中，西安市辖区 125 平方公里	生物医药、高新技术、现代服务、总部经济

二 城市发展轨迹：卫星城—开发区—城市新区

西安的城市化起步于 20 世纪 50 年代。新中国成立后西安先后编制了四次城市总体发展规划，其确定的城市空间布局，基本反映了西安城市化发展的轨迹。

（1）工业卫星城带动城市发展。"一五"时期，在国家"变消费城市为生产城市"政策指导下，以工业项目布局为中心，西安进入"工业城市布局"时代。西安城市总体规划（1953—1972 年）提出了以旧城为中心，向东、南、西三个方向扩展，市区中心为商贸居住区，东郊纺织城、军工城，西郊电工城，南郊文教区，北郊大遗址保护与仓储区。奠定了西安单中心圈层化发展的空间布局基础。改革开放后，由于国家建设的重点在沿海，西安地处内陆，城市发展主要是新区围绕老城发展，城市化发展比较缓慢。

（2）开发区主导下的城市发展阶段。20 世纪 90 年代以来，进入以

"开发区主导"为核心驱动的城市化发展阶段。新区围绕旧城，发展外围组团，优化城市空间结构，促使城市向多心化发展。沿"米"字形方向，西安城市发展开始进入以开发区为平台向外扩展，城市化发展进入快速发展期。东部军工产业区、东南曲江旅游生态度假区，南部文教区、西南高新技术产业区，西部综合新区、西北部汉城遗址保护区，北部装备制造业区，东北部结合浐灞河道整治，建设成高尚居住和旅游生态区。

（3）新区引领下的城市发展阶段。2002 年设立曲江新区，之后是阎良航空基地、西安航天基地、国际港务区，高铁北客站建设，渭河综合治理、浐灞河湿地改造，行政中心北迁，世园会的举办，从整体上引导城市重心向北转移，疏解古城压力，促使城市空间结构优化。形成北部国家级西安经济技术开发区、南部国家级高新技术开发区、曲江国家级文化产业示范区、国家级西安民用航天产业基地，东部浐灞生态区、西安国际港务区，西部汉长安城遗址保护区、大兴新区的城市格局。目前正加快城市地铁与轻轨等轨道交通建设，未来 10 年，西安将拥有两条"十字形"的地铁主线路，到 21 世纪中叶，将形成由 6 条地铁组成的城市快速轨道交通线网，引导城市空间布局结构不断优化，促进城市化继续保持快速发展势头。

三　城市特色建设：文脉传承—生态建设—文化引领

（1）文脉"铸魂"。西安是一个世界历史文化名城，有着 3100 多年建城史，1000 年的建都史，其城市空间留下了大量历史遗存和文物古迹。这些大量珍贵的历史文化遗产，承载着丰富的历史信息和文化内涵，是当时中华文明辉煌成就的印证，记录着中国从黄帝文明到"周礼"文化，逐步形成了以汉唐文化为核心的民族文化体系，是中华民族文化和精神的象征。新中国成立以后，西安从第一次城市规划（1953—1972 年）提出了保护古城风貌，城市建设避开周、秦、汉、唐四大遗址地区的发展构想，之后，三次规划不断强化、细化历史文化名城保护的内涵，显示唐长安城的宏大规模，保持明清严整格局，延续"长安龙脉"，继承唐长安城棋盘式路网和轴线对称的布局，确定"九宫格局"空间布局形态。20 世纪 90 年代开始实施旧城改造，启动的顺城巷、城墙、城河、城林、环城路"五位一体"的环城景观体系建设。第四次总体规划（2004—2020 年）将西安城市特色定位于"古代文明与现代文明交相辉映，古城区与新城区各展风采，人文资源与生态资源相互依托，具有浓郁古都风貌的现代化大城市"，将行政中心外迁等，传承城市形态，彰显空间特色。

（2）生态"筑基"。加强大秦岭山地生态环境建设，设立保护区、秦岭办；实施"大水大绿"工程，启动渭河改造工程，恢复西安"八水"胜景。在市内新辟和改造兴庆湖、曲江池、护城河、汉城湖、未央湖等景观湖泊，全面保护和恢复西安生态环境，通过开展"绿满西安、花映古城、三年植绿"大行动。提出了以"城市大园林"的理念，规划整个城市造园空间等生态保护理念；将开发建设与生态发展理念有机结合，为西安"山水城市"建设奠定了生态基底，宜居特色日益凸显。

（3）文化"引领"。西安城市发展逐步从城市规划理念的文脉传承向城市建设的"曲江模式"引领发展，从城市生态保护向生态文化建设转变。"曲江模式"与"世园理念"已经上升为"文化"层面，成为新时期引领西安城市发展转型的双翼。①"曲江模式"。"文化＋旅游＋新区"的融合发展机制。内容不断丰富，文化引领不断深入。②生态文化理念引领。在世园会"天人长安·创意自然——城市与自然和谐共生"理念引导下，探索城市发展与自然和谐共生的创新模式，为西安城市发展产生了导航作用。

从西安城市发展轨迹，尤其是近 10 年的发展可以看出，以开发区建设带动产业优化升级，以生态建设促进绿色发展；通过"新旧分治"，形成了古代文明与现代文明交相辉映、人文资源与生态资源相互依托的城市特色；以产业聚集区为重要节点，以历史文化遗址为空间隔离，构筑"主城区＋副中心＋卫星城"空间结构，引导城市由"圈层化"发展向"轴线式"发展转型。通过秦岭北麓的保护性开发利用以及国家级卫生城市、文明城市、园林城市、环保模范城市的创建，提升宜居城市的内涵和品位，实现形象的"脱胎换骨"，唤起了长安"盛唐记忆"，开创了古城西安"绿色发展"模式。

但同时也必须看到，由于西安目前的产业规模还比较小，产业化能力还较低。在加快国际化大都市建设过程中，将面临三大突出矛盾：一是产业规模扩张与现代产业体系构建的双重压力。加快主城区工业外迁，强化主城区现代服务业的中心地位，构筑国际化大都市服务业核心，必须通过产业布局优化调整，提高产业园区的聚集能力，促进城市发展转型。二是空间承载力提升与文化遗产保护的双重压力。随着城市化的快速发展，市域范围内及周边地区大量密集分布的遗址群，将逐步进入主城区范围。在"曲江模式"基础上，探索研究历史文化遗产保护与都市圈和谐共生的长效机制，将成为西安绿色发展中需要认真研究解决的问题。三是强化城市总体规划引导与开发区规划权下移之间的矛盾。西安是我国开发区最多的城市。从20世纪90年代以来，西安已经形成了4个国家级开发区、2个国家级产业基地、1个国际港务区。城市发展开发区主导及"一区多园"发展模式的形成，激发了城市活力，但也对城市空间造成了严重分割与碎化。同时，由于规划管理权限的下移，导致城市总体规划对城市空间的引导作用失效，城市空间布局各自为政。一方面造成招商引资、项目建设、产业布局中的无序竞争，甚至恶性竞争；另一方面由于城市建设的"突飞猛进"所带来的征地拆迁、城中村改造、开发区与行政区利益博弈等问题"爆发式"出现。科学确定城市空间开发时序，是未来城市绿色发展需要解决的问题。

第二节　西安生态城市建设的绩效评估

一　指标体系的构建

在生态城市的研究当中，一些学者指出城市之间的差异性决定了用于评价城市发展的指标体系和规划内容也应该有所不同，应当设计反映城市个性的指标体系和规划方法用于评估和指导不同地区生态城市的实践。[①] 根据生态城市系统说的观点，认为生态城市是自然和谐、社会公平和经济高效的复合生态系统，这种观点既立足现实，又兼顾了城市的各种生态要素及其相互关系[②]，因此，本书在指标设计中以这一观点为基础，并结合西安的历史文化特色，构建适宜的有针对性的指标体系。具有众多遗址的城市体现了文化内涵，该项研究尝试在原有生态城市的自然、经济和社会三大类别构成的评价指标体系中加入文化方面的要素，由此构建生态城市评价指标体系。一级指标包括四个方面，即自然

[①] 马交国、杨永春：《生态城市理论研究综述》，《兰州大学学报》（社会科学版）2004年第5期，第108—117页。

[②] 赵清、张珞平、陈宗团、崔胜辉：《生态城市理论研究述评》，《生态经济》2007年第5期，第155—159页。

环境、经济发展、民生服务和文化活动，其中自然环境指标包括环境质量、资源利用和污染治理，经济发展指标包括经济水平和经济结构，民生服务指标包括民生质量和公共服务，文化活动指标包括文化产业和文化休闲，三级指标共 26 项指标（见表 10 - 2）。

表 10 - 2 生态城市指标体系构建

一级指标	二级指标	三级指标
自然环境	环境质量	建成区绿化覆盖率
		人均公共绿地
		可吸入颗粒物
	资源利用	单位工业增加值水耗
		单位 GDP 能耗
	污染治理	城镇生活污水集中处理率
		城镇生活垃圾无害化处理率
		工业固体废弃物综合利用率
		工业烟尘排放量达标率
		工业废水达标排放率
经济发展	经济水平	人均 GDP
		GDP 增长率
	经济结构	三次产业占 GDP 比重
		高新技术产品产值占工业总产值比重
		科技投入占 GDP 的比重
民生服务	民生质量	城市居民人均可支配收入
		恩格尔系数
	公共服务	人均生活用水量
		人均生活用电量
		燃气普及率
		人均拥有道路面积
文化活动	文化产业	文化产业产值占 GDP 比重
		文化生活服务性消费占消费比重
		艺术文化活动总支出
	文化休闲	国际旅游人数
		文物机构和博物馆参观人数

二　评价方法

针对指标体系的评价，学者们通常采用专家评分法、层次分析法、多目标决策法等，但这类方法需要专家对各项指标进行评分，所得结果往往具有很大的主观性。这里采用理想解法，又称 TOPSIS 法，是一种有效的多指标评价方法，能够避免主观因素的干扰，客观地进行多目标综合评价。[①] 利用理想解法进行评价指标测度的主要步骤如下：

1. 构造原始数据矩阵

假设有 m 个评价单元，n 个指标，指标值为 x_{ij}（$1 \leqslant i \leqslant m$，$1 \leqslant j \leqslant n$），则构造原始数据矩阵：

$$X = \begin{bmatrix} x_{11} & x_{12} & \cdots & x_{1n} \\ x_{21} & x_{22} & \cdots & x_{2n} \\ \vdots & \vdots & & \vdots \\ x_{m1} & x_{m2} & \cdots & x_{mn} \end{bmatrix}$$

2. 指标的标准化处理

由于各项指标的单位不同，为使数据具有可比性，需要对原始数据进行标准化处理。这里采用 Min - Max 标准化方法，即 $y_{ij} = \dfrac{x_{ij} - \mathrm{Min}x_{ij}}{\mathrm{Max}x_{ij} - \mathrm{Min}x_{ij}}$，由此得到标准化矩阵 Y：

$$Y = \begin{bmatrix} y_{11} & y_{12} & \cdots & y_{1n} \\ y_{21} & y_{22} & \cdots & y_{2n} \\ \vdots & \vdots & & \vdots \\ y_{m1} & y_{m2} & \cdots & y_{mn} \end{bmatrix}$$

在所选取的 26 个指标中，可吸入颗粒物、单位工业增加值水耗、单位 GDP 能耗、恩格尔系数这 4 项指标是负向指标，为保证方向的一致性，对其分别取倒数从而使数据方向统一指向正方向。然后再根据上述公式对所得数据进行标准化处理。

3. 计算加权的标准化矩阵

这里采用变异系数法来确定指标的权重。即通过求出各项指标下的评价值的均值 $E(y_{ij})$ 和标准差 S_j，得到变异系数 V_j，由此确定权重 W_j。

---

① 袁晓玲、雷厉、仲云云：《低碳经济评价指标体系构建及实证分析》，《城市问题》2013 年第 1 期，第 56—61 页。

$$V_{ij} = \frac{S_j}{E(y_{ij})} \quad (j = 1, 2, \cdots, n)$$

$$W_j = \frac{V_j}{\sum\limits_{j=1}^{n} V_j} (j = 1, 2, \cdots, n)$$

将权重 W_j 与标准化矩阵 Y 相乘，可得到加权的标准化矩阵 $U = WY$：

$$U = \begin{bmatrix} u_{11} & u_{12} & \cdots & u_{1n} \\ u_{21} & u_{22} & \cdots & u_{2n} \\ \vdots & \vdots & & \vdots \\ u_{m1} & u_{m2} & \cdots & u_{mn} \end{bmatrix}$$

4. 确定理想解和负理想解

由各项指标中得分最大值和最小值分别构成理想解向量 U_0^+ 和负理想解向量 U_0^-，计算公式为：

$$U_0^+ = \{ \mathrm{Max}\, u_{ij} \mid j = 1, 2, \cdots, n \} = \{ u_0^+(1), u_0^+(2), \cdots, u_0^+(j), \cdots, u_0^+(n) \}$$

$$U_0^- = \{ \mathrm{Min}\, u_{ij} \mid j = 1, 2, \cdots, n \} = \{ u_0^-(1), u_0^-(2), \cdots, u_0^-(j), \cdots, u_0^-(n) \}$$

5. 计算各评价单元到理想解和负理想解的距离

$$D_i^+ = \sqrt{\sum_{j=1}^{n} [u_i(j) - u_0^+(j)^2]} \quad (i = 1, 2, \cdots, m)$$

$$D_i^- = \sqrt{\sum_{j=1}^{n} [u_i(j) - u_0^-(j)^2]} \quad (i = 1, 2, \cdots, m)$$

6. 计算各评价单元的相对贴近度

$$C_i = \frac{D_i^-}{D_i^+ + D_i^-} \quad (i = 1, 2, \cdots, m)$$

最后，根据 C_i 值大小对各评价单元进行综合评价，C_i 值越大，越接近理想解，则表明越接近最优水平。

三 评价结果分析

西安的生态城市建设评价采用西安统计年鉴 1991—2011 年数据，为使数据具有可比性，将 GDP 折算为 1991 年不变价。利用理想解法对西安生态城市建设进行测评，分别从自然环境、经济发展、民生服务、文化活动四个方面衡量生态建设的发展水平，并将 26 项指标综合起来对西安的生态城市建设进行整体评价。通过计算 1991—2011 年四项一级指标和 26 项指标综合的 C_i 值，得到西安生态城市建设评价结果（见表 10 – 3）。

表 10 – 3　　　西安生态城市建设评价结果（1991—2011 年）

年份	自然环境	经济发展	民生服务	文化活动	综合评价
1991	0.087	0.131	0.047	0.069	0.087
1992	0.115	0.278	0.067	0.146	0.158
1993	0.101	0.388	0.085	0.128	0.204
1994	0.106	0.260	0.105	0.195	0.166
1995	0.214	0.191	0.120	0.217	0.196
1996	0.232	0.198	0.304	0.128	0.228
1997	0.232	0.207	0.323	0.143	0.237
1998	0.266	0.194	0.332	0.164	0.254
1999	0.284	0.190	0.371	0.211	0.280
2000	0.248	0.196	0.378	0.276	0.279
2001	0.319	0.257	0.373	0.294	0.317
2002	0.335	0.296	0.459	0.346	0.359
2003	0.323	0.337	0.382	0.282	0.328
2004	0.327	0.458	0.403	0.345	0.367
2005	0.347	0.515	0.426	0.362	0.392
2006	0.458	0.539	0.477	0.458	0.474
2007	0.453	0.561	0.596	0.477	0.499
2008	0.529	0.547	0.655	0.489	0.546
2009	0.540	0.649	0.755	0.601	0.603
2010	0.590	0.680	0.827	0.745	0.672
2011	0.924	0.707	0.859	0.943	0.848

1. 分项指标评价

1991—2011 年，自然环境、经济发展、民生服务和文化活动四项一级指标的 C_i 值都呈现出局部波动、整体上升的趋势（见图 10 – 2），说明西安生态城市建设在这四个方面都处于良性发展的态势。从四项指标 C_i 值的对比来看，文化活动指标增长得最快，说明作为大遗址区的西安，其文化特征日益突出，也反映出文化要素对于生态城市评价的影响程度逐渐升高。综合四项指标的变化趋势可以看出，自然环境和文化活动的 C_i 值都表现出继续上扬的趋势，而经济发展和民生服务的 C_i 值都表现出收敛的趋势。这表明近些年，西安的经济发展和民生服务增速放缓，自然环境和文化活动在不断加强。反映出近些年，西安正在协调自然环境、经济发展、民生服务、文化活动四者的关系，尤其正积极发挥自然环境和文化活动对生态城市建设的作用。

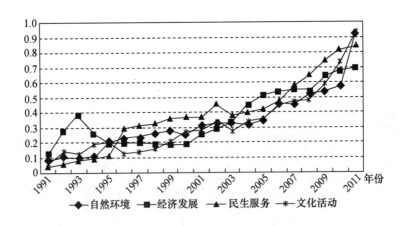

图 10 - 2　西安生态城市建设的一级评价指标 C_i 值的变动趋势（1991—2011 年）

从自然环境指标来看，1991—2005 年上升较为缓慢，而之后几年迅速上升，说明自然生态环境在近年来有明显的改善。第一，环境质量有所提升，通过建设遗址公园的方式对遗址进行保护和利用，不仅增加了城市绿地面积，也对空气的净化具有作用，减少可吸入颗粒物。第二，资源利用集约化程度显著提升，单位工业增加值水耗由 1991 年的 47.05 吨/万元降低到 2011 年的 8.9 吨/万元，单位 GDP 能耗从 1991 年的 2.62 吨标煤/万元下降到 2011 年的 0.47 吨标煤/万元。第三，环境治理成效明显，工业"三废"和生活污水、垃圾的处理率都表现出上升的趋势。这些指标体现了西安在资源与环境方面的改善，为生态城市的建设提供了基础。

从经济发展指标来看，1993 年增长到高值后迅速回落，之后波动上升，主要受 GDP 增长率变动的影响较大，西安 GDP 增速在 1993 年达到最高 23.9% 后有大幅下降，之后保持 14% 左右的增速增长。在中国经济运行进入新常态的大背景下，西安 GDP 增速近年来也保持在中高速增长。产业结构的调整对于经济生态的优化也起到一定作用，尤其是高新技术产业增加值占 GDP 的比重有很大幅度的增长，由 1991 年的 3.6% 增加到 2011 年的 11.2%。但第三产业发展较慢，第三产业占 GDP 比重在 11 年间只增长了 6.7 个百分比，明显落后于全国平均水平，现代服务业的发展存在很大的上升空间。这些指标体现了经济水平和经济结构的特征，为生态城市的建设提供了动力。

从民生服务指标来看，1991—1995 年和 1996—2005 年是两个平稳增长的时间段，2006—2011 年快速上升，说明这一时期，生活质量提升和基础设施建设得到了快速发展。在民生质量方面，城镇居民可支配收入在 1997—2004 年稳定在 10% 以下的增速增长，而 2005—2011 年，平均增速达到 17.3%，人民生活水平明显提高。城镇恩格尔系数由 2001 年的 51.6 下降到 2011 年的 31.3，说明人们的消费模式由生存型消费逐渐转向发展型与享受型消费。在公共服务方面，表现突出的是人均生活用电量激增，2001—2011 年，由 44.5 千瓦时增长到 728.6 千瓦时，增长了 15 倍，各类电器的逐步普及带来了电能的大量消耗。燃气普及率进入 21 世纪达到 85% 以上，并且天然气用量上升，而液化石油气用量下降。这些指标反映了人们的生存状态和城市公共设施建设的发展水平，为生态城市的建设提供了保障。

从文化活动指标来看，曲线阶段性上升，只在 1996 年和 2003 年有明显的下降。各项分指标都有所增长，其中，文化生活服务性消费占消费比重的增加幅度最大，由 1991 的 12.87% 上升到 2011 年的 47.33%，体现出人们的消费倾向逐渐转向文化层面的消费。文化产业产值占 GDP 比重由 1991 年的 3.97% 增长到 2011 年的 5.69%。通过对遗址文化资源的保护和开发，衍生出的遗址文化产业，使遗址不仅在空间上而且在价值利用上都与城市发展形成了融合。其中，曲江模式就是遗址保护与关联产业和谐发展的典范。国际旅游人数以及文物机构和博物馆参观人数都呈波动上升趋势，体现了一个城市的文化吸引力，也推动着城市向可持续的生态城市发展。这些指标体现了文化对于城市发展的影响，为生态城市的建设提供了活力。

2. 综合评价结果

西安的生态城市建设发展水平呈现快速上升趋势，尤其近 5 年来增速较快（见图 10 - 3），C_i 值从 1991 年的 0.087 增加到 2011 年的 0.848，尽管在 1994 年受经济发展下降的影响和 2003 年受民生服务和文化活动下降的影响，在当期 C_i 出现小幅回落，但西安生态城市建设发展水平整体呈现上升趋势，尤其近 5 年来增速较快。这说明，促使大遗址片区城市向着生态城市建设与遗址保护相互协调发展，需要加强对各指标的协同、均衡调控。

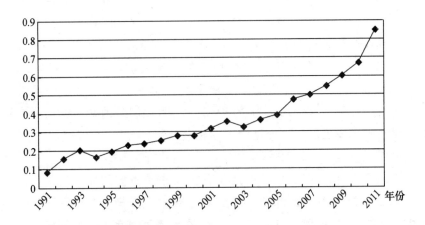

图 10 - 3　西安生态城市建设综合评价 C_i 值的变动趋势（1991—2011 年）

为研究四大项指标对生态城市综合评价结果的影响效应，以综合评价 C_i 值为被解释变量，自然环境 C_i 值（X_1）、经济发展 C_i 值（X_2）、民生服务 C_i 值（X_3）和文化活动 C_i 值（X_4）为解释变量，构建多元线性回归模型如下：

$$Y = C + a_1X_1 + a_2X_2 + a_3X_3 + a_4X_4$$

通过 Eviews 6.0 进行回归分析，结果如表 10 - 4 所示。由此可知，自然环境指标变动 1 个单位，综合评价结果变动 0.38 个单位；经济发展指标变动 1 个单位，综合评价结果变动 0.21 个单位；民生服务指标变动 1 个单位，综合评价结果变动 0.19 个单位；文化活动指标变动 1 个单位，综合评价结果变动 0.17 个单位。自然因素对于生态城市评价的影响最大，其次是经济因素、社会因素，文化因素的影响最小，但其影响程度也基本与社会因素并驾齐驱，说明在生态城市建设中，文化所起的作用已不容小视。

表 10-4　　　　　　　　　多元线性回归分析结果

变量	系数	T 统计量	概率
C	0.018970	3.594329	0.0024
X_1	0.382617	8.380106	0.0000
X_2	0.214587	8.597715	0.0000
X_3	0.186378	7.483001	0.0000
X_4	0.168317	3.943697	0.0012
$R^2 = 0.998224$			

第三节　遗址保护背景下生态城市建设的对策建议

西安作为我国乃至世界的人类文明演进的杰出代表之一，大遗址众多，如何在进行现代生态城市建设的过程中，做好保护、挖掘和充分利用文化遗址，不仅意义重大而且富有挑战。有鉴于此，建议西安在遗址保护背景下，尤其应从以下几个方面做好生态城市的建设：

一　遗址本体抢修与旧城综合改造相呼应

西安作为我国大遗址片区，主城区内的遗址较多，且在旧城区内遍布着众多历史文化遗迹，对旧城区综合改造既是提升现代居民生活质量的必要手段，又是对抢修各种遗址和整治遗址周边环境的有效途径，所以对遗址本体要做到"修旧如旧"，最大限度地保留其历史原貌，同时又需要对周边环境做到"旧貌换新颜"，全面提升城区居民生活质量，需要对二者做到统筹兼顾、相互呼应。

强化政府对遗址本体保护、抢修和旧城改造的科学部署、统一安排，尤其在决策前要注意积极、广泛地征求专家学者、辖区居民、社会公众的意见。与此同时，应借鉴国内外先进经验，采取各项措施鼓励引入和积极引导民间社会资本在对遗址本体保护和抢修的前提之下，对旧城地块科学合理、稳妥有序地改造开发，充分挖掘遗址的文化传承和科普教育等价值，将其贯穿和拓展到文化旅游、休闲娱乐等相关产业，旧城区改造为生活居住区时，应注意遗址抢修、保护与居民日常生活环境的相融，在改善居民生活环境和方便居民日常活动的同时，利用遗址文化的普及教育功能，提高居民文化素养。需要格外注意的是，在招商引资对旧城区改造的同时，要注意防止和减少对遗址文化的"过度包装"和"泛商业化"开发，尤其要防止对遗址文化的"滥用"和"错用"，毕竟遗址的科普教育质量关系到优秀历史文化的继承准确性。

二 遗址本体保护与新区规划布局相契合

城市空间特色质量的优劣是评判城市的宜居性与吸引力的重要标准，通过历史文化环境的营造能够提升城市空间的内在品质，从而加强城市空间特色的保护。这就需要在保护历史物质遗存和传统文化内涵的过程中，将传统的因素如文物古迹、历史街区、历史风貌、城市的传统格局以及历史文化传统等，赋之以合理的角色和功能后，契入城市设计之中。在逐步改善城市生活环境的同时，保护包括古城及古城遗址、古建筑等整体空间环境，并选择若干历史街区加以重点保护，以这些局部地段来反映城市的风貌特色。

西安在第一次城市规划中，确定了新的城市区域建设应避开重大历史文化遗址的重要原则，把汉长安城、秦阿房宫、唐大明宫、唐兴庆宫等几个重要遗址，规划为公共绿地，积极地应对了新中国成立后西安第一次城市规模扩张和建设热潮。在1980年至2000年的第二次城市规划中，继续坚持了古城保护的宗旨，提出了"保护明城完整格局，显示唐城宏大规模、保护周秦汉唐重大遗址"的原则。在1995年至2010年第三次西安市城市总体规划中，以各项保护条例为指导，构成了西安古迹遗址保护的法律保障。

三 遗址环境整治与城市环境改善相融合

作为大遗址片区之一的西安市，在进行规划、设计、建设和管理的各领域和全过程中，应进行环境风险的预测和评估，将环境影响评价的理念不仅体现在城市环境污染的产生阶段，更应该在城市的总体规划甚至城市经济社会发展战略的制定阶段，将环境污染发生的风险问题及时识别、预防和控制在初期，降低削减环境污染的经济成本和社会成本。尤其是，针对现行的环境影响评价过程不仅关注建设项目，还应将评估重点前置至发展战略的制定阶段和项目的规划阶段。城市建设是为了创造良好的人居环境，既包括物质环境，也包括文化环境，避免城市环境的恶化，就是从大环境对遗址本体的保护。

对遗址区周边环境整治也对城市整体环境的提升起到积极作用。针对不同区域、不同特点的大遗址，实施遗址绿化公园、遗址农业园区、历史风景旅游区、遗址历史公园等载体示范工程的建设，在突出每个遗址特色的同时，应注意与周边环境相融合，营造良好的城市环境。例如：

（1）遗址绿化公园。以保护遗址本体为主，对遗址重点实施绿化保护，同时对遗址周边进行环境整治，大面积绿化对于保持水土、净化空气、调节气候、减少噪声、增加鸟类栖息地等起到积极作用。不仅使遗址得到了较好的保护，并且改善了城市的生态环境，为居民提供了开放式的观赏、休闲和娱乐空间，是城市发展与遗址保护的有机结合，对于社会和谐、景观审美具有积极的意义。如阿房宫遗址、唐城墙遗址公园、兴庆宫公园等。

（2）大遗址农业园区。针对规模庞大、居民数量众多的大遗址，政府难以拨出大量资金实施保护。通过引导区域内居民依附原有农业，开展一些基础好、效益高、风险低的经济作物休闲观光活动和农业观光活动，建设观光农园、市民休闲体验农业园、现代高科技农业园区等，以此带动居民致富。如汉长安城遗址、周丰镐遗址等。

（3）大遗址风景旅游区。本着充分保护大遗址和自然生态环境的理念，将部分遗址区作为旅游景区逐步开发，形成集历史文化、人文景观和自然景观为一体的特色旅游景区。同时，不断完善基础设施建设，创造良好的内、外部条件，形成高品质的集自然、人文和历史景观于一体的旅游环境。如曲江池遗址公园等。

（4）大遗址历史文化公园。把部分遗址区作为历史文化公园开发，将遗址本身及周围的自然环境妥善保存并有效展示，对社会开放，把遗址保护与展示相结合，让人们在身临其境中有所感悟和体验。如唐大明宫遗址公园等。

四　遗址文化挖掘与城市产业发展相衔接

遗址遗迹作为文化的载体，对一座城市文化氛围的营造具有指示性作用。通过营造历史遗产环境，包括其中蕴含的自然环境、人文环境、经济环境，带动相关文化产业的发展，提升城市的文化品位，提高市民的文化修养，改善人们的居住环境。在遗址的保护和开发利用过程中，以保护为主导的遗址生态环境修复和以利用为主导的文化产业链开发都将为城市的产业发展注入新的活力。遗址遗产所具有的综合价值，能够提供新的消费服务，满足人们更高层次的文化与精神需求。在人们以各种方式消费这种文化资源的过程中，也带动了遗址文化产业的发展，并渗透到其他关联产业，从而促使城市经济生态的繁荣和持续发展。

综上所述，在新的历史时期，西安的经济结构和产业结构也进入了重要的转型升级期。而文化产业以其资源消耗低、环境污染小、产业附加值高等鲜明特点将成为应对西安产业结构升级转型的较好选择。依托大遗址资源，西安具有充足的条件发展独具特色的文化产业，发展文化产业品牌，以此来加快西安遗址文化效应与文化产业经济效益共赢的和谐局面。

第四节　西安城市转型与绿色发展的启示

世界城市发展显示，从工业支撑到现代服务业主导，生态、智慧城市目标的提出，城市在不同发展阶段的支点是不同的。随着城市发展阶段的高级化，文化最终将成为城市发展的根本支撑。从西安在新中国成立 60 多年来的发展历程，我们得出西安城市转型与绿色发展的六点启示：

一　必须树立文化引领的发展理念

文化是城市高级化发展的重要支点，在城市演变过程中具有重要的引导功能。通过文化大发展大繁荣，推动文化产业成为国民经济支柱产业，是我国的重要战略选择。树立低碳城市发展理念，倡导绿色生活方式，充分发挥城市历史文化与生态文化在城市产业发展、城市特色、生态建设、环境营造中的引领作用，实现城市文化复兴与生态环境建设相结合，社会效益、经济效益与生态效益相协调发展，实现历史空间与现代城市空间的和谐共生，是新时期我国大城市空间发展的重要任务。通过文化旅游的融合发展，带动城市产业结构升级；通过生态文化建设，打造城市宜居空间；通过历史文化激活，提升城市魅力，丰富市民生活，提升市民文化素养，营造城市文明、开放、和谐的人文环境；通过引入低碳生态绿色的建筑设计理念，发掘节能减排低碳型的景观元素，丰富和美化城市建筑外观，使城市沿着低碳化、生态化、绿色化方向发展，已成为城市产业升级与绿色发展、文化建设与特色打造的重要路径选择。

二 必须加强城市总体规划的引导

经济发展是城市空间发展的根本动力，城市空间的演变是经济发展在地域上的投影。通过规划引导与控制，促使城市向着良性发展的轨道推进，以避免市场作用力的无限放大，造成城市的无限蔓延与环境的破坏、资源的浪费，是西安城市建设过程中的经验与教训。随着我国土地资源的日益紧缺，从战略高度，提出具有全局性、前瞻性的城市空间发展规划，加强其执行的严肃性，避免随意性，显得更加重要。

三 必须重视城市的历史文脉传承

城市是一个生命有机体，文化是一座城市的"根"与"魂"。城市特色是城市的历史积淀，也是城市未来的发展追求。从历史文脉中寻找根，城市才会生长得更富有朝气、更久远。传承城市文脉，保护城市的历史文化街区，提高城市发展的活力，构建具有民族性、地域性、多元性的城市文化特色，是城市保持持久活力的源泉，是塑造城市特色的重要依托。

四 必须强化生态环境的保护意识

自然山水是城市形成的物质基础，城市特色的外在表现，也是城市最宝贵的资源。保护自然山水格局，构建城市生态系统，必须树立"城市大园林"的理念，坚持开发建设与生态建设有机结合，从整体上统筹考虑城市"绿脉"与"蓝网"生态基质的构成，形成多层次的城市绿化格局，奠定城市绿色发展的生态基础。

五 必须加强公众参与的发展理念

城市发展必须彰显城市的主人身份，体现公民意志，重视公民的社会参与，关注公众利益诉求，不应以单纯的技术性蓝图和笼统的规划指标掩盖城市文化特色形成背后的多方文化诉求。要增加城市特色决策中的透明度，鼓励公众积极参与。通过搭建公众参与平台，让普通老百姓参与到城市规划与建设当中。建设公众喜爱的城市形象，妥善处理城市建设与城市化过程中的矛盾和问题，构建和谐发展的群众基础。

六 必须选择符合实际的保护模式

目前，我国正处在加速城市化进程中，越来越多的遗址进入都市圈内。在文化繁荣与城市特色化建设的背景下，我们惊奇地发现，目前，各地以城市特色化建设之名，假借文化遗址保护，进行遗址区域大拆大建，大搞中国"文化景观"类主题公园的现象十分普遍，尤其对"遗址公园"特别是"国家考古遗址公园"极度狂热。因此大遗址保护毕竟是需要投入大量人力物力财力的"文明工程"，这种"好大喜功"，往往大大超越了城市经济社会发展的阶段，给城市带来了沉重的负担。如何选择适宜的遗址保护与开发模式，既关系着遗址保护的效果，也关系着城市的发展与遗址区域居民的生产生活。

西安是国家大遗址密集片区，名胜古迹众多。但由于历史悠远，很多名胜古迹，虽然名气很大，历史价值、文物价值可能难以估量，但旅游价值、休闲价值已经不高。如何选择适应的保护与开发模式，值得认真思考。曲江模式作为一种比较成功的模式，能否在都市圈推行，值得商榷。虽然阿房宫遗址公园项目已经被国家叫停，但这个典型案例值得深思。目前，西安正在建设国际化大都市，作为国家大遗址片区，西安如何处理好遗址保护与现代化、城市化发展的关系，既需要政府的智慧，更需要从实际出发。

参考文献

[1] Aas, C., A. Ladkin, J. Fletcher, "Stakeholder Collaboration and Heritage Management", *Annals of Tourism Research*, 2005, 32 (1): 28 – 48.

[2] Ahmadjian, V., *Symbiosis: An Introduction to Biological Associations*, University Press of New England, 1986.

[3] Al – hagla, K. S., "Sustainable Urban Development in Historical Areas Using the Tourist Trail Approach: A Case Study of the Cultural Heritage and Urban Development (CHUD) Project in Saida, Lebanon", *Cities*, 2010, 27: 234 – 248.

[4] Al – kheder, S., N. Haddad, L. Fakhoury, et al., "A GIS Analysis of the Impact of Modern Practices and Polices on the Urban Heritage of Lrbid, Jordan", *Cities*, 2009, 26 (2): 81 – 92.

[5] Amit – Cohen, I., "Synergy Between Urban Planning, Conservation of the Cultural Built Heritage and Functional Changes in the Old Urban Center—The Case of Tel Aviv", *Land Use Policy*, 2005, 22 (4): 291 – 300.

[6] Beatley, T., "Planning and Sustainability: The Elements of a New (Improved?) Paradigm", *Journal of Planning Literature*, May 1995, 9 (4): 383 – 395.

[7] Cataldo, R., A. De Donno, G. De Nunzio, et al., "Integrated Methods for Analysis of Deterioration of Cultural Heritage: the Crypt of 'Cattedrale di Otranto'", *Journal of Cultural Heritage*, 2005, 6 (1): 29 – 38.

[8] Chang, T. C., S. Milne, D. Fallon, et al., "Urban Heritage Tourism: The Global – local Nexus", *Annals of Tourism Research*, 1996, 23 (2): 284 – 305.

[9] Cho, M. , S. Shin. , "Conservation or Economization? Industrial Heritage Conservation in Incheon, Korea", *Habitat International*, 2014, 41 (0): 69 – 76.

[10] Noronha Vaz, E. , P. Cabral, M. Caetano, et al. , "Urban Heritage Endangerment at the Interface of Future Cities and Past Heritage: A Spatial Vulnerability Assessment", *Habitat International*, 2012, 36 (2): 287 – 294.

[11] Elsorady, D. A. , "Heritage Conservation in Rosetta (Rashid): A Tool for Community Improvement and Development", *Cities*, 2012, 29 (6): 379 – 388.

[12] Ismail, S. , N. A. Mohd – Ali, "The Imaging of Heritage Conservation in Historic City of George Town for City Marketing", *Procedia Engineering*, 2011, 20 (0): 339 – 345.

[13] J, N. , "Is There a Need for a Theory of Urban Ecology?" *Urban Ecosystem*, 1999, (3): 57 – 65.

[14] Jimura, T. , "The Impact of World Heritage Site Designation on Local Communities: A Case Study of Ogimachi, Shirakawa – mura, Japan", *Tourism Management*, 2011, 32 (2): 288 – 296.

[15] Jokilehto, J. , *A History of Arehitectural Conservation*, Butterworth – Heinemann, 1999.

[16] Kader, B. A. , "Heritage Rehabilitation in Sustainable Development Policy for a Better Environment Quality in Small Historical Coastal Cities: the Case of Cherchell in Algeria", *Procedia Engineering*, 2011, 21: 753 – 759.

[17] Kozlowski, J. , N. Vass – Bowen, "Buffering External Threats to Heritage Conservation Areas: a Planner's Perspective", *Landscape and Urban Planning*, 1997, 37 (3 – 4): 245 – 267.

[18] Lee, S. L. , "Urban Conservation Policy and the Preservation of Historical and Cultural Heritage: The Case of Singapore", *Cities*, 1996, 13 (6): 399 – 409.

[19] Li, M. , B. Wu, L. Cai, "Tourism Development of World Heritage Sites in China: A Geographic Perspective", *Tourism Management*,

2008, 29 (2): 308 –319.

[20] Mcintype, N. E. , K. – Y. K. , Hope D. , "Urban Ecology as an In-terdisciplinary Field: Differences in the Use of 'Urban' Between the Social and Natural Sciences", *Urban Ecosystem*, 2000, (4): 5 –24.

[21] McKercher, B. , P. S. Y. Ho, H. du Cros, "Relationship Between Tourism and Cultural Heritage Management: Evidence From Hong Kong", *Tourism Management*, 2005, 26 (4): 539 –548.

[22] Nicholas, L. N. , B. Thapa, Y. J. Ko, "Residents' Perspectives of a World Heritage Site: The Pitons Management Area, St. Lucia", *Annals of Tourism Research*, 2009, 36 (3): 390 –412.

[23] Niemel, J. , "Is There a Need for a Theory of Urban Ecology?" *Urban Ecosystem*, 1999, (3): 57 –65.

[24] Nuryanti, W. , "Heritage and Postmodern Tourism", *Annals of Tourism Research*, 1996, 23 (2): 249 –260.

[25] Nyseth, T. , J. , Sognnaes, "Preservation of Old Towns in Norway: Heritage Discourses, Community Processes and the New Cultural Econ-omy", *Cities*, 2013, 31: 69 –75.

[26] Peter Howard, D. P. , "Cultural Heritage and Sustainability in the Coastal Zone: Experiences in Southwest England", *Journal of Cultural Heritage*, 2003, (4): 57 –68.

[27] Sarvarzadeh, S. K. , S. Z. Abidin, "Problematic Issues of Citizens' Par-ticipation on Urban Heritage Conservation in the Historic Cities of Iran", *Procedia – Social and Behavioral Sciences*, 2012, 50: 214 –225.

[28] Steinberg, F. , "Conservation and Rehabilitation of Urban Heritage in Developing Countries", *Habitat International*, 1996, 20 (3): 463 –475.

[29] Su, M. , B. Li, "Resource Management at World Heritage Sites in China", *Procedia Environmental Sciences*, 2012, 12, Part A (0): 293 –297.

[30] Swensen, G. , G. B. Jerpåsen. , "Cultural Heritage in Suburban Landscape Planning: A Case Study in Southern Norway", *Landscape and Urban Planning*, 2008, 87 (4): 289 –300.

[31] T, B. , "Planning and Sustainability: The Elements of a New Improved

Paradigm", *Journal of Planning Literature*, 1995, 9 (4): 383 – 395.

[32] Techera, E. J., "Safeguarding Cultural Heritage: Law and Policy in Fiji", *Journal of Cultural Heritage*, 2011, 12 (3): 329 – 334.

[33] Teller, J., A. Bond, "Review of Present European Environmental Policies and Legislation Involving Cultural Heritage", *Environmental Impact Assessment Review*, 2002, 22 (6): 611 – 632.

[34] Vervloet, J. A. J., J. – H. Nijman, A. J. Somsen, "Planning for the Future: Towards a Sustainable Design and Land Use of an Ancient Flooded Military Defence Line", *Landscape and Urban Planning*, 2005, 70 (1 – 2): 153 – 163.

[35] Wager, J., "Developing a Strategy for the Angkor World Heritage Site", *Tourism Management*, 1995, 16 (7): 515 – 523.

[36] Wager, J., "Environmental Planning for a World Heritage Site: Case Study of Angkor, Cambodia", *Journal of Environmental Planning & Managenment*, 1995, 38 (3): 419 – 434.

[37] Yi Wang, B. B., "Heritage Protection and Tourism Development Priorities in Hangzhou, China: A Political Economy and Governance Perspective", *Tourism Management*, 2012, 33: 988 – 998.

[38] Yung, E. H. K., E. H. W. Chan, "Implementation Challenges to the Adaptive Reuse of Heritage Buildings: Towards the Goals of Sustainable, Low Carbon Cities", *Habitat International*, 2012, 36 (3): 352 – 361.

[39] 曹楠:《城市建成区内大遗址保护与城市建设之间的关系》,硕士学位论文,西北大学,2010 年。

[40] 车霞:《黔阳古城空间特色研究》,硕士学位论文,中南大学,2011 年。

[41] 陈娜:《四川省城市化过程中历史文化遗产保护管理研究》,硕士学位论文,电子科技大学,2010 年。

[42] 陈稳亮:《环境营造——大遗址保护与发展的重要抓手》,《现代城市研究》2010 年第 12 期。

[43] 陈稳亮:《基于特性分析的大遗址保护规划策略研究》,《城市问题》2012 年第 6 期。

[44] 陈稳亮、杨新军、赵荣:《城郊大型遗址区农村居民生活质量研

究——以汉长安城遗址保护区为例》,《规划师》2007 年第 2 期。

[45] 陈耀华、刘强:《中国自然文化遗产的价值体系及保护利用》,《地理研究》2012 年第 6 期。

[46] 陈竹、叶珉:《西方城市公共空间理论——探索全面的公共空间理念》,《城市规划》2009 年第 6 期。

[47] 成得礼:《对中国城中村发展问题的再思考——基于失地农民可持续生计的角度》,《城市发展研究》2008 年第 3 期。

[48] 崔功豪、魏清泉:《区域分析与规划》,高等教育出版社 2000 年版。

[49] 樊海强、权东计、李海燕:《大遗址产业化经营的初步研究》,《西北工业大学学报》(社会科学版)2005 年第 3 期。

[50] 樊海强、袁寒:《大遗址保护与利用互动发展新模式——汉长安城保护与利用总体规划》,《规划师》2008 年第 2 期。

[51] 范文莉:《当代城市空间发展的前瞻性理论与设计》,东南大学出版社 2011 年版。

[52] 官信、郑忠华、龙永芳:《楚纪南故城大遗址周边古墓群保护管理现状与对策》,《江汉考古》2008 年第 3 期。

[53] 胡星:《房山世界地质公园自然和文化遗产保护与可持续发展研究》,硕士学位论文,中国地质大学,2009 年。

[54] 黄光宇:《生态城市研究回顾与展望》,《城市发展研究》2004 年第 6 期。

[55] 黄琼、周剑虹:《大遗址阐释系统构建初步研究》,《江汉考古》2014 年第 2 期。

[56] 黄肇义、杨东援:《国内外生态城市理论研究综述》,《城市规划》2001 年第 1 期。

[57] 《即将终结的城市化"大跃进"》,中国建筑新闻网,http://designnewsccn com/2012 - 09 - 21/ 174386html,2012 年 8 月 27 日。

[58] 蒋健、王欣:《杭州风景遗产保护中的空间布局研究——以径山寺风景区为例》,《安徽农业科学》2009 年第 35 期。

[59] 李博:《生态学》,高等教育出版社 2000 年版。

[60] 李海燕:《国外遗址保护与利用的启示》,《资源开发与市场》

2011 年第 9 期。

[61] 李海燕、权东计：《国内外大遗址保护与利用研究综述》，《西北工业大学学报》（社会科学版）2007 年第 3 期。

[62] 李将：《城市历史遗产保护的文化变迁与价值冲突》，博士学位论文，同济大学，2006 年。

[63] 李玲：《北京人遗址保护建设有成效》，《中国旅游报》2003 年 8 月 25 日。

[64] 李韵：《找寻大遗址保护与利用的平衡点》，《光明日报》2009 年 6 月 15 日第 5 版。

[65] 凌雁、宋韬：《大遗址保护的困境与出路》，《复旦学报》（社会科学版）2007 年第 5 期。

[66] 刘军民：《古城保护与古城所在地协同发展的路径——以凤翔古城为例》，《城市问题》2015 年第 3 期。

[67] 刘天利：《城市发展与遗址保护和谐中的城市规划》，《商场现代化》2010 年第 12 期。

[68] 刘卫红：《大遗址展示理念方法问题的探讨》，《地域研究与开发》2013 年第 4 期。

[69] 刘文军、刘成海、童娣：《城市中的古城遗址保护与利用研究——以辽阳"东京城"遗址为例》，《城市发展研究》2011 年第 9 期。

[70] 龙彬、陈渊：《永兴古镇传统空间特色解析及保护规划》，《南方建筑》2009 年第 4 期。

[71] 陆建松：《中国大遗址保护的现状、问题及政策思考》，《复旦学报》（社会科学版）2005 年第 6 期。

[72] 陆武：《陕西大遗址保护与利用的几点思考》，《西北工业大学学报》（社会科学版）2012 年第 3 期。

[73] 马建昌、张颖：《关于大遗址保护利用问题的理性思考——以汉长安城遗址项目的启动实施为例》，《理论导刊》2013 年第 1 期。

[74] 马交国、杨永春：《生态城市理论研究综述》，《兰州大学学报》（社会科学版）2004 年第 5 期。

[75] 马曙晓、刘立钧：《地域空间特征趋同下的城市空间特色问题》，《河北学刊》2008 年第 4 期。

[76] 马中：《环境与自然经济学概论》（第二版），高等教育出版社

2006 年版。

[77] 冒艳楠：《城市特色空间塑造——以常熟市为例》，《江苏城市规划》2011 年第 3 期。

[78] 孟宪民：《梦想辉煌：建设我们的大遗址保护展示体系和园区——关于我国大遗址保护思路的探讨》，《东南文化》2001 年第 1 期。

[79] 曲凌雁、宋韬：《大遗址保护的困境与出路》，《复旦学报》（社会科学版）2007 年第 5 期。

[80] 芮明杰、李想：《网络状产业链构造与运行》，格致出版社、上海人民出版社 2009 年版。

[81] 谭一泓：《人与生物圈计划将重启城市生态系统构建任务》，http：//newssciencenetcn/sbhtmlnews/2010/10/237981html。

[82] 汤诗伟：《"金沙模式"——成都金沙遗址保护与利用研究》，硕士学位论文，西安建筑科技大学，2010 年。

[83] 唐思风、刘管平、高彬、邹楠：《佛山市禅城区河宕贝丘遗址规划研究——兼议规划研究中城市空间再生理论》，《规划设计》2007 年第 11 期。

[84] 田涛、程芳欣：《西安市文化资源梳理及古城复兴空间规划》，《规划师》2014 年第 4 期。

[85] 田原曦：《城市化进程中的大遗址保护与利用——以西咸新区为例》，《西部学刊》2013 年第 6 期。

[86] 汪丽君、舒平、侯薇：《冲突、多样性与公众参与——美国建筑历史遗产保护历程研究》，《建筑学报》2011 年第 5 期。

[87] 王璐艳、王浩：《浅析绿化在大遗址环境保护中的作用》，《安徽农业科学》2008 年第 2 期。

[88] 王世仁：《菖蒲河公园》，中国旅游出版社 2005 年版。

[89] 王太亮：《城市经营视角下的西安市遗址保护与开发研究》，硕士学位论文，西安建筑科技大学，2011 年。

[90] 王学荣：《"中国大遗址保护研讨会"纪要》，《考古》2008 年第 1 期。

[91] 王玉琼：《文化遗址非物质层面的解析及开发路径——以成都金沙遗址为例》，《社会科学家》2010 年第 11 期。

[92] 吴铮争：《基于博弈论的汉长安城遗址保护策略研究》，《城市问

题》2012 年第 11 期。

[93] 西安市文物局：《西安大遗址保护》，文物出版社 2009 年版。

[94] 席保军、董娟：《西安城市空间特色的保护与发展》，《建筑科学与工程学报》2010 年第 2 期。

[95] 肖金亮：《大型城市遗址的保护与发展——以隋唐洛阳城的实践为例》，《建筑学报》2010 年第 6 期。

[96] 徐琴：《高速城市化时期城市历史文化资源的保护与利用》，《南京工业大学学报》（社会科学版）2004 年第 3 期。

[97] 杨丹、张月、罗谦：《成都十陵大遗址区域的保护与利用探究》，《安徽农业科学》2012 年第 5 期。

[98] 杨茹萍、杨晋毅、钟庆伦、谢敬佩：《"洛阳模式"述评：城市规划与大遗址保护的经验与教训》，《建筑学报》2006 年第 12 期。

[99] 杨涛、杨绍峰：《强化南京的交通中心地位，促进南京都市圈生长发育》，《现代城市研究》2002 年第 1 期。

[100] 杨伟、宗跃光：《生态城市理论研究述评》，《生态经济》2008 年第 5 期。

[101] 杨秀娟：《北京市以皇城墙遗迹保护为目的的公园绿地建设研究》，《中国园林》2006 年第 11 期。

[102] 衣学慧、熊星、李朋飞：《西安遗址保护与城市建设相结合的模式研究》，《安徽农业科学》2011 年第 25 期。

[103] 俞孔坚、李博、李迪华：《自然与文化遗产区域保护的生态基础设施途径——以福建武夷山为例》，《城市规划》2008 年第 10 期。

[104] 俞来雷：《世界遗产城市地区空间变迁探析》，《中国人口·资源与环境》2010 年第 7 期。

[105] 喻学才：《遗址论》，《东南大学学报》（哲学社会科学版）2001 年第 2 期。

[106] 袁晓玲、雷厉、仲云云：《低碳经济评价指标体系构建及实证分析》，《城市问题》2013 年第 1 期。

[107] 张从果、杨永春：《都市圈概念辨析》，《城市规划》2007 年第 4 期。

[108] 张帆、李东：《环境与自然资源经济学》（第二版），世纪出版

集团、上海人民出版社 2007 年版。

[109] 张锦秋：《和谐共生的探索——西安城市文化复兴中的规划设计》，《城市规划》2011 年第 11 期。

[110] 张京祥、邹军、吴启焰等：《论都市圈地域空间的组织》，《城市规划》2001 年第 5 期。

[111] 张凌：《从遗址公园的分类看保护与开发》，《中外建筑》2009 年第 7 期。

[112] 张祖群：《大遗址的文化价值、经济价值分异探讨——汉长安城案例》，《北京理工大学学报》（社会科学版）2006 年第 1 期。

[113] 张祖群：《环境保护——大遗址保护的可持续发展基点》，《天津城市建设学院学报》2005 年第 3 期。

[114] 赵清、张珞平、陈宗团等：《生态城市理论研究述评》，《生态经济》2007 年第 5 期。

[115] 赵荣：《有效保护　科学展示　传承文化　服务社会——陕西省大遗址保护新理念的探索与实践》，《中国文化遗产》2009 年第 4 期。

[116] 赵宇鸣：《城市区大遗址保护中外部性治理的理论与实证研究》，博士学位论文，西北大学，2006 年。

[117] 郑育林、张立：《西安"大遗址保护特区"的构想与建设路径》，《西安交通大学学报》（社会科学版）2010 年第 4 期。

[118] 周冰：《西安曲江新区文化产业集群的内生机制研究》，《理论导刊》2005 年第 5 期。

[119] 朱海霞、权东计：《大遗址保护与区域经济和谐发展的途径：建立大遗址文化产业集群》，《经济地理》2007 年第 5 期。

[120] 朱海霞、权东计：《新型城市化背景下的大遗址保护与区域发展管理》，《中国软科学》2014 年第 2 期。

[121] 左惠：《文化产品的公共物品属性及其供给模式选择》，《中州学刊》2009 年第 5 期。

附件1 曲江遗址区调查问卷

问卷编号：_____

调查说明：本调查采用随机抽样调查方式，所有调查资料仅供研究分析所用，您的个人资料不会被用于任何非研究的目的。您的真实意见对于我们保持这项研究的科学性极有帮助，为了感谢您参与我们这项研究，我们会有精美的小礼品赠送，再次感谢您的热心配合！

陕西省社会科学院遗址区统筹城乡发展研究小组

调查时间：_____ 调查地点：_____ 调查员：_____
受访人姓名：_____ 受访人电话：_____
受访人所在村组：_____

0. 受访人基本情况（请在空格上填写相应内容或在选项号码上打√）

0.1 您的年龄：①16岁以下（终止访问） ②16—25岁 ③26—35岁 ④36—45岁 ⑤46—55岁 ⑥56—65岁 ⑦65岁以上（终止访问）

0.2 您的性别：①男 ②女

0.3 您是否户主：①是 ②否

0.4 您的婚姻状况：①已婚 ②未婚 ③离异

0.5 您的受教育水平：①不识字或识字较少 ②小学 ③初中 ④高中、中专 ⑤大专 ⑥大学本科及以上

0.6 您目前是否有除农业以外的工作：①有（继续问下面三个小问题及0.7） ②无

0.6a 就业途径：①自己找 ②熟人介绍 ③劳务中介 ④政府安置

0.6b 就业地点：①村内　②村外市内　③市外省内　④省外

0.6c 最近三年内换过几次工作：①0次　②1次　③2次　④3次　⑤3次以上

0.7 您的职业是：_____

0.8 您个人的月平均收入（包括工资、奖金和其他一切收入）：

①无收入　②400元以下　③401—800元　④801—1200元　⑤1201—1600元　⑥1601—2000元　⑦2001—3000元　⑧3000元以上

1. 家庭人口与就业情况（请在空格上填写相应内容）

1.1 家庭总人口：____人。其中：非农业户口：____人；女性人口：____人

1.2 劳动力（男16—60岁，女16—55岁）：____人。其中：女劳动力：____人

1.3 目前有非农以外工作的人数：____人。其中：正在上学的：____人

2. 家庭生产经营情况（在空格上填写或在选项号码上打√）

2.1 承包地面积：____亩

2.1a 承包地目前使用状态：

①自己种植　②已转包（或出租等）但仍为农用　③已出租转为非农用途　④撂荒

2.2 种植的作物（多选）：①粮食　②蔬菜　③果树　④其他经济作物　⑤无

2.3 养殖的品种（多选）：①鸡　②奶牛　③猪　④其他　⑤无

2.4 非农业生产经营情况（多选）：

①农产品加工业　②其他工业（包括手工业，如花灯制作等）③建筑业　④运输业　⑤农家乐　⑥其他服务业　⑦无

2.5 主要生产工具（多选）：

①农用拖拉机　②机动货车　③挖掘机　④拉土车　⑤其他　⑥无

3. 房屋情况（请在选项号码上打√或在空格上填写）

3.1 宅基地占地面积：_____平方米

3.2 房屋总建筑面积：_____平方米

3.3 房屋结构类型：①砖混　②框架　③其他

3.4 房屋有几层：_____层

3.5 房屋前后有无院子：①有　②无

3.5a 院子大致有多大面积：_____平方米

4. 家庭上年的收入情况（在空格上填写）

4.1 土地种植收入：_____元

4.2 土地出租或转包收入：_____元

4.3 房屋出租收入：_____元

4.4 村集体收入分红：_____元

4.5 工资或打工收入：_____元

4.6 养殖收入：_____元

4.7 做生意收入（如经营农家乐、小商店或开公司等）：_____元

4.8 投资性收入（如购买股票、基金、债券、投资类保险等）：_____元

4.9 其他收入：_____元

5. 家庭上年的支出情况（在空格上填写）

5.1 农业生产支出：_____元

5.2 做生意支出：_____元

5.3 教育支出：_____元

5.4 医疗费：_____元

5.5 生活费（衣食住行用等日常花费）：_____元

5.6 其他支出：_____元

6. 综合问题（在选项号码上打√或在空格上填写）

6.1 您对本区及省市有关城中村改造的拆迁安置政策是否熟悉：
①非常熟悉　②知道一些　③不了解

6.2 您对城中村改造的意见：
①非常支持　②比较支持　③不支持　④非常不支持　⑤说不清

6.3 您希望采取的安置方式：①货币补偿　②产权调换　③货币补偿加产权调换

6.4 如果政府的拆迁安置标准未能达到您的预期，您将会怎么做？
①只能接受方案　②协商解决　③坚决不搬　④上访　⑤诉讼　⑥其他

6.5 您对本村干部的评价是：

①维护群众权益　②不作为　③只顾及自己的利益　④损害村民利益　⑤其他

6.6 您对以后的生活是否担心：①非常担心　②比较担心　③不担心　④说不清

6.6a 您最担心哪方面的问题（多选）：

①失业　②收入减少　③养老、医疗等社保问题　④子女教育问题　⑤其他

6.7 您觉得自己或其他家庭成员最需要政府提供哪些方面的帮助（多选）：

①提供就业岗位　②就业技能培训　③理财技能培训　④投资机会　⑤创业扶持政策　⑥其他

6.8 您预计会怎么处理拆迁安置所得的货币补偿款？

①存银行　②投资股票或基金　③投资有固定收益的项目（如债券或类似的项目）　④做生意　⑤不知道

6.9 您有没有做以下类型的投资？

①房产　②股票或基金　③债券　④投资类保险　⑤入股经营（如农家乐、拉土车、挖掘机、开工厂等）

6.10 您有没有购买以下类型的保险？①人寿保险　②财产保险

6.11 您村有没有养老院？①有　②无

6.12 您村有没有幼儿园？①有　②无

6.13 您村有没有卫生院？①有　②无

6.14 您认为周边环境的改善对您的生活质量有什么样的影响？

附件2　汉长安城遗址区调查问卷

问卷编号：_____

调查时间：_____　调查地点：_____　受访人姓名：_____

受访人电话：_____　调查员：_____

1. 受访人基本情况（请在空格上填写相应内容或在选项号码上打√）

1.1 您的年龄：①16 岁以下（终止访问）　②16—25 岁　③26—35 岁　④36—45 岁　⑤46—55 岁　⑥56—65 岁　⑦65 岁以上

1.2 您的性别：①男　②女

1.3 受教育水平：①不识字或识字较少　②小学　③初中　④高中、中专　⑤大专　⑥大学本科及以上

1.4 您的职业：①工人　②农民　③临时工　④个体经营者　⑤企业员工　⑥企业管理人员　⑦公务员　⑧教师　⑨学生　⑩其他

1.5 您的上班地点：①区内　②区外市内　③市外省内　④省外

1.6 您个人的月平均收入（包括工资、奖金和其他所有收入）：

①无收入　②1000 元以下　③1001—2000 元　④2001—3000 元　⑤3001—5000 元　⑥5001—10000 元　⑦10000 元以上

1.7 您的家庭住房面积为：

①400 平方米以上　②400—200 平方米　③200—150 平方米　④150—100 平方米　⑤100—80 平方米　⑥80 平方米以下

1.8 家庭构成状况：家庭总人口：_____人；　非农业户口：_____人；　上班的人数：_____人

1.9a 家庭收入情况：①家庭月均收入_____；②农业收入_____；③非农收入（如做生意等）_____；④工资或打工收入_____；⑤其他收入_____

1.9b 家庭支出情况：①家庭月均支出 _____；②农业支出 _____；③生活消费支出 _____；④投资支出 _____；⑤子女教育支出 _____；⑥医疗支出 _____；⑦其他支出 _____

2. 对居住环境的评价

2.1 您在汉长安城遗址区内生活了多长时间？

①1 年以内　②5 年以内　③6—10 年　④11—15 年　⑤16—20 年
⑥21 年及以上

2.2 整体上，您对自己所居住村子的整体评价是：

①很好　②较好　③一般　④比较差　⑤很差

请您具体谈一下：(5 分"最好"，3 分"一般"，1 分"最差")

(1) 市政设施　　完备　5 － － 4 － － 3 － － 2 － － 1　缺乏
(2) 住房条件　　好　　5 － － 4 － － 3 － － 2 － － 1　差
(3) 经济状况　　宽裕　5 － － 4 － － 3 － － 2 － － 1　紧张
(4) 日常心情　　快乐　5 － － 4 － － 3 － － 2 － － 1　苦恼
(5) 邻里关系　　密切　5 － － 4 － － 3 － － 2 － － 1　疏远
(6) 环境卫生　　干净　5 － － 4 － － 3 － － 2 － － 1　脏乱
(7) 道路交通　　顺畅　5 － － 4 － － 3 － － 2 － － 1　不顺畅
(8) 社会治安　　安全　5 － － 4 － － 3 － － 2 － － 1　不安全
(9) 购物买菜　　方便　5 － － 4 － － 3 － － 2 － － 1　不方便
(10) 村子管理　规范　5 － － 4 － － 3 － － 2 － － 1　凌乱
(11) 社区活动　多　　5 － － 4 － － 3 － － 2 － － 1　少
(12) 村民精神面貌 勤劳　5 － － 4 － － 3 － － 2 － － 1　懒散

2.3 为了遗址保护，您愿意迁离您现在的居住地吗？

①非常愿意　②比较愿意　③一般　④不太愿意　⑤不愿意
⑥说不清

2.4 您目前享受的社会保障有哪些？(多选)

□医疗保险　□养老保险　□失业保险　□工伤　□生育　□其他
(请注明)：_____

2.5 您对社会保障体系满意度：

①很满意　②较满意　③一般　④不太满意　⑤很不满意

3. 对搬迁的态度

3.1 在村子搬迁改造中，您主要关注的问题是：(可多选)

□安置补偿标准　□拆迁安置措施　□养老、医疗等社会保障问题　□房屋拆迁后的生活来源

□工作就业问题　□何时搬进新居　□新住房居住条件　□交通不便　□集体分红

□原有生活方式改变　□购物不便　　□其他（请注明）：_____

3.2 在您看来，搬迁对您及家人生活、工作等方面的影响如何？

①影响很大　②影响较大　③一般　④影响不太大　⑤没什么影响

请您具体谈一下：

	影响很大	影响较大	一般	影响不太大	没有影响
（1）经济收入	□	□	□	□	□
（2）工作就业	□	□	□	□	□
（3）家庭关系	□	□	□	□	□
（4）邻里关系	□	□	□	□	□
（5）精神心理	□	□	□	□	□
（6）生活质量	□	□	□	□	□
（7）子女教育	□	□	□	□	□
（8）角色转换	□	□	□	□	□

3.3 如果拆迁，您觉得自己及家庭成员最需要政府提供哪些帮助（多选）：

□提供就业岗位　□就业、创业技能培训　□改善生活条件　□财政金融支持（贷款优惠等）

□产业项目支持　□其他（请注明）：_____

3.4 您的家庭打算怎么处理拆迁安置所得的货币补偿款？（多选）

□存银行　　□用作日常生活消费　　□盖房　　□做生意　□用作养老医疗等社会保障

□金融投资　　□其他（请注明）：_____

4. 对遗址保护的态度

4.1 您对如下有关汉长安城遗址区文化遗产保护的情况、相关知识、含义的了解程度：

①非常了解　②比较了解　③不太了解　④完全不了解

4.2 您认为有必要对汉长安城遗址进行保护和改造吗？

①很有必要 ②有必要 ③无所谓 ④没有必要 ⑤说不清楚

4.3 在您看来，开展"汉长安城遗址保护"工作的主要目的是：（可多选）

□保护文物古迹 □提高人民生活水平 □改善区域环境 □发展旅游业 □统筹城乡发展

□促进区域发展 □美化城市风景 □传承历史文化 □便于城市管理 □其他（请注明）：_____

4.4 关于"汉长安城遗址保护"区域的开发，您主要关注什么？（可多选）

□申遗区征地搬迁 □政策透明、公平 □居民情绪 □搬迁群众的安置 □经济能否发展

□历史文化古迹的保存 □保护区建筑风格 □保护区的发展规划 □公共服务设施改善

□城市绿化和环境整治 □其他（请注明）：_____

4.5 整体上，您对政府在"汉长安城遗址保护"工作方面的评价：

①很满意 ②比较满意 ③一般 ④不太满意 ⑤不满意 ⑥说不清

4.6 在您看来，当前遗址保护面临的主要问题是：（可多选）

□缺乏有效的保护机制 □传统文化与现代文化冲突 □保护宣传力度不够 □缺乏资金

□基础设施差不完善 □遗址区环境管控不力 □管理混乱 □缺乏科学规划 □其他（请注明）：_____

4.7 与其他城市相比较，你觉得西安在历史文化遗产保护方面做得如何？

①很好 ②比较好 ③一般 ④不太好 ⑤很差 ⑥说不清

4.8 要做好汉长安城文化遗产保护工作，您认为在开发过程中做好哪些领域、方面的工作更为重要？

	非常重要	重要	无所谓	不重要
（1）倡导先保护后开发的指导思想	□	□	□	□

（2）坚持整体规划，局部开发的原则 □ □ □ □

（3）鼓励居民参与保护活动 □ □ □ □

（4）成立专门的管理协调机构 □ □ □ □

（5）做好搬迁群众的安置 □ □ □ □

（6）加大宣传及时公布相关政策信息 □ □ □ □

（7）搬迁群众的社会保障 □ □ □ □

（8）注重生态环境改善 □ □ □ □

（9）关注区域内的弱势群体 □ □ □ □

5. 居民对遗址保护的参与度意愿

5.1 您希望参与汉长安城遗址保护工作吗？

①非常希望参加 ②希望参加 ③不一定参加 ④肯定不会参加
⑤不好说

5.2 您希望通过何种方式参与遗址区建设与遗址保护：

①遗址区旅游服务 ②遗址区环境保护工作 ③遗址区公益活动
④不好说

5.3 您是否认为遗址保护限制了该区域（您家庭经济）的发展？

①是 ②否 ③不好说

5.4 您是否认为您日常的生产生活活动（盖房、修路、种地、倒垃圾等）影响了遗址保护区的文物遗址、生态环境及其历史？

①是 ②不清楚 ③否

5.5 您对汉长安城文化遗产保护的前景：

①非常乐观 ②比较乐观 ③一般 ④不太看好 ⑤完全不看好
⑥说不清

5.6 关于汉长安城文化遗产的保护工作，您还有哪些意见或建议？_____

后 记

21 世纪以来，我国城市化发展进入快车道。但是伴随着城市化步伐的加快，城市建设与大遗址所在地居民生存、经济发展与大遗址保护与利用等在土地资源配置中的矛盾日益凸显。在新型城市化发展背景下，如何实现遗址保护与城市的和谐发展？如何依托我国丰富的遗址文化资源，提升城市的文化形象，带动旅游等相关产业的发展，改善城市的人居环境，让遗址区的百姓从靠山吃山靠水吃水过渡到躺在遗产上享福，达到多赢的局面？如何实现大遗址保护从突击式、抢救性、应急式，向长效机制转变？这些问题，已经成为当前我国城市发展转型中面临的热点和难点问题。"十二五"以来，围绕着城市化发展中面临的热点、难点问题，我先后主持完成了"曲江失地农民可持续发展研究""西安国际化大都市空间特色研究""西安国际化大都市城乡统筹问题研究""西安楼观新区产业规划发展战略研究"等一系列课题。2012 年又申请到了国家社科基金课题西部项目"文化大繁荣背景下遗址保护与都市圈和谐共生机制研究"，并于 2015 年年底完成该项目的结项工作。

本书就是在以上系列研究课题的基础上，围绕我国城市发展的新形势、新问题，进行深化研究的成果汇集。在"文化大繁荣背景下遗址保护与都市圈和谐共生机制研究"课题研究过程中，冉淑青、张馨、周宾、曹林等四名同志分别承担了四个子课题的研究任务；刘晓慧、冯煜雯等同志参加了课题的实地调研、问卷资料整理工作；西安市文物局副局长黄伟同志在课题调研过程中给予了大力支持；西北大学余洁副教授为课题研究提供了自己的有关研究成果，曹云参与了前期有关课题的研究工作。本书出版过程中，张馨同志对综述部分有关引文资料进行了核实与查证，中国社会科学出版社侯苗苗编辑对书稿进行了耐心细致的编辑。在此对他们的工作和帮助深表感谢！

　　本书的出版还要感谢陕西省社会科学院各位领导和各部门同人长期以来对我本人及对经济所的关心、支持和帮助。感谢陕西省社会科学院人文社科文库提供的经费支持！感谢中国社会科学出版社的大力支持！

裴成荣

2016 年 5 月